A BÍBLIA EM 1 MINUTO

Uma viagem rápida pela Palavra, com meditações que fortalecem a fé.

HERNANDES DIAS LOPES

hagnos

1ª edição: outubro de 2025

Revisão: Patrícia Murari
Projeto gráfico e diagramação: Sonia Peticov
Capa: Julio Carvalho
Editor: Aldo Menezes
Editor-assistente: Fabiano Silveira Medeiros
Assistente editorial: Raquel Carvalho Pudo
Coordenador de produção: Mauro Terrengui
Impressão e acabamento: Imprensa da Fé

Editora Hagnos Ltda.
Rua Geraldo Flausino Gomes, 42, conj. 41
CEP 04575-060 — São Paulo, SP
Tel.: (11) 5990-3308

E-mail: editorial@hagnos.com.br
Home page: www.hagnos.com.br
Editora associada à Associação Brasileira de Direitos Reprográficos (ABDR)

Dados Internacionais de Catalogação na Publicação (CIP)

Lopes, Hernandes Dias
A Bíblia em um minuto / Hernandes Dias Lopes. - São Paulo : Hagnos, 2025.

ISBN 978-85-7742-682-9

1. Bíblia - Estudo e ensino I. Título

25-4249 CDD 220.7

Índices para catálogo sistemático:

1. Bíblia - Estudo e ensino

Angélica Ilacqua - Bibliotecária - CRB-8/7057

SUMÁRIO

DEDICATÓRIA

DEDICO ESTE LIVRO ao casal Hudh Batista Lima de Sousa e Patricia Natihelle Santos Batista, irmãos amados, amigos preciosos. Eles são parceiros do meu ministério, demonstrando cuidado generoso e companheirismo na jornada cristã.

INTRODUÇÃO

A BÍBLIA EM UM MINUTO: UMA VIAGEM GUIADA AO CORAÇÃO DA PALAVRA DE DEUS

VIVEMOS EM UMA era de velocidade. Tudo ao nosso redor parece acelerar: as notícias chegam em segundos, as mensagens são instantâneas, e até mesmo nossos relacionamentos são mediados por aplicativos que prometem conexões rápidas. Neste contexto de pressa constante, surge uma pergunta inevitável: como podemos nos conectar com algo tão profundo e transformador quanto a Palavra de Deus?

Este livro nasce de uma compreensão simples, mas revolucionária: não precisamos escolher entre velocidade e profundidade. *A Bíblia em um minuto* não é uma tentativa de substituir a leitura completa das Escrituras Sagradas, mas, sim, um convite irresistível para que você se apaixone por ela e deseje conhecê-la em sua totalidade.

Imagine por um momento que você está diante de uma galeria de arte com as mais belas pinturas já criadas. Um guia experiente se aproxima e, em poucos minutos, apresenta a você o contexto, a beleza e o significado de cada obra-prima. Você sairia dali satisfeito apenas com essa breve apresentação? Certamente não. Você desejaria voltar, contemplar cada detalhe, mergulhar na história por trás de cada pincelada. É exatamente isso que este livro pretende fazer com a Bíblia.

A Palavra de Deus é a maior obra-prima já escrita. Ela contém histórias que moldaram civilizações, princípios que transformaram vidas, promessas que sustentaram gerações e verdades que continuam relevantes em pleno século 21. Cada capítulo é uma janela para o coração de Deus, cada versículo é um convite para uma vida mais plena e significativa.

A PROPOSTA: DESPERTAR A FOME PELA PALAVRA

Quando Jesus disse "Nem só de pão viverá o homem, mas de toda palavra que procede da boca de Deus" (Mateus 4:4), Ele estava revelando uma verdade fundamental sobre nossa natureza humana. Temos uma fome espiritual que só pode ser saciada pela Palavra de Deus. Contudo, muitas pessoas se sentem intimidadas pela extensão da Bíblia ou não sabem por onde começar.

O livro *A Bíblia em um minuto* surge como uma ponte entre a curiosidade e o conhecimento profundo. Cada capítulo das Escrituras é apresentado aqui em um resumo de uns 280 caracteres (o equivalente a um tuíte) destacando sua mensagem central e seu impacto transformador. Não se trata de uma versão simplificada ou reduzida da Bíblia, mas de um mapa que aponta para os tesouros que aguardam aqueles que se aventuram na leitura completa.

Pense neste livro como um *trailer* dos melhores filmes já produzidos. Um bom *trailer* não conta toda a história, mas desperta em você o desejo irresistível de assistir ao filme completo. Da mesma forma, cada resumo aqui apresentado é um convite para que você abra sua Bíblia e mergulhe na narrativa completa, nos detalhes ricos, nas nuances que só a leitura integral pode proporcionar.

A Bíblia contém 66 livros, 1.189 capítulos, mais de 31.000 versículos. É uma biblioteca inteira de sabedoria divina, história humana, poesia sublime e orientação prática para a vida. Nosso objetivo não é resumir essa riqueza em algumas páginas, mas despertar em você a sede de conhecê-la completamente.

Cada resumo foi cuidadosamente elaborado para capturar a essência do capítulo original, mantendo sua mensagem central e seu poder transformador. Quando você ler sobre a criação em Gênesis 1, não estará apenas conhecendo um fato histórico, mas descobrindo sua identidade como alguém criado à imagem e semelhança de Deus. Quando encontrar o resumo da Parábola do Filho Pródigo em Lucas 15, não estará apenas lendo uma história, mas sendo convidado a experimentar o amor incondicional do Pai celestial.

"PAUSE E MEDITE": MOMENTOS DE REFLEXÃO TRANSFORMADORA

Uma das características mais especiais deste livro são os momentos intitulados "Pause e medite". Estes não são simplesmente intervalos na leitura, mas convites para uma experiência mais profunda com a Palavra de Deus. Em nossa cultura acelerada, perdemos a arte da contemplação, da reflexão pausada que permite que as verdades divinas penetrem não apenas em nossa mente, mas em nosso coração.

Imagine que você está caminhando por uma trilha em uma floresta exuberante. Você pode percorrer todo o caminho rapidamente, focado apenas em chegar ao destino, ou pode parar em determinados pontos, sentar-se em um tronco caído, respirar o ar puro e contemplar a beleza ao seu redor. A segunda opção não apenas torna a jornada mais prazerosa, mas permite que você absorva verdadeiramente a experiência.

Os momentos "Pause e medite" funcionam como essas paradas contemplativas em sua jornada através das Escrituras. Após apresentar os resumos de um grupo de capítulos relacionados, oferecemos uma reflexão que conecta essas passagens bíblicas com situações práticas da vida contemporânea. Não se trata de uma análise acadêmica ou teológica complexa, mas de uma aplicação pessoal e transformadora dos princípios eternos de Deus.

Esses intervalos reflexivos são cuidadosamente posicionados para maximizar seu impacto. Eles aparecem após grupos de capítulos que compartilham temas comuns ou que juntos contam uma história completa. Por exemplo, após os resumos dos primeiros capítulos de Gênesis, que narram a criação e a queda, você encontrará uma meditação sobre o propósito divino para sua vida e como Deus pode trazer ordem ao caos que você possa estar experimentando.

Cada "Pause e medite" é estruturado para levar você em uma jornada de três etapas: primeiro, conecta os capítulos bíblicos com uma verdade universal sobre

Deus ou sobre a condição humana; segundo, aplica essa verdade a situações específicas que você pode estar enfrentando; terceiro, oferece um desafio prático ou uma oração que permite que você responda ativamente ao que Deus está falando ao seu coração.

Estes momentos não são opcionais ou secundários. Eles são parte integral da experiência que este livro pretende proporcionar. Enquanto os resumos alimentam sua mente com conhecimento bíblico, as meditações nutrem sua alma com sabedoria espiritual. Enquanto os resumos informam, as meditações transformam.

Recomendamos que você não apresse esses momentos. Quando chegar a um "Pause e medite", literalmente pause. Encontre um lugar tranquilo, livre de distrações. Leia a meditação lentamente, permitindo que cada palavra ache guarida em seu coração. Faça as perguntas reflexivas que são apresentadas. Ore a respeito do que Deus está falando com você através daquela passagem específica.

COMO USAR ESTE LIVRO: UM GUIA PRÁTICO PARA A TRANSFORMAÇÃO

Este livro foi projetado para ser flexível e adaptável às diferentes necessidades e estilos de vida. Reconhecemos que cada pessoa tem uma rotina única, desafios específicos e um ritmo particular de aprendizado. Por isso, oferecemos várias maneiras de aproveitar ao máximo esta ferramenta de crescimento espiritual.

- **Para o leitor iniciante**. Se você nunca leu a Bíblia ou se sente intimidado por sua extensão, este livro é o ponto de partida perfeito. Comece lendo os resumos sequencialmente, de Gênesis a Apocalipse. Isso lhe dará uma visão panorâmica de toda a narrativa bíblica, desde a criação até a consumação de todas as coisas. Não se preocupe em entender cada detalhe; apenas contemple a grande história de Deus se desenrolar diante de você. Quando um resumo despertar sua curiosidade, anote-o e depois procure o capítulo completo em sua Bíblia.
- **Para o devocional diário**. Uma das maneiras mais eficazes de usar este livro é como parte de sua rotina devocional diária. Leia um ou dois resumos cada manhã, seguidos pela meditação correspondente quando ela aparecer. Isso levará apenas alguns minutos, mas fornecerá alimento espiritual para todo o dia. Muitos leitores descobrem que começar o dia com a Palavra de Deus, mesmo que brevemente, transforma completamente sua perspectiva e atitude.
- **Para grupos de estudo**. Este livro é uma ferramenta excepcional para grupos de estudo bíblico, especialmente aqueles compostos por pessoas com diferentes níveis de conhecimento das Escrituras. O líder pode usar os resumos como introdução a um estudo mais aprofundado, ou o grupo pode focar nas meditações como base para discussão e aplicação prática. As perguntas reflexivas incluídas em cada "Pause e medite" são ideais para gerar conversas significativas.
- **Para evangelização criativa**. Uma das características mais inovadoras deste livro é seu potencial evangelístico. Os resumos de cerca de 280 caracteres são

perfeitos para compartilhar nas redes sociais, criando oportunidades naturais para conversas sobre fé. Imagine compartilhar o resumo da Parábola do Bom Samaritano em seu perfil e ver como isso pode abrir portas para discussões sobre amor ao próximo e compaixão.

- **Para preparação de sermões e ensinos**. Pastores, líderes de grupos e professores de escola dominical encontrarão neste livro uma fonte rica de inspiração. Os resumos podem servir como esboços iniciais para mensagens, enquanto as meditações oferecem aplicações práticas já desenvolvidas. Isso não substitui o estudo exegético profundo, mas pode acelerar o processo de preparação e oferecer perspectivas frescas sobre textos familiares.

A chave para usar este livro eficazmente é lembrar sempre de seu propósito principal: despertar em você o desejo de conhecer a Bíblia completa. Cada resumo deve ser visto como um aperitivo que prepara seu apetite para o banquete completo que aguarda nas páginas das Escrituras.

A BÍBLIA NA ERA DIGITAL: TRADIÇÃO E INOVAÇÃO EM HARMONIA

Vivemos em uma época única na história da humanidade. Nunca antes tivemos acesso tão fácil e imediato à informação. Com alguns toques na tela de um smartphone, podemos acessar bibliotecas inteiras, assistir a conferências de especialistas mundiais, ou nos conectar com pessoas do outro lado do planeta. Esta revolução digital transformou a maneira como aprendemos, nos comunicamos e até mesmo como nos relacionamos com Deus.

Alguns podem questionar se um livro antigo como a Bíblia ainda tem relevância nesta era de inteligência artificial, realidade virtual e comunicação instantânea. A resposta é um retumbante sim. Na verdade, quanto mais avançamos tecnologicamente, mais evidente se torna nossa necessidade das verdades atemporais que as Escrituras oferecem.

A tecnologia, por mais impressionante que seja, não pode responder às perguntas mais fundamentais da existência humana: Quem sou eu? Por que existo? Qual é o propósito da vida? Como devo viver? O que acontece após a morte? Estas questões transcendem algoritmos e códigos de programação. Elas tocam na essência de nossa humanidade e só podem ser respondidas por Aquele que nos criou.

A Bíblia em um minuto representa uma ponte inteligente entre a sabedoria antiga e as necessidades contemporâneas. Reconhecemos que as pessoas de hoje processam informações de maneira diferente das gerações anteriores. Estamos acostumados com conteúdo conciso, visual e facilmente compartilhável. Por isso, adaptamos a apresentação da Palavra de Deus para este novo contexto, sem jamais comprometer sua essência ou autoridade.

Os resumos de aproximadamente 280 caracteres não são uma concessão à superficialidade moderna, mas uma estratégia inteligente de comunicação. Assim como Jesus usou parábolas (histórias curtas e memoráveis) para comunicar verdades profundas, usamos resumos para despertar interesse e curiosidade. O objetivo não é substituir a leitura completa, mas incentivá-la.

Esta abordagem é especialmente relevante para as gerações mais jovens, que cresceram na era das redes sociais e da comunicação digital. Para eles, um *tweet* (tuíte) ou uma postagem no Instagram não é superficialidade, mas uma forma natural de comunicação. Quando apresentamos a Palavra de Deus neste formato familiar, estamos falando sua linguagem, criando pontes de conexão que podem levar a um relacionamento mais profundo com as Escrituras.

Além disso, a natureza compartilhável deste conteúdo cria oportunidades únicas para evangelização e discipulado. Um resumo bíblico compartilhado nas redes sociais pode alcançar pessoas que nunca entrariam em uma igreja ou pegariam uma Bíblia. Pode plantar sementes de curiosidade espiritual em corações que estavam fechados para o evangelho. Pode iniciar conversas sobre fé em ambientes seculares.

A era digital também nos oferece ferramentas poderosas para o estudo bíblico. Aplicativos de Bíblia, comentários on-line, mapas interativos e recursos de pesquisa tornam o estudo das Escrituras mais acessível e envolvente do que nunca. *A Bíblia em um minuto* pode ser usado em conjunto com essas ferramentas, servindo como um guia inicial que direciona para estudos mais aprofundados.

É importante notar que, embora abracemos a inovação na forma de apresentar a Palavra de Deus, mantemos total fidelidade ao seu conteúdo. Cada resumo foi cuidadosamente elaborado para preservar a mensagem central do texto original. Não adicionamos nem subtraímos nada da verdade bíblica; simplesmente a apresentamos de uma forma que ressoa com a mentalidade contemporânea.

Mas lembre-se sempre: este livro é um meio, não um fim. É um mapa, não o território. É um convite, não a festa completa. Nosso maior sucesso será medido não pelo tempo que você passa lendo estas páginas, mas pelo desejo que elas despertam em você de abrir sua Bíblia e mergulhar nas águas profundas da Palavra de Deus.

Imagine que você está prestes a embarcar em uma viagem ao redor do mundo. Você tem em mãos um guia de viagem que apresenta os pontos turísticos mais importantes de cada país, com fotos deslumbrantes e descrições envolventes. Esse guia desperta sua curiosidade e o ajuda a planejar sua rota, mas você não se contentaria em apenas ler sobre esses lugares. Você quereria visitá-los pessoalmente, experimentar suas culturas, conhecer suas pessoas, criar suas próprias memórias.

Da mesma forma, *A Bíblia em um minuto* é seu guia de viagem pelas Escrituras. Cada resumo é como uma foto que captura a beleza de uma passagem bíblica, cada meditação é como a descrição de um local que você precisa visitar pessoalmente. Mas a verdadeira aventura começa quando você fecha este livro e abre sua Bíblia.

Não se preocupe se, no início, algumas passagens parecerem difíceis de entender ou se alguns conceitos parecerem estranhos. Toda grande aventura tem seus desafios. O importante é começar e persistir. A Bíblia tem uma maneira única de se revelar gradualmente àqueles que a buscam com sinceridade. Versículos que hoje parecem obscuros se tornarão claros amanhã. Histórias que inicialmente parecem irrelevantes se mostrarão profundamente aplicáveis à sua situação.

Lembre-se também de que você não está sozinho nesta jornada. O mesmo Espírito Santo que inspirou os escritores bíblicos está disponível para iluminar sua compreensão hoje. Ore antes de ler, pedindo que Deus abra seus olhos para ver verdades maravilhosas em sua Palavra. Mantenha um coração humilde e uma mente aberta, prontos para ser ensinados e transformados.

Considere também encontrar companheiros de jornada. Junte-se a um grupo de estudo bíblico, encontre um mentor espiritual, ou simplesmente compartilhe suas descobertas com amigos e familiares. A Palavra de Deus é ainda mais rica quando é explorada em comunidade, quando diferentes perspectivas e experiências se combinam para revelar novas facetas de sua verdade.

À medida que você avança nesta jornada, mantenha um diário espiritual. Anote versículos que tocam seu coração, registre *insights* que recebe durante as meditações, documente como a Palavra de Deus está transformando sua vida. Anos depois, você ficará surpreso ao reler essas anotações e perceber o quanto cresceu espiritualmente.

Finalmente, lembre-se de que conhecer a Bíblia não é um fim em si mesmo, mas um meio para conhecer a Deus. Cada página das Escrituras revela algo sobre o caráter do grande Deus, cada história ilustra seu amor, cada promessa demonstra sua fidelidade. O objetivo final não é se tornar um especialista em conhecimento bíblico, mas desenvolver um relacionamento íntimo e transformador com o Deus que se revela através de sua Palavra.

Que esta jornada seja o início de uma vida transformada, de um futuro repleto de propósito e de uma eternidade na presença daquele que o ama incondicionalmente.

"Lâmpada para os meus pés é a tua palavra e, luz para os meus caminhos" (Salmos 119:105).

Boa leitura!

HERNANDES DIAS LOPES

ANTIGO TESTAMENTO

GÊNESIS

O LIVRO CONTA AS origens do mundo, da humanidade e do povo de Israel. O nome *Gênesis* vem do grego e significa "origem" ou "começo", refletindo bem o seu conteúdo. Ele inclui histórias famosas como a criação, Adão e Eva, o dilúvio de Noé, e a vida dos patriarcas Abraão, Isaque, Jacó e José. Explica como tudo começou e estabelece as bases da fé e da cultura hebraica. É uma coleção de relatos antigos que respondem às perguntas fundamentais sobre de onde viemos.

1 Deus criou os céus e a terra, e tudo o que neles existe, em seis dias. O homem e a mulher foram criados no sexto dia. Eles foram feitos à imagem e semelhança de Deus e receberam a ordem de crescer, multiplicar e dominar a terra. Deus viu que tudo o que havia feito era muito bom.

2 Deus fez um paraíso, chamado Éden, onde pôs o homem que formara do pó da terra. Depois o fez dormir, tirou-lhe uma costela e criou a mulher a partir dela. Eles viviam nus e não se envergonhavam da situação. Depois dos seis dias da criação, Deus descansou e abençoou o sétimo dia.

PAUSE E MEDITE

O Deus que começa todas as coisas

GÊNESIS 1–2

"NO PRINCÍPIO, CRIOU Deus os céus e a terra" (Gênesis 1:1). Estas são as palavras mais importantes já escritas na história da humanidade. Elas nos revelam que Deus não é apenas o Criador, mas Aquele que inicia todas as coisas em nossa vida.

Quando olhamos para o relato da criação, vemos um Deus de ordem, propósito e beleza. Ele não criou o mundo de forma caótica, mas com design inteligente e amor paternal. Cada dia da criação revela sua sabedoria infinita e seu cuidado pelos detalhes.

Se Deus teve o cuidado de criar cada estrela, cada flor, cada animal com perfeição, quanto mais Ele se importa com você! O mesmo Deus que falou e trouxe luz das trevas pode falar em sua situação e trazer esperança onde há desespero.

Talvez você esteja enfrentando um novo começo em sua vida: um novo emprego, um relacionamento, uma fase difícil. Lembre-se de que o Deus dos começos está com você. Ele que iniciou a criação com sabedoria e amor também pode iniciar algo novo e maravilhoso em sua caminhada.

Confie no Deus que começa todas as coisas. Ele tem um plano perfeito para sua vida, e cada novo dia é uma oportunidade para experimentar sua graça renovada. Ele quer ser o autor de um novo capítulo em sua história.

3 Incitada por uma serpente, Eva desobedeceu a Deus e comeu o fruto da árvore do conhecimento do bem e do mal; depois, o ofereceu à Adão. Eles foram castigados e expulsos do Éden. A terra foi amaldiçoada e anjos foram posicionados para impedi-los de pegar o fruto da árvore da vida.

4 Nasce Caim, o primogênito de Adão e Eva, que se torna agricultor. Depois, nasce Abel, que se torna pastor de ovelhas. Por maldade e inveja, Caim mata Abel depois de Deus preferir o sacrifício oferecido pelo irmão. Caim fugiu, casou-se, construiu uma cidade e teve muitos filhos.

5 Adão se tornou pai de Sete aos 130 anos, e gerou muitos outros filhos e filhas antes de morrer aos 930 anos. Sete morreu com 807 anos. Entre seus descendentes está Enoque, o pai de Matusalém, o homem que viveu 969 anos. Enoque andou com Deus e foi arrebatado para não ver a morte.

6 Os homens se multiplicaram na terra e suas filhas despertaram a atenção dos filhos de Deus, que procriaram com elas. Seus descendentes fizeram a maldade se espalhar, e Deus resolveu exterminar a humanidade usando um dilúvio, mas salvou Noé e a família por meio de uma grande arca.

7 Noé, a esposa, os três filhos e as noras, além de vários animais selecionados entraram na arca, e o próprio Deus fechou a porta. Choveu 40 dias ininterruptamente. Os que ficaram de fora, entre homens e animais, morreram todos. As águas prevaleceram sobre a terra durante 150 dias.

8 Após 150 dias cobrindo a terra, as águas do dilúvio começaram a baixar. Noé soltou uma pomba, que voltou com um ramo de oliveira, indicando terra seca. Dias depois, ele, a família e os animais saíram da arca. Noé construiu um altar e ofereceu alguns animais em sacrifício a Deus.

9 Deus estabeleceu uma aliança com Noé e prometeu nunca mais enviar um dilúvio, e instituiu o arco-íris como garantia. Sem, Cam e Jafé, os filhos de Noé, povoaram a terra. Certo dia, Noé embriagou-se e foi humilhado por Cam, e amaldiçoou a sua descendência. Noé morreu com 950 anos.

10 Sem, Cam e Jafé recomeçaram a história da humanidade. Seus descendentes, que nasceram depois do dilúvio, deram origem aos clãs, territórios e às nações. Ninrode, um dos descendentes de Cam, tornou-se o primeiro homem mais poderoso da terra e era um caçador notório pela valentia.

11 Deus queria que os homens se espalhassem pela terra, mas um grupo resolveu se rebelar e não se espalhar. Eles decidiram criar uma cidade e uma torre para ficarem juntos. Como falavam um só idioma, Deus fez com que falassem línguas diferentes, o que causou confusão e dispersão.

PAUSE E MEDITE

Quando o pecado se espalha, a graça resplandece

GÊNESIS 3–11

A QUEDA NO ÉDEN marca o momento mais trágico da história humana. Adão e Eva, criados à imagem de Deus, escolheram desobedecer e trouxeram o pecado ao mundo. Mas mesmo nessa tragédia, vemos a primeira promessa de redenção: a semente da mulher esmagaria a cabeça da serpente (Gênesis 3:15).

Nos capítulos seguintes, vemos como o pecado se espalhou rapidamente. Caim mata Abel, a violência aumenta, e Deus precisa enviar o dilúvio. Depois, na Torre de Babel, vemos novamente a arrogância humana tentando alcançar os céus por seus próprios méritos.

Essa é a realidade de nosso coração natural. O pecado não apenas nos afeta individualmente, mas contamina nossos relacionamentos, famílias e sociedade. Vemos isso claramente em nossos dias: violência, corrupção, egoísmo e rebeldia contra Deus.

Mas há esperança! Onde o pecado abundou, a graça superabundou (Romanos 5:20). Cada promessa de Deus nestes capítulos aponta para Cristo, nossa única esperança de salvação. Deus não abandonou a humanidade em seu pecado, mas providenciou um caminho de volta para si.

Se você está lutando contra o pecado, lembre-se: a graça de Deus é maior que qualquer falha. Confesse, arrependa-se e experimente o perdão que só Cristo pode oferecer.

12 Deus chama Abrão, de 75 anos, descendente de Sem, casado com Sarai e sem filhos, e promete abençoá-lo com terra e numerosa prole, mediante a qual abençoará todos os povos. Ele sai de Ur para Canaã, a Terra Prometida por Deus. A fome o obriga a ir ao Egito, mas ele volta a Canaã.

13 Abrão saiu do Egito com Sarai e o sobrinho Ló rumo a Canaã. Ele e Ló haviam enriquecido em rebanhos e tendas. Depois de brigas entre seus pastores, eles tiveram de se separar. Ló foi para Sodoma e Abrão continuou em Canaã, onde Deus lhe garantiu a promessa de grande descendência.

14 Alguns reinos entraram em guerra contra Sodoma e Gomorra, que foram vencidas, e Ló foi levado como prisioneiro de guerra. Abrão arregimentou um exército para libertar o sobrinho. Depois da vitória, Abrão foi abençoado por Melquisedeque, rei de Salém e sacerdote do Deus Altíssimo.

15 Deus assegura novamente a Abrão sua proteção e lhe garante que ele será pai de numerosa prole, tão numerosa quanto as estrelas do céu. Ele faz uma aliança com Abrão e lhe afirma a posse da terra de Canaã para sua posteridade. Abrão crê em Deus e isso lhe foi contado como justiça.

16 Aos 85 anos, sem ver o filho prometido, Abrão aceitou sugestão de Sarai e engravidou a serva Hagar. Ela concebeu e desprezou sua senhora. Sarai a maltratou e Hagar fugiu. O anjo do Senhor a encontrou no deserto, disse para voltar e prometeu multiplicar sua descendência. Hagar deu à luz Ismael.

17 Aos 99 anos, Deus apareceu a Abrão e estabeleceu aliança eterna. Abrão tornou-se Abraão, "pai de muitas nações", e Sarai virou Sara, "princesa". Deus prometeu que Sara daria à luz Isaque, através do qual estabeleceria sua aliança. A circuncisão foi instituída como sinal do pacto.

18 Três homens visitaram Abraão em Manre. Ele os hospedou generosamente. O Senhor prometeu que Sara daria à luz um filho no ano seguinte. Sara riu por ser idosa, mas Deus disse que nada é impossível. Depois, Deus revelou que destruiria Sodoma e Gomorra. Abraão intercedeu pelos justos.

19 Dois anjos chegaram a Sodoma e foram hospedados por Ló. Os homens da cidade cercaram a casa exigindo os visitantes. Os anjos cegaram os agressores e ordenaram fuga. Fogo e enxofre destruíram as cidades. A esposa de Ló virou estátua de sal. Ló e suas filhas se refugiaram numa caverna.

20 Em Gerar, Abraão disse que Sara era sua irmã por medo de ser morto. Abimeleque tomou Sara, mas Deus lhe apareceu em sonho advertindo que ela era casada. Abimeleque devolveu Sara, deu presentes a Abraão e permitiu que habitasse em sua terra. Abraão orou por Abimeleque.

21 Sara concebeu e deu à luz Isaque quando Abraão tinha 100 anos. No desmame, Sara viu Ismael zombando de Isaque e exigiu que Abraão expulsasse Hagar e seu filho. Deus disse para ouvir Sara, pois através de Isaque seria chamada sua descendência. Deus ouviu Ismael no deserto e prometeu fazer dele nação.

22 Deus provou Abraão ordenando que sacrificasse Isaque no monte Moriá. Abraão obedeceu, construiu um altar e amarrou o filho. Quando ia matá-lo, o anjo o deteve, vendo que temia a Deus. Abraão avistou um carneiro preso num arbusto e o ofereceu. Deus jurou multiplicar sua descendência como estrelas.

23 Sara morreu em Hebrom aos 127 anos. Abraão pediu aos heteus lugar para sepultá-la. Efrom ofereceu gratuitamente a cova de Macpela, mas Abraão insistiu em pagar quatrocentos siclos de prata.

O campo e a cova tornaram-se propriedade de Abraão. Ali sepultou Sara na Terra Prometida.

24 Abraão enviou seu servo à Mesopotâmia buscar esposa para Isaque entre seus parentes. O servo orou pedindo sinal: a moça que oferecesse água a ele e aos camelos seria a escolhida. Rebeca fez exatamente isso. O servo pediu-a em casamento para Isaque, ela concordou. Isaque a recebeu e a amou.

PAUSE E MEDITE

Abraão: chamado a crer no impossível

GÊNESIS 12–25

AOS 75 ANOS, Abraão recebeu um chamado que mudaria sua vida para sempre: "Sai da tua terra, da tua parentela e da casa de teu pai e vai para a terra que te mostrarei" (Gênesis 12:1). Deus prometeu fazer dele uma grande nação, abençoá-lo e torná-lo uma bênção para todas as famílias da terra.

Que fé extraordinária! Abraão deixou tudo o que conhecia para seguir a Deus rumo ao desconhecido. Não tinha GPS, não tinha garantias humanas, apenas a palavra de Deus. E essa palavra foi suficiente.

Durante sua jornada, Abraão enfrentou adversidades, conflitos, medos e a aparente impossibilidade de ter filhos. Sara era estéril, e ambos já eram idosos. Mas Deus havia prometido, e Abraão creu contra toda esperança humana.

Deus também tem promessas para sua vida. Talvez Ele esteja chamando você para sair de sua zona de conforto, para confiar nele em uma situação que parece impossível. Como Abraão, você pode escolher crer na palavra de Deus mesmo quando as circunstâncias gritam o contrário.

A fé não é ausência de dúvidas, mas escolher confiar em Deus apesar delas. Abraão foi chamado "pai da fé" não porque nunca duvidou, mas porque sempre voltou a confiar em Deus. Que você também seja conhecido como alguém que crê no impossível!

25 Abraão se casou com Quetura, que lhe deu seis filhos. Deu presentes aos filhos das concubinas e os enviou longe de Isaque. Morreu aos 175 anos e foi sepultado na cova de Macpela. Rebeca era estéril, mas Isaque orou e ela concebeu gêmeos. Esaú nasceu primeiro, ruivo. Jacó nasceu segurando o calcanhar de Esaú.

26 Houve fome, e Isaque foi a Gerar. Deus disse para não descer ao Egito, prometendo abençoá-lo. Por medo, Isaque disse que Rebeca era sua irmã. Abimeleque descobriu e o repreendeu, mas protegeu.

Isaque semeou e colheu cem vezes mais, tornando-se próspero. Cavou novos poços e fez aliança.

27 Isaque, com vista escurecida, pediu que Esaú caçasse para abençoá-lo. Rebeca instruiu Jacó a enganar o pai. Preparou comida e vestiu Jacó com roupas de Esaú, cobrindo-o com peles. Jacó enganou Isaque e recebeu a bênção da primogenitura. Esaú descobriu o engano e chorou amargamente.

PAUSE E MEDITE

Isaque: o Deus que cumpre suas promessas

GÊNESIS 25–27

ISAQUE REPRESENTA O cumprimento fiel das promessas de Deus. Seu nascimento foi um milagre, pois Sara concebeu aos 90 anos! Seu nome significa "riso", lembrando tanto da incredulidade inicial de Sara quanto da alegria que sua chegada trouxe.

A vida de Isaque nos ensina sobre a fidelidade de Deus. Quando Abraão foi chamado para oferecê-lo em sacrifício no monte Moriá, Deus providenciou um substituto. Quando enfrentou fome, Deus o abençoou na terra dos filisteus. Quando precisava de esposa, Deus dirigiu os passos de seu servo para encontrar Rebeca.

Embora Isaque seja menos conhecido que seu pai Abraão ou seu filho Jacó, sua vida é um testemunho silencioso, mas poderoso, da fidelidade de Deus. Ele não teve que conquistar a Terra Prometida; ela foi sua herança. Não teve que buscar as promessas; elas vieram até ele.

Você também é herdeiro das promessas de Deus. Em Cristo, você tem acesso a todas as bênçãos espirituais nos lugares celestiais (Efésios 1:3). Deus não falha, não mente, não esquece. O que Ele prometeu, Ele cumprirá.

Talvez você esteja esperando há muito tempo pelo cumprimento de uma promessa divina. Não desanime! O Deus de Isaque é o mesmo ontem, hoje e eternamente. Ele tem o tempo perfeito para cada coisa em sua vida.

28 Isaque abençoou Jacó e ordenou que buscasse esposa entre as filhas de Labão. Jacó partiu para Harã. Ao anoitecer, dormiu usando pedra como travesseiro. Sonhou com escada da terra ao céu, com anjos subindo e descendo. Deus renovou as promessas. Jacó despertou, ungiu a pedra e chamou lugar Betel.

29 Jacó chegou ao Oriente e encontrou pastores junto ao poço. Perguntou por Labão e viu Raquel chegando com ovelhas.

Removeu a pedra do poço, deu de beber ao rebanho e beijou Raquel, chorando. Labão o recebeu alegremente. Jacó pediu Raquel por sete anos de trabalho. Labão deu-lhe Lia na noite do casamento.

30 Raquel era estéril e invejava Lia. Deu sua serva Bila a Jacó, que gerou Dã e Naftali. Lia deu Zilpa, que gerou Gade e Aser. Lia teve Issacar, Zebulom e Diná. Deus lembrou de Raquel, que concebeu José. Jacó pediu para voltar, mas Labão o convenceu a ficar. Jacó prosperou em rebanhos e servos.

31 Jacó percebeu inveja dos filhos de Labão. Deus disse para voltar à terra dos pais. Jacó explicou a Raquel e Lia como Deus o abençoara. Elas concordaram em partir. Jacó fugiu enquanto Labão tosquiava ovelhas. Raquel furtou os ídolos do pai. Labão os perseguiu por sete dias. Fizeram pacto de paz.

32 Jacó encontrou anjos de Deus e chamou o lugar Maanaim. Enviou mensageiros a Esaú, que voltaram dizendo que ele vinha com quatrocentos homens. Jacó temeu, dividiu o povo em dois grupos, orou e enviou presentes a Esaú. À noite, lutou com um homem até o amanhecer. Seu nome foi mudado para Israel.

33 Jacó viu Esaú com quatrocentos homens. Dividiu os filhos e passou à frente, prostrando-se sete vezes. Esaú correu, abraçou-o, beijou-o e choraram. Esaú perguntou sobre família e presentes. Jacó insistiu que aceitasse os presentes como bênção. Esaú ofereceu acompanhá-lo, mas Jacó preferiu ir devagar.

34 Diná saiu para conhecer as filhas da terra. Siquém a viu, tomou-a e violentou-a, mas depois se apaixonou. Hamor pediu casamento entre os povos. Os filhos de Jacó exigiram circuncisão de todos os homens. No terceiro dia, Simeão e Levi mataram todos os homens da cidade, resgataram Diná e saquearam a cidade.

35 Deus disse a Jacó para subir a Betel. Jacó ordenou purificação e mudança de roupas, enterrando deuses estranhos. Em Betel, construiu altar e Deus confirmou seu nome Israel, renovando promessas. Raquel morreu no parto de Benjamim. Jacó a sepultou no caminho de Efrata. Isaque morreu aos 180 anos.

36 Esaú tomou esposas cananeias: Ada, Aolibama e Basemate. Ada deu à luz Elifaz; Basemate, Reuel; Aolibama, Jeús, Jalão e Corá. Esaú levou família, rebanhos e bens para longe de Jacó, pois eram muitos para habitarem juntos. Habitou no monte Seir e tornou-se pai dos edomitas, prosperando.

PAUSE E MEDITE

Jacó: transformado pela presença de Deus

GÊNESIS 28–36

JACÓ COMEÇOU SUA jornada como um enganador. Seu próprio nome significa "suplantador". Ele enganou o irmão, mentiu para o pai e fugiu de casa com medo da vingança de Esaú. Mas Deus tinha planos maiores para sua vida.

Em Betel, Jacó teve um encontro transformador com Deus. Viu uma escada que ligava a terra ao céu e ouviu a promessa divina: "Eis que estou contigo, e te guardarei por onde quer que fores" (Gênesis 28:15). Mesmo sendo imperfeito, Deus escolheu abençoá-lo e usá-lo.

Durante vinte anos na casa de Labão, Jacó aprendeu na prática o que significa ser enganado. Trabalhou sete anos por Raquel e recebeu Lia. Trabalhou mais sete anos pela mulher que amava. Deus estava moldando seu caráter através das circunstâncias.

O ponto culminante veio em Peniel, onde Jacó lutou com o Anjo do Senhor. Saiu dali manco, mas transformado. Não era mais Jacó, o enganador, mas Israel, aquele que luta com Deus e prevalece.

Deus também quer transformar você. Não importa seu passado, seus erros ou suas falhas. O mesmo Deus que transformou Jacó em Israel pode fazer algo novo em sua vida. Que Ele, segundo sua vontade, quebre seu orgulho, molde seu caráter e transforme sua identidade. A presença de Deus muda tudo!

37 José, de dezessete anos, trazia más notícias dos irmãos ao pai. Israel o amava mais e lhe fez uma túnica colorida. Os irmãos o odiavam. José sonhou que irmãos e pais se curvavam diante dele. Quando foi procurá-los em Dotã, conspiraram matá-lo. Judá propôs vendê-lo aos ismaelitas por vinte siclos de prata.

38 Judá se casou com filha de Suá e teve Er, Onã e Selá. Er se casou com Tamar , mas morreu por perversidade. Onã deveria dar descendência ao irmão, mas derramava sêmen na terra e também morreu. Judá disse a Tamar para aguardar Selá crescer. Tamar se disfarçou de prostituta, enganou Judá e concebeu gêmeos.

39 José foi comprado por Potifar no Egito. O Senhor estava com José, que prosperou e foi posto sobre toda a casa. A esposa de Potifar tentou seduzi-lo diariamente, mas ele recusou. Certo dia ela o agarrou, mas José fugiu deixando a veste. Ela o acusou falsamente. Potifar o lançou na prisão.

40 O copeiro e o padeiro de Faraó foram presos onde estava José. O carcereiro os entregou aos cuidados de José. Ambos tiveram sonhos numa noite. José disse que interpretações pertencem a Deus. O copeiro sonhou com uma vide de três ramos que deu uvas para a taça de Faraó. José interpretou corretamente.

41 Faraó sonhou com sete vacas gordas devoradas por sete magras, e sete espigas cheias devoradas por sete miúdas. Nenhum sábio interpretou. O copeiro lembrou de José. José interpretou: sete anos de fartura seguidos de sete de fome. Faraó reconheceu o Espírito de Deus em José e o nomeou governador do Egito.

42 Jacó enviou dez filhos ao Egito comprar trigo, retendo Benjamim. José os reconheceu, mas eles não o reconheceram. Tratou-os como espiões, exigindo que trouxessem o irmão menor. Prendeu Simeão e ordenou que enchessem os sacos, devolvendo o dinheiro secretamente. No caminho encontraram o dinheiro e ficaram atemorizados.

43 A fome continuou. Judá ofereceu-se como fiador de Benjamim. Jacó concordou, enviando presentes e dinheiro em dobro. José viu Benjamim e ordenou banquete em sua casa. Os irmãos temeram e explicaram sobre o dinheiro. O despenseiro os tranquilizou e trouxe Simeão. José perguntou pelo pai e abençoou Benjamim.

44 José ordenou que pusessem sua taça de prata no saco de Benjamim. Enviou o despenseiro acusando-os de roubo. A taça foi encontrada com Benjamim. Voltaram à cidade, e Judá ofereceu-se como escravo no lugar de Benjamim, explicando que a morte do rapaz mataria o pai de desgosto. José viu que mudaram.

45 José não se conteve, mandou todos saírem e se revelou aos irmãos, chorando alto. Disse para não se entristecerem por tê-lo vendido, pois Deus o enviara para preservar vidas. Ainda haveria cinco anos de fome. Abraçou todos os irmãos. Faraó se alegrou e ordenou que trouxessem a família para Gósen.

46 Israel partiu para o Egito e ofereceu sacrifícios em Berseba. Deus disse para não temer descer ao Egito, pois ali faria dele grande nação. Jacó levou toda a família: setenta pessoas. Judá foi enviado adiante para avisar José. Quando José viu o pai, correu ao encontro, abraçou-o e chorou longamente.

47 José apresentou cinco irmãos a Faraó, que permitiu habitarem em Gósen. Jacó abençoou Faraó e disse ter 130 anos. José estabeleceu a família em Ramessés e os sustentou. A fome se agravou, e José comprou toda terra do Egito para Faraó, exceto a dos sacerdotes. Jacó pediu para ser sepultado em Canaã.

48 Jacó estava enfermo. José trouxe Efraim e Manassés. Jacó os adotou como filhos e os abençoou, cruzando as mãos para

pôr a direita sobre Efraim, o menor, profetizando que seria maior que Manassés. José tentou corrigir, mas Jacó manteve, dizendo que o menor seria maior e profetizou retorno à Terra Prometida.

49 Jacó chamou os filhos para profetizar sobre eles. Rúben perderia primogenitura por instabilidade; Simeão e Levi seriam dispersos por violência; de Judá viria o cetro real; José seria frutífero e abençoado; Benjamim seria lobo que despedaça. Profetizou sobre cada filho conforme seu destino. Morreu aos 147 anos.

50 José chorou sobre o pai e ordenou que os médicos o embalsamassem. Os egípcios o prantearam setenta dias. José pediu permissão a Faraó para sepultá-lo em Canaã. Grande comitiva acompanhou o sepultamento na cova de Macpela. Os irmãos temeram vingança, mas José os consolou. José morreu aos 110 anos no Egito.

PAUSE E MEDITE

José: Deus conduz a história para o bem

GÊNESIS 37–50

A HISTÓRIA DE JOSÉ é uma das mais belas demonstrações da soberania e providência divina em toda a Escritura. Vendido como escravo pelos próprios irmãos aos dezessete anos, José poderia ter se tornado amargo e revoltado. Mas ele escolheu confiar em Deus mesmo nas circunstâncias mais adversas.

Na casa de Potifar, José foi fiel e próspero até ser falsamente acusado pela esposa de seu senhor. Na prisão, continuou servindo com excelência e interpretando sonhos. Quando finalmente foi chamado para interpretar os sonhos de Faraó, José não buscou glória pessoal, mas deu toda honra a Deus.

Elevado à posição de governador do Egito, José administrou sabiamente os sete anos de abundância e os sete anos de fome. Quando seus irmãos desceram ao Egito em busca de alimento, José teve a oportunidade de se vingar. Mas escolheu o perdão.

Suas palavras aos irmãos resumem toda sua jornada: "Vós, na verdade, intentastes o mal contra mim; porém Deus o tornou em bem, para fazer, como vedes agora, que se conserve muita gente em vida" (Gênesis 50:20).

Talvez você esteja passando por uma "prisão" em sua vida: uma situação injusta, dolorosa ou incompreensível. Lembre-se de José: Deus pode transformar o mal em bem. Ele está escrevendo uma história maior do que você pode ver.

Mantenha-se fiel, perdoe quem o feriu e confie na soberania divina. Deus conduz todas as coisas para o bem daqueles que o amam (Romanos 8:28).

ÊXODO

O LIVRO, CUJO NOME significa "saída", conta como os israelitas saíram da escravidão no Egito. Narra os milagres das dez pragas, a travessia do mar Vermelho e o recebimento dos Dez Mandamentos no monte Sinai. Estabelece as leis básicas e os rituais que definiriam a identidade do povo israelita. É uma história de libertação que mostra como um grupo de escravos se tornou uma nação livre com suas próprias leis e tradições.

1 Os israelitas se multiplicam no Egito e um novo faraó, que não conhecia José, teme seu crescimento. Escraviza o povo, impõe trabalhos pesados e ordena às parteiras que matem os meninos. Temendo a Deus, elas desobedecem. O decreto final manda lançar os recém-nascidos ao Nilo.

2 Nasce Moisés, depois de três meses escondido foi posto num cesto no Nilo. A filha de Faraó o adota. Já adulto, mata um egípcio que agredia um hebreu e foge para Midiã, onde se casa com Zípora. Ali, tendo um filho, vive como pastor enquanto o clamor de Israel pela opressão sobe a Deus.

3 Moisés vê a sarça ardendo no monte Horebe. Deus o chama pelo nome, revela-se como o Deus dos pais e diz ter visto a aflição de Israel. Envia Moisés a Faraó para libertar o povo. Diante da pergunta de sua autoridade, revela o Nome: "Eu Sou o que Sou" e promete estar com ele.

4 Moisés recebe sinais: a vara vira serpente, a mão fica leprosa e a água se torna sangue. Alega ser pesado de boca; Deus lhe dá Arão por porta-voz. De volta ao Egito, Moisés e Arão reúnem os anciãos, mostram os sinais, e o povo crê que Deus visitou e viu sua aflição.

5 Moisés e Arão pedem a Faraó que permita ao povo celebrar ao Senhor no deserto. Ele recusa e aumenta a carga de trabalho, exigindo tijolos sem palha fornecida. Os capatazes espancam os hebreus, que murmuram contra Moisés. Ele clama a Deus, perplexo, perguntando por que o mal aumentou.

6 Deus reafirma a aliança com Abraão, Isaque e Jacó, promete libertar Israel com braço estendido e levá-los à terra. O povo, abatido, não escuta. Deus manda que Moisés fale novamente a Faraó. Surgem as genealogias de Levi, situando Moisés e Arão como chamados para essa missão.

7 O Senhor faz Moisés como "deus" a Faraó e Arão por profeta. A vara de Arão torna-se serpente e devora as dos magos. Segue a primeira praga: águas do Nilo transformam-se em sangue; peixes morrem e o rio cheira mal. Mesmo com sinais, o coração de Faraó permanece endurecido contra Israel.

8 Segunda praga: rãs invadem casas e leitos; Faraó implora alívio e promete deixar o povo ir, mas volta atrás. Terceira: piolhos atingem homens e animais; os magos admitem "o dedo de Deus". Quarta: enxames de moscas arruínam o Egito, poupando Gósen, e Faraó segue oscilando na promessa.

9 Quinta praga: peste no gado egípcio; rebanhos de Israel são poupados. Sexta: tumores e úlceras atingem homens e animais; magos não podem apresentar-se. Sétima: saraiva com fogo devasta campos e destrói colheitas, exceto em Gósen. Faraó confessa pecado, mas endurece novamente o coração.

10 Oitava praga: gafanhotos consomem o que restou. Servos de Faraó pedem rendição. Ele tenta liberar só os homens; Moisés exige todos. Deus envia enxames, depois os remove ao arrependimento momentâneo do rei. Nona praga: trevas densas por três dias; Israel tem luz. Faraó expulsa Moisés.

11 Deus anuncia a décima praga: a morte de todos os primogênitos do Egito. Israel receberá favor e sairá com bens. Moisés declara que haverá grande clamor como nunca houve. Faraó não ouvirá, para que os sinais se multipliquem. A distinção entre Israel e Egito ficará evidente.

12 A Páscoa é instituída: cordeiro sem defeito, sangue nos umbrais, pão sem fermento e pressa. À meia-noite, morrem os primogênitos egípcios. Faraó enfim despede Israel. O povo sai com massa ainda crua e riquezas recebidas. Cumpre-se o tempo de 430 anos de permanência no Egito.

13 Consagra-se todo primogênito a Deus e estabelece-se a festa dos pães asmos como memorial. Deus guia o povo não pela rota dos filisteus, mas pelo deserto rumo ao mar, coluna de nuvem de dia e de fogo à noite. Moisés leva os ossos de José, conforme juramento antigo.

14 Faraó persegue Israel até o mar. O povo teme; Moisés conclama a ver a salvação. Deus coloca a coluna entre os exércitos. Moisés estende a mão e o mar se abre; Israel passa a seco. Ao amanhecer, as águas retornam, cobrem carros e afogam cavaleiros. O livramento torna-se inesquecível.

15 Israel canta ao Senhor pela vitória; Miriã lidera com tamborins. Em Mara, as águas amargas tornam-se doces por orientação divina, e o povo é provado. Em Elim, encontram doze fontes e setenta palmeiras. Deus revela que obedecer traz cura e proteção, pois Ele é quem sara.

PAUSE E MEDITE

ÊXODO 1–15

O Deus que nos liberta das correntes

O LIVRO DE ÊXODO começa com uma situação desesperadora: o povo de Deus escravizado no Egito há mais de 400 anos. Os israelitas gemiam sob o peso da opressão, construindo cidades para Faraó com trabalho forçado. Suas vidas eram amargas, suas esperanças quase extintas. Mas Deus ouviu o clamor de seu povo.

A libertação veio através de Moisés, um homem que conhecia tanto os palácios do Egito quanto o deserto de Midiã. Deus o chamou numa sarça ardente e o enviou com uma mensagem poderosa: "Deixa ir o meu povo!". As dez pragas demonstraram que o Deus de Israel era superior a todos os deuses do Egito.

A décima praga foi decisiva: a morte dos primogênitos. Mas Deus providenciou escape através do cordeiro pascal. O sangue nas ombreiras das portas protegeu os israelitas da morte. Na madrugada seguinte, Faraó finalmente cedeu: "Levantai-vos, saí do meio do meu povo!".

O clímax veio no mar Vermelho. Encurralados entre as águas e o exército egípcio, os israelitas viram Deus abrir um caminho impossível. Atravessaram em terra seca enquanto seus opressores foram tragados pelas águas.

Talvez você se sinta escravizado hoje por vícios, medos, circunstâncias ou relacionamentos tóxicos. O mesmo Deus que libertou Israel pode quebrar suas correntes. Ele ouve seu clamor e tem poder para abrir caminhos onde não há saída. Confie no Deus da libertação!

16 No deserto de Sim, o povo murmura por comida; Deus envia codornizes à tarde e maná pela manhã. Ordena recolher a porção diária e o dobro no sexto dia, santificando o sábado. Alguns guardam além do dia e o maná apodrece. Israel alimenta-se do pão do céu por quarenta anos.

17 Em Refidim, sem água, o povo contende; Moisés fere a rocha em Horebe e dela brota água. Amaleque ataca; Josué combate enquanto Moisés, com mãos erguidas sustentadas por Arão e Hur, intercede. Israel vence. Ergue-se um altar: "O Senhor é minha bandeira". Deus promete apagar Amaleque.

18 Jetro visita Moisés, ouve os feitos do Senhor e oferece sacrifícios. Observa Moisés julgando sozinho e aconselha repartir a carga: escolher homens capazes, tementes a Deus e inimigos do suborno, para causas menores, e reservar a Moisés os casos difíceis. A estrutura é adotada.

19 No terceiro mês, Israel acampa diante do Sinai. Deus propõe aliança: se ouvirem sua voz, serão tesouro, reino de sacerdotes e nação santa. O povo responde: "Faremos tudo". Ordena-se a consagração, lavagem de roupas e limites no monte. No terceiro dia, Deus desce em tremor e fogo.

20 Deus proclama os Dez Mandamentos e orienta sobre altar sem degraus. O povo teme e fica ao longe, pedindo que Moisés fale por Deus. São dados princípios contra idolatria e por reverência ao Nome. A lei estabelece um relacionamento de fidelidade, culto exclusivo e ética comunitária.

21 Leis civis e penais: servos hebreus, proteção à mulher, reparações por ferimentos, responsabilidade por animais perigosos e homicídio culposo ou doloso. A justiça de Deus visa limitar vinganças, punir proporcionalmente e proteger vulneráveis, delineando uma sociedade ordenada sob a aliança.

22 Normas sobre restituição por furto e dano, respeito a virgens seduzidas, proibição de feitiçaria e bestialidade, exclusividade do culto ao Senhor. Proteção a estrangeiros, viúvas e órfãos; proibição de usura ao necessitado; devolução do penhor antes do pôr do sol; santidade nas primícias.

23 Regras contra falso testemunho, parcialidade e suborno; cuidado com o inimigo em necessidade. Anos sabáticos e o sábado para descanso de todos. Três festas anuais. Deus promete enviar seu Anjo adiante, exigir obediência e expulsar as nações gradualmente, evitando alianças e idolatria.

24 A aliança é ratificada: Moisés lê o livro da aliança; o povo diz "faremos". Altares e sangue selam o pacto. Moisés, Arão, Nadabe, Abiú e setenta anciãos veem Deus e comem na sua presença. Moisés sobe para receber as tábuas; a glória do Senhor cobre o monte quarenta dias.

PAUSE E MEDITE

O Deus que se revela e faz aliança

ÊXODO 16–24

APÓS A LIBERTAÇÃO do Egito, Israel enfrentou um novo desafio: aprender a viver como povo livre. No deserto, longe da segurança (mesmo que opressiva) do Egito, eles precisavam descobrir quem era seu Deus e como se relacionar com Ele.

Deus começou provendo suas necessidades básicas. Quando reclamaram de fome, Ele enviou maná do céu, o pão diário que os ensinou dependência e confiança. Quando tiveram sede, fez brotar água da rocha. Cada provisão revelava seu caráter: Ele é Jeová-Jiré, o Deus que provê.

O ponto culminante veio no monte Sinai. Ali, Deus desceu em fogo, fumaça e trovões para estabelecer uma aliança com seu povo. Os Dez Mandamentos não eram apenas regras, mas revelação do caráter divino. Cada mandamento mostrava como um povo santo deveria viver.

"Se diligentemente ouvirdes a minha voz e guardardes a minha aliança, então, sereis a minha propriedade peculiar dentre todos os povos" (Êxodo 19:5). Deus não queria apenas libertar Israel do Egito, mas libertá-los para si mesmo. Ele desejava um relacionamento íntimo, baseado em aliança.

Hoje, através de Cristo, temos uma aliança ainda melhor. Deus não apenas nos liberta do pecado, mas nos chama para relacionamento íntimo com Ele. Sua palavra continua revelando seu caráter e vontade. Que privilégio conhecer pessoalmente o Deus do universo!

25 Deus pede ofertas voluntárias e revela o modelo do tabernáculo para habitar no meio do povo. Instruções: arca com propiciatório e querubins, mesa dos pães da proposição e candelabro de ouro. Cada peça simboliza presença, provisão e luz de Deus entre Israel em peregrinação.

26 Detalhes das cortinas do tabernáculo: linho fino, azul, púrpura e carmesim, com querubins; coberturas de pelos de cabra e peles. Estruturas de acácia com bases de prata. Um véu separa o santo do santíssimo, resguardando a arca, sinal de santidade e acesso regulado à presença.

27 Altar de holocaustos de acácia revestido de bronze, com grelha e utensílios; átrio com cortinas e colunas. Óleo puro de oliveira manterá a lâmpada acesa continuamente diante do Senhor. O culto tem ordem, beleza e constância, chamando o povo a serviço regular e vigilante.

28 Vestuário sagrado de Arão e filhos: éfode com pedras de ônix nos ombros, peitoral com doze pedras representando as tribos, manto azul com romãs e campainhas, lâmina de ouro "Santidade ao Senhor". As vestes apontam dignidade, mediação e memória do povo diante de Deus.

29 Consagração sacerdotal: lavagem, unção, vestes e sacrifícios. Bode e carneiro por expiação e consagração; pão sem fermento. Sete dias de ordenação e holocausto contínuo de manhã e à tarde. Deus promete habitar e santificar o tabernáculo e estar no meio de Israel.

30 Altar do incenso diante do véu; dinheiro do resgate no censo; pia de bronze para lavagens; óleo santo de unção e incenso exclusivo. O culto requer pureza, expiação e separação. Fica proibida a reprodução profana das fórmulas sagradas, resguardando o caráter santo do serviço.

31 Bezalel e Aoliabe são capacitados pelo Espírito para a arte do santuário. O sábado é sinal perpétuo entre Deus e Israel. Ao fim, Deus entrega a Moisés as tábuas da lei, escritas pelo dedo de Deus, confirmando a origem divina do pacto e sua centralidade para a vida do povo.

32 Com a demora de Moisés, o povo pede deuses; Arão molda o bezerro de ouro. Deus ameaça destruí-los, mas Moisés intercede. Ao descer, quebra as tábuas e purga a idolatria. O Senhor fere o povo, porém mantém a aliança após disciplina, mostrando gravidade do pecado e misericórdia.

33 Deus promete enviar um anjo, mas diz não subir no meio do povo obstinado; Israel lamenta. Moisés arma a tenda da congregação e fala face a face com Deus, pedindo graça. Implora: "se tua presença não for, não nos faças subir". Pede para ver a glória Deus, o que lhe é permitido.

34 Novas tábuas são talhadas; Deus proclama seu nome: compassivo, clemente, longânimo, rico em amor e fidelidade, que perdoa e não inocenta o culpado. A aliança é renovada com orientações contra alianças idólatras e festas anuais. O rosto de Moisés resplandece ao descer.

35 Moisés convoca ofertas; o sábado é reafirmado. O povo, voluntariamente, traz metais, tecidos e pedras. Mulheres hábeis tecem; príncipes ofertam pedras. Deus enche Bezalel e Aoliabe de habilidade para toda obra. Há tanta contribuição que Moisés manda conter as doações.

36 Os artífices executam as cortinas, coberturas e armações do tabernáculo conforme o modelo. O povo continua trazendo mais do que o necessário, e a coleta é interrompida. A obra progride com excelência e fidelidade às ordens de Deus, revelando zelo e generosidade comunitária.

37 Bezalel faz a arca com propiciatório e querubins, a mesa dos pães e o candelabro de ouro, além do altar do incenso e do óleo sagrado. Cada peça é construída segundo o padrão revelado, sinalizando que a adoração deve seguir a forma e a intenção estabelecidas por Deus.

38 Constrói-se o altar de holocaustos, a pia de bronze feita com espelhos das mulheres e o átrio com suas colunas. É apresentado o arrolamento dos metais ofertados. A transparência na administração dos recursos sagrados fortalece a confiança do povo e honra o Senhor.

39 Fazem-se as vestes sacerdotais com primor: éfode, peitoral, manto e túnicas; grava-se "Santidade ao Senhor" na lâmina de ouro. Concluída a obra, ela é apresentada a Moisés, que verifica cada item conforme o mandado divino e os abençoa pela obediência e excelência.

40 No primeiro mês do segundo ano, o tabernáculo é erguido; móveis são colocados, unção e consagração realizadas. Arão e filhos são vestidos e santificados. Ao final, a nuvem cobre a tenda e a glória do Senhor a enche; Israel passa a seguir o mover da nuvem em suas jornadas.

PAUSE E MEDITE

O Deus que habita entre nós

ÊXODO 25–40

A MAIOR REVELAÇÃO DE Êxodo não foram as pragas ou a travessia do mar, mas esta promessa extraordinária: "E me farão um santuário, e habitarei no meio deles" (Êxodo 25:8). O Deus transcendente queria habitar entre seu povo!

O tabernáculo foi construído segundo o modelo celestial mostrado a Moisés no monte. Cada detalhe tinha significado: o átrio exterior onde se ofereciam sacrifícios, o lugar santo onde os sacerdotes ministravam, e o santíssimo onde Deus habitava sobre a arca da aliança.

A construção exigiu o melhor que o povo tinha: ouro, prata, bronze, tecidos finos e pedras preciosas. Mas mais importante que os materiais foi a disposição do coração. "Todo homem cujo coração o movia" trouxe ofertas voluntárias (Êxodo 35:21). Deus não queria apenas suas riquezas, mas seus corações.

Quando o tabernáculo foi concluído, "a glória do Senhor encheu o tabernáculo" (Êxodo 40:34). A presença divina era tão intensa que nem Moisés podia entrar. Deus havia cumprido sua promessa: Ele habitava no meio de seu povo.

Hoje, através de Cristo, algo ainda mais maravilhoso aconteceu. Nosso corpo se tornou templo do Espírito Santo (1Coríntios 6:19). Deus não habita apenas entre nós, mas em nós! Que responsabilidade e privilégio carregar a presença do Altíssimo. Viva de forma digna desta habitação divina!

LEVÍTICO

O LIVRO, CUJO NOME vem significa "relativo aos levitas", apresenta as leis dadas por Deus a Israel para viver em santidade. O livro detalha instruções sobre sacrifícios, ofertas e pureza ritual, mostrando como o povo deveria se aproximar de Deus. Os sacerdotes são consagrados para servir no tabernáculo e mediar a relação entre Deus e a nação. Regras sobre alimentação, festivais, pureza moral e comportamento ético moldam a identidade do povo escolhido, chamado a ser santo como o Senhor.

1 O Senhor chamou Moisés da tenda da congregação e falou sobre as ofertas. Para holocausto de gado: macho sem defeito, posto à porta da tenda, com imposição de mãos para expiação. Será degolado, sangue espargido ao redor do altar, esfolado, partido em pedaços e queimado sobre lenha no altar.

2 Para oferta de manjares: flor de farinha com azeite e incenso, punhado queimado no altar como memorial. O restante será de Arão e filhos, coisa santíssima das ofertas queimadas. Se for cozida no forno: bolos asmos amassados com azeite ou coscorões asmos untados com azeite. Não levedará.

3 Para sacrifício pacífico de gado: macho ou fêmea sem defeito perante o Senhor. Porá mão sobre a cabeça, degolará à porta da tenda. Filhos de Arão espargirão sangue sobre o altar. Oferecerá a gordura que cobre as entranhas, rins e redenho do fígado. Filhos de Arão queimarão sobre o holocausto.

4 Para sacrifício pelo pecado: se sacerdote ungido pecar, oferecerá novilho sem defeito. Porá mão sobre a cabeça, degolará perante o Senhor. Tomará sangue, aspergirá sete vezes perante o véu, porá nas pontas do altar do incenso. Restante do sangue derramará à base do altar do holocausto.

5 Se toda congregação de Israel errar, oferecerão novilho pelo pecado. Anciãos porão mãos sobre a cabeça, degolarão perante o Senhor. Sacerdote ungido levará sangue à tenda, aspergirá sete vezes perante o véu, porá nas pontas do altar. Queimará toda gordura. Assim fará expiação por eles.

6 Se príncipe pecar, oferecerá bode macho sem defeito. Porá mão sobre a cabeça, degolará no lugar do holocausto. Sacerdote tomará sangue com dedo, porá nas pontas do altar do holocausto, derramará restante à base. Queimará toda gordura como sacrifício pacífico. Sacerdote fará expiação por ele.

7 Se alguém do povo pecar, oferecerá cabra fêmea sem defeito. Porá mão sobre a cabeça, degolará no lugar do holocausto. Sacerdote tomará sangue com dedo, porá nas pontas do altar, derramará restante à base. Tirará toda gordura e queimará sobre o altar como cheiro suave. Sacerdote fará expiação.

8 Se alguém pecar não declarando o que viu ou soube, levará sua iniquidade. Se tocar coisa imunda ou jurar temerariamente, será culpado. Confessará o pecado e trará ao Senhor oferta pela culpa: cordeira ou cabrinha pelo pecado. Sacerdote fará expiação. Se não alcançar cordeira, trará duas rolas.

9 Para oferta pela culpa: carneiro sem defeito, conforme estimação em siclos de prata. Restituirá o que danificou na coisa santa, acrescentará

quinta parte e dará ao sacerdote. Sacerdote fará expiação com carneiro da oferta pela culpa, e lhe será perdoado. Se pecar contra mandamentos do Senhor, é culpado.

10 Nadabe e Abiú, filhos de Arão, tomaram cada um seu incensário, puseram fogo e incenso, ofereceram fogo estranho perante o Senhor, que não lhes ordenara. Saiu fogo do Senhor e os consumiu, morreram perante o Senhor. Moisés disse a Arão: “Isto é que o Senhor falou: nos que se chegam a mim me santificarei”.

11 O Senhor falou a Moisés e Arão sobre animais que podem comer. De entre os animais, todo que tem unhas fendidas, pé dividido e rumina, esse comereis. Porém não comereis camelo, coelho, lebre e porco. Das águas, todo que tem barbatanas e escamas comereis. Dos voláteis, não comereis águia, abutre, açor.

12 Mulher que conceber e der à luz menino será imunda sete dias, como nos dias da separação da sua enfermidade. No oitavo dia se circuncidará a carne do prepúcio do menino. Depois ficará trinta e três dias purificando-se do seu sangue. Se der à luz menina, será imunda duas semanas e ficará sessenta e seis dias.

13 O Senhor falou a Moisés e Arão sobre a lei da lepra. Quando homem tiver na pele de sua carne inchação, pústula ou empola, e na pele de sua carne se tornar praga da lepra, será levado a Arão sacerdote ou a um de seus filhos sacerdotes. O sacerdote examinará a praga na pele da carne; se pelo na praga se tornou branco.

14 Esta é a lei do leproso no dia da sua purificação: será levado ao sacerdote. Sacerdote sairá fora do arraial; se a praga da lepra do leproso for sarada, ordenará que se tomem para aquele que se há de purificar duas aves vivas e limpas, pau de cedro, carmesim e hissopo. Ordenará que se degole uma ave.

15 O Senhor falou a Moisés e Arão sobre fluxo. Qualquer homem que tiver fluxo da sua carne, por causa do seu fluxo será imundo. Esta será sua imundícia: se sua carne vasa o seu fluxo ou se sua carne estanca o seu fluxo, esta é sua imundícia. Toda cama em que se deitar será imunda, todo assento será imundo.

16 Falou o Senhor a Moisés depois da morte dos dois filhos de Arão, quando se chegaram perante o Senhor e morreram. Disse o Senhor a Moisés: “Dize a Arão teu irmão que não entre no santuário em todo tempo, para dentro do véu, diante do propiciatório que está sobre a arca, para que não morra”.

PAUSE E MEDITE

O sangue que purifica e restaura

LEVÍTICO 1–16

LEVÍTICO PODE PARECER um livro estranho para nossos dias, cheio de rituais e sacrifícios que não praticamos mais. Mas suas páginas revelam verdades profundas sobre a natureza de Deus e nossa necessidade de redenção. O tema central é claro: "sem derramamento de sangue, não há remissão" (Hebreus 9:22).

Os cinco tipos de ofertas revelavam diferentes aspectos da obra redentora: o holocausto (consagração total), a oferta de manjares (vida dedicada), a oferta pacífica (comunhão restaurada), a oferta pelo pecado (culpa removida) e a oferta pela culpa (restituição feita). Cada sacrifício apontava para Cristo, o Cordeiro perfeito.

O Dia da Expiação era o clímax do calendário religioso. Uma vez por ano, o sumo sacerdote entrava no santíssimo com sangue para fazer expiação pelos pecados de todo o povo. Dois bodes eram usados: um morto como sacrifício, outro enviado ao deserto carregando simbolicamente os pecados da nação.

Que quadro poderoso da obra de Cristo! Ele foi tanto o sacrifício quanto o bode emissário. Na cruz, derramou seu sangue para nossa purificação e levou nossos pecados para longe de nós. "Quanto dista o Oriente do Ocidente, assim afasta de nós as nossas transgressões" (Salmos 103:12).

Hoje não precisamos mais de sacrifícios de animais. Cristo ofereceu-se uma vez por todas (Hebreus 10:10). Seu sangue nos purifica de todo pecado e nos dá acesso direto ao Pai. Que privilégio incrível ter nossos pecados não apenas perdoados, mas completamente removidos!

17 Falou mais o Senhor a Moisés: "Fala a Arão, seus filhos e todos os filhos de Israel: Esta é palavra que o Senhor ordenou: Qualquer homem da casa de Israel que degolar boi, cordeiro ou cabra no arraial ou fora do arraial, e não trouxer à porta da tenda da congregação para oferecer oferta ao Senhor, será considerado culpado de sangue".

18 Falou mais o Senhor a Moisés: "Fala aos filhos de Israel: Eu sou o Senhor vosso Deus. Não fareis segundo as obras da terra do Egito, em que habitastes, nem segundo as obras da terra de Canaã, para onde vos levo, nem andareis nos seus estatutos. Fareis segundo meus juízos e guardareis meus estatutos".

19 Falou mais o Senhor a Moisés: "Fala a toda congregação dos filhos de Israel: Santos sereis, porque eu, o Senhor vosso Deus, sou santo. Cada um temerá sua mãe e seu pai, e guardareis meus sábados. Eu sou o

Senhor vosso Deus. Não vos virareis para ídolos, nem vos fareis deuses de fundição".

20 Disse mais o Senhor a Moisés: "Também dirás aos filhos de Israel: Qualquer dos filhos de Israel, ou dos estrangeiros que peregrinam em Israel, que der de seus filhos a Moloque, certamente morrerá; o povo da terra o apedrejará. Eu porei minha face contra tal homem e o extirparei do meio do seu povo".

21 Disse mais o Senhor a Moisés: "Fala aos sacerdotes, filhos de Arão: O sacerdote não se contaminará por causa dum morto entre seus povos, salvo por seu parente mais chegado: por sua mãe, seu pai, seu filho, sua filha, seu irmão e por sua irmã virgem, que lhe está chegada, que ainda não teve marido".

22 Falou mais o Senhor a Moisés: "Fala a Arão e seus filhos, que se apartem das coisas santas dos filhos de Israel, que eles me santificam, para que não profanem meu santo nome. Eu sou o Senhor. Dize-lhes: Todo homem de toda vossa descendência nas vossas gerações, que, tendo sobre si imundícia".

23 Falou mais o Senhor a Moisés: "Fala aos filhos de Israel: As solenidades do Senhor, que proclamareis, serão santas convocações; estas são as minhas solenidades. Seis dias se trabalhará, mas o sétimo dia será sábado de descanso, santa convocação; nenhuma obra fareis; sábado é do Senhor".

24 Falou mais o Senhor a Moisés: "Ordena aos filhos de Israel que te tragam azeite puro de oliveiras, batido, para a luminária, para fazer arder as lâmpadas continuamente. Fora do véu do testemunho, na tenda da congregação, as porá em ordem Arão, desde a tarde até pela manhã, perante o Senhor".

25 Falou mais o Senhor a Moisés no monte Sinai: "Fala aos filhos de Israel: Quando tiverdes entrado na terra que eu vos dou, então a terra guardará sábado ao Senhor. Seis anos semearás tua terra, seis anos podarás tua vinha e colherás os seus frutos. Porém no sétimo ano haverá sábado de descanso".

26 Não fareis para vós ídolos, nem vos levantareis imagem de escultura nem estátua, nem poreis pedra figurada na vossa terra, para vos inclinardes a ela; porque eu sou o Senhor vosso Deus. Guardareis meus sábados e reverenciareis meu santuário. Eu sou o Senhor. Se andardes nos meus estatutos.

27 Falou mais o Senhor a Moisés: "Fala aos filhos de Israel: Quando alguém fizer voto especial, segundo tua estimação das pessoas serão do Senhor. Se for homem de vinte anos até sessenta anos, então será tua estimação cinquenta siclos de prata, segundo siclo do santuário. Se for mulher, tua estimação será trinta siclos".

PAUSE E MEDITE

Sede santos, porque eu sou santo

LEVÍTICO 17–27

"SEDE SANTOS, PORQUE eu sou santo" (Levítico 19:2). Esta frase resume a segunda metade de Levítico e define o padrão de vida para o povo de Deus. Santidade não é apenas um conceito teológico abstrato, mas um estilo de vida prático que abrange todas as áreas da existência.

Deus regulamentou a alimentação, os relacionamentos, a agricultura, o comércio e até mesmo o corte de cabelo. Pode parecer excessivo, mas o princípio é claro: não há área da vida que esteja fora da jurisdição divina. Ser santo significa viver de forma diferente do mundo, refletindo o caráter de Deus em cada aspecto da vida.

As leis sobre pureza sexual, honestidade nos negócios, cuidado com os pobres e tratamento justo aos estrangeiros revelavam como a santidade se expressa horizontalmente. "Amarás o teu próximo como a ti mesmo" (Levítico 19:18) não era apenas um ideal, mas um mandamento prático com implicações sociais concretas.

O ano do jubileu ilustrava perfeitamente a santidade em ação: terras devolvidas, escravos libertados, dívidas perdoadas. Era um reset social que impedia a concentração excessiva de riqueza e garantia nova oportunidade para todos. Que visão revolucionária de justiça social!

Para nós hoje, a santidade continua sendo um chamado não negociável. Não através de rituais externos, mas pela transformação interna do Espírito Santo. Somos chamados a ser diferentes, seja na forma como tratamos as pessoas, como conduzimos nossos negócios, como usamos nosso dinheiro e vivemos nossa sexualidade. Santidade é Deus vivendo através de nós no cotidiano.

NÚMEROS

O LIVRO DOCUMENTA OS quarenta anos que os israelitas passaram vagando no deserto. Inclui contagens da população, organização das tribos e mais leis. Conta histórias de rebelião, reclamações e as consequências da desobediência. Mostra como uma geração inteira morreu no deserto por não confiar na liderança de Deus por meio de seus servos designados. É uma história sobre as dificuldades de formar uma nação e as consequências das escolhas ruins.

1 O Senhor falou a Moisés no deserto do Sinai, na tenda da congregação,
no primeiro dia do segundo mês, no segundo ano da saída do Egito:
"Levantai o censo de toda congregação dos filhos de Israel, segundo suas
famílias, segundo casa de seus pais, contando todos os homens de vinte
anos para cima".
2 Moisés e Arão tomaram estes homens que foram designados pelos
nomes. Congregaram toda assembleia no primeiro dia do segundo
mês; declararam suas linhagens segundo suas famílias, segundo casa de
seus pais, pelo número dos nomes dos de vinte anos para cima, cabeça
por cabeça. Como o Senhor ordenara a Moisés.
3 Dos filhos de Rúben, primogênito de Israel, suas gerações, segundo
suas famílias, segundo casa de seus pais, pelo número dos nomes,
cabeça por cabeça, todo homem de vinte anos para cima, todos que saíam
à guerra: os que foram contados da tribo de Rúben foram quarenta e seis
mil e quinhentos.
4 O Senhor falou a Moisés: "Somente a tribo de Levi não contarás,
nem tomarás a soma deles entre os filhos de Israel. Mas tu
ordenarás aos levitas sobre o tabernáculo do testemunho, sobre todos os
seus utensílios e sobre tudo que lhe pertence; eles levarão o tabernáculo
e todos os seus utensílios".
5 O Senhor falou a Moisés e Arão: "Os filhos de Israel assentarão cada
um junto à sua bandeira, segundo as insígnias da casa de seus pais;
ao redor da tenda da congregação, defronte dela, se assentarão. Os que
assentarem do lado oriental, para o nascente, serão os da bandeira do
arraial de Judá".
6 O Senhor falou a Moisés: "Fala aos filhos de Israel: Quando homem
ou mulher fizer algum de todos os pecados humanos, transgredindo
contra o Senhor, tal pessoa será culpada. Confessará o pecado que fez;
restituirá a sua culpa por inteiro, acrescentará sobre ela a quinta parte".
7 O Senhor falou a Moisés: "Fala aos filhos de Israel: O homem ou
mulher que se apartar, fazendo voto de nazireu, para se separar ao
Senhor, de vinho e bebida forte se apartará; vinagre de vinho e vinagre
de bebida forte não beberá, nem beberá algum licor de uvas, nem uvas
frescas nem secas comerá".
8 O Senhor falou a Moisés: "Fala a Arão: Quando acenderes as
lâmpadas, defronte do candelabro alumiarão as sete lâmpadas". Arão
fez assim; defronte do candelabro acendeu as suas lâmpadas, como o
Senhor ordenara a Moisés. Esta era a obra do candelabro: obra batida de
ouro, desde seu pé até suas flores.
9 Falou mais o Senhor a Moisés no deserto do Sinai, no primeiro mês do
segundo ano da saída da terra do Egito: "Os filhos de Israel celebrarão
a Páscoa a seu tempo determinado. No dia catorze deste mês, pela tarde, a

celebrareis a seu tempo; segundo todos os seus estatutos e segundo todos
os seus ritos".
10 O Senhor falou a Moisés: "Faze duas trombetas de prata; de obra
batida as farás; e te servirão para a convocação da congregação
e para a partida dos arraiais. Quando as tocarem, toda congregação se
congregará a ti à porta da tenda da congregação. Mas quando tocar uma
só, então se congregarão os príncipes".
11 Aconteceu no segundo ano, no segundo mês, aos vinte dias do
mês, que a nuvem se alçou de sobre o tabernáculo do testemunho.
Partiram os filhos de Israel segundo suas jornadas do deserto do Sinai;
e a nuvem parou no deserto de Parã. Assim partiram pela primeira vez
segundo o mandado do Senhor pela mão de Moisés.
12 O povo queixou-se, falando mal aos ouvidos do Senhor; o Senhor
ouviu, acendeu-se sua ira, e o fogo do Senhor ardeu entre eles e
consumiu os que estavam na última parte do arraial. Então o povo clamou
a Moisés, e Moisés orou ao Senhor, e o fogo se apagou. Por isso chamou
aquele lugar Taberá.
13 A multidão mista que estava no meio deles veio a ter grande
desejo; os filhos de Israel também tornaram a chorar e disseram:
"Quem nos dará carne a comer? Lembramo-nos dos peixes que no Egito
comíamos de graça, dos pepinos, melões, porros, cebolas e alhos. Mas
agora nossa alma se seca; coisa nenhuma há senão este maná".
14 Disse Moisés ao Senhor: "Por que fizeste mal a teu servo, e por
que não achei graça aos teus olhos, que puseste sobre mim o peso
de todo este povo? Concebi eu porventura todo este povo? Dei-o eu à luz,
para que me digas: Leva-o ao teu colo, como ama leva menino que mama,
à terra que juraste a seus pais?"

PAUSE E MEDITE

Confiar em Deus no deserto da vida

NÚMEROS 1–14

O LIVRO DE NÚMEROS começa com grande expectativa: Israel organizado, contado e pronto para entrar na Terra Prometida. A jornada do Sinai a Canaã deveria durar apenas alguns dias. Mas o que era para ser uma caminhada triunfal se tornou uma peregrinação de 40 anos no deserto.

O problema não estava nos planos de Deus, mas no coração do povo. Eles reclamaram da comida, questionaram a liderança de Moisés e, no momento decisivo, recusaram-se a entrar na terra por medo dos gigantes. Dez espias trouxeram relatório negativo: "Não poderemos subir contra aquele povo, porque é mais forte do que nós" (Números 13:31).

Apenas Josué e Calebe tiveram perspectiva diferente: "Se o Senhor se agradar de nós, então, nos fará entrar nesta terra e no-la dará" (Números 14:8). Eles viram os mesmos gigantes, as mesmas cidades fortificadas, mas confiaram no Deus que os havia libertado do Egito.

A incredulidade custou caro: toda aquela geração morreu no deserto, exceto os dois homens de fé. O deserto se tornou cemitério para os incrédulos, mas escola de fé para os que aprenderam a confiar.

Todos nós enfrentamos "desertos" na vida: períodos de dificuldade, incerteza e aparente demora nas promessas de Deus. A tentação é murmurar, questionar e desistir. Mas o deserto pode ser lugar de crescimento espiritual se escolhermos confiar. Deus não nos abandonou no deserto; Ele está nos preparando para as promessas que virão.

15 O Senhor disse a Moisés: "Ajunta-me setenta homens dos anciãos
de Israel, que sabes serem anciãos do povo e seus oficiais; traze-os
perante a tenda da congregação, e ali se ponham contigo. Então descerei e
ali falarei contigo, tirarei do espírito que está sobre ti e o porei sobre eles".
16 Moisés enviou homens a espiar a terra de Canaã e disse-lhes: "Subi
por aqui ao sul e subi à montanha; vede que terra é, e o povo que
nela habita; se é forte ou fraco, se é pouco ou muito; que tal é a terra em
que habita, se é boa ou má; que tais são as cidades em que habita, se em
arraiais ou em fortalezas".
17 Voltaram de espiar a terra ao fim de quarenta dias. Caminharam
e vieram a Moisés e Arão, e a toda congregação dos filhos de
Israel, no deserto de Parã, a Cades; trouxeram-lhes resposta, e a toda
congregação, e lhes mostraram o fruto da terra. Contaram-lhe: "Fomos à
terra a que nos enviaste; verdadeiramente mana leite e mel".
18 Então toda congregação levantou a voz e gritou; e o povo chorou
naquela noite. Todos os filhos de Israel murmuraram contra Moisés
e Arão; toda congregação lhes disse: "Oxalá morrêssemos na terra do
Egito! Ou oxalá morrêssemos neste deserto! Por que nos trouxe o Senhor a
esta terra, para cairmos à espada?"
19 O Senhor disse a Moisés: "Até quando me provocará este povo?
Até quando não crerão em mim, apesar de todos os sinais que
fiz no meio deles? Com pestilência os ferirei e os rejeitarei; farei de ti
nação maior e mais forte do que eles". Moisés disse ao Senhor: "Então os
egípcios ouvirão".
20 Disse mais o Senhor a Moisés: "Fala aos filhos de Israel: Quando
tiverdes entrado na terra de vossas habitações, que eu vos dou, e

fizerdes oferta queimada ao Senhor, holocausto ou sacrifício, por especial voto ou oferta voluntária, ou nas vossas solenidades, para fazer cheiro suave ao Senhor".

21 O Senhor falou a Moisés e Arão: "Apartai-vos do meio desta congregação, e os consumirei num momento". Caíram sobre seus rostos e disseram: "Ó Deus, Deus dos espíritos de toda carne! Pecará um homem, e te irará contra toda congregação?" Falou o Senhor a Moisés: "Fala à congregação: Apartai-vos".

22 No dia seguinte, toda congregação dos filhos de Israel murmurou contra Moisés e Arão, dizendo: "Vós matastes o povo do Senhor". Aconteceu que, ajuntando-se a congregação contra Moisés e Arão, olharam para a tenda da congregação, e eis que a nuvem a cobriu, e a glória do Senhor apareceu.

23 Falou o Senhor a Moisés: "Fala aos filhos de Israel e toma deles uma vara por cada casa paterna de todos os seus príncipes, segundo as casas de seus pais, doze varas; escreverás o nome de cada um sobre sua vara. O nome de Arão escreverás sobre a vara de Levi; porque cada cabeça da casa de seus pais terá uma vara".

24 Aconteceu no dia seguinte que Moisés entrou na tenda do testemunho, e eis que a vara de Arão, pela casa de Levi, florescera; produziu gomos, deu flores e deu amêndoas maduras. Então Moisés tirou todas as varas de diante do Senhor a todos os filhos de Israel; eles viram, e tomaram cada um a sua vara.

25 Disse o Senhor a Arão: "Tu, teus filhos e a casa de teu pai contigo levareis a iniquidade do santuário; tu e teus filhos contigo levareis a iniquidade do vosso sacerdócio. Também farás chegar contigo teus irmãos, a tribo de Levi, a tribo de teu pai, para que se ajuntem a ti e te sirvam".

26 O Senhor falou a Moisés e Arão: "Esta é ordenança da lei que o Senhor ordenou: Fala aos filhos de Israel que te tragam uma novilha ruiva sem defeito, em que não haja mácula, sobre a qual não subiu jugo. Dá-la-eis a Eleazar, o sacerdote; ele a tirará fora do arraial e a fará degolar diante de si".

27 Chegaram os filhos de Israel, toda congregação, ao deserto de Zim, no primeiro mês, e o povo ficou em Cades. Ali morreu Miriã e ali foi sepultada. Não havia água para a congregação; ajuntaram-se contra Moisés e Arão. O povo contendeu com Moisés e falou: "Oxalá tivéssemos perecido quando pereceram nossos irmãos".

28 Moisés e Arão se foram de diante da congregação à porta da tenda da congregação, caíram sobre seus rostos; e a glória do Senhor lhes apareceu. Falou o Senhor a Moisés: "Toma a vara e ajunta a congregação, tu e Arão teu irmão, e falai à rocha perante os olhos deles, e dará suas águas".

29 Moisés levantou sua mão e feriu a rocha duas vezes com sua vara;
saíram muitas águas, e bebeu a congregação e seus animais.
Disse o Senhor a Moisés e Arão: "Porquanto não crestes em mim, para
me santificardes diante dos olhos dos filhos de Israel, por isso não
introduzireis esta congregação na terra".
30 De Cades enviou Moisés mensageiros ao rei de Edom: "Assim
diz teu irmão Israel: Tu sabes todo trabalho que nos sobreveio;
como nossos pais desceram ao Egito, e no Egito habitamos muitos dias, e
os egípcios nos maltrataram, a nós e a nossos pais. Clamamos ao Senhor,
ouviu nossa voz, enviou anjo e nos tirou do Egito".
31 Vendo toda congregação que Arão era morto, choraram por Arão
trinta dias, toda casa de Israel. Ouvindo o rei de Arade, cananeu,
que habitava ao sul, que Israel vinha pelo caminho dos espias, guerreou
contra Israel e dele levou alguns prisioneiros. Então Israel fez voto ao
Senhor: "Se totalmente entregares este povo".
32 Partiram do monte Hor pelo caminho do mar Vermelho, a rodear
a terra de Edom; e a alma do povo angustiou-se neste caminho.
O povo falou contra Deus e contra Moisés: "Por que nos fizestes subir do
Egito para morrermos no deserto? Pois não há pão nem água, e nossa
alma tem fastio deste pão ligeiro".
33 Então o Senhor enviou entre o povo serpentes ardentes, que
morderam o povo; e morreu muito povo de Israel. Por isso o povo
veio a Moisés e disse: "Pecamos, porquanto falamos contra o Senhor e
contra ti; ora ao Senhor para que tire de nós estas serpentes". Moisés orou
pelo povo. Disse o Senhor a Moisés.
34 Partiram os filhos de Israel e se alojaram em Obote. Partiram de
Obote e se alojaram em Ije-Abarim, no deserto que está defronte
de Moabe, para o nascente do sol. Dali partiram e se alojaram no vale de
Zerede. Dali partiram e se alojaram dalém do Arnom, que está no deserto
e sai dos termos dos amorreus.
35 Israel enviou mensageiros a Siom, rei dos amorreus, dizendo:
"Deixa-me passar pela tua terra; não nos desviaremos pelos
campos nem pelas vinhas; não beberemos águas dos poços; pelo caminho
real iremos, até que passemos os teus termos". Porém Siom não deixou
passar Israel pelos seus termos; antes ajuntou todo seu povo.
36 Israel o feriu ao fio da espada e tomou a sua terra em possessão,
desde Arnom até Jaboque, até aos filhos de Amom; porque o
termo dos filhos de Amom era forte. Assim Israel tomou todas estas
cidades e habitou em todas as cidades dos amorreus, em Hesbom e em
todas suas aldeias. Porque Hesbom era cidade de Siom.

PAUSE E MEDITE

O Deus que prepara o caminho da promessa

NÚMEROS 15–36

APÓS O JUÍZO sobre a geração incrédula, Deus não abandonou seu plano. Ele começou a preparar a nova geração para herdar as promessas. Os capítulos finais de Números mostram um Deus que, mesmo disciplinando, continua fiel às suas promessas.

Novas leis foram dadas para quando entrassem na terra. As cidades de refúgio foram estabelecidas, mostrando que Deus se importa com justiça e misericórdia. A herança das tribos foi definida, garantindo que cada família teria sua porção na Terra Prometida.

A história de Balaão ilustra perfeitamente este princípio. Contratado para amaldiçoar Israel, ele descobriu que não podia fazê-lo: "Como amaldiçoarei a quem Deus não amaldiçoou?" (Números 23:8). Mesmo através de um profeta mercenário, Deus transformou maldições em bênçãos.

O segundo censo mostrou que, apesar das perdas no deserto, o povo havia crescido. Deus estava preparando um exército para a conquista. A nova geração não carregava o trauma da escravidão egípcia; eles conheciam apenas a provisão divina no deserto.

Quando Deus faz uma promessa, nada pode impedi-la. Circunstâncias adversas, oposição humana e até nossa própria incredulidade não podem frustrar seus propósitos. Ele está sempre preparando o caminho, mesmo quando não conseguimos ver. Confie no Deus que cumpre suas promessas no tempo certo e da maneira certa.

DEUTERONÔMIO

O LIVRO, CUJO NOME significa "segunda lei", reúne os últimos discursos de Moisés antes de sua morte. Direcionado à nova geração que entraria na Terra Prometida, o livro relembra a jornada no deserto e repete as leis mais importantes. Enfatiza a obediência a Deus e adverte contra a idolatria. É como o discurso de despedida de um líder experiente que transmite sabedoria e instrução aos mais jovens antes de uma nova fase da vida nacional.

1 Estas são as palavras que Moisés falou a todo Israel dalém do Jordão,
no deserto, na campina defronte do mar Vermelho, entre Parã e Tofel,
Labã, Hazerote e Dizaabe, no quadragésimo ano, no décimo primeiro
mês, no primeiro dia do mês. Moisés falou aos filhos de Israel conforme
tudo que o Senhor lhe ordenara.
2 Onze jornadas há desde Horebe, caminho da montanha de Seir, até
Cades-Barneia Aconteceu que no quadragésimo ano, no décimo
primeiro mês, no primeiro dia do mês, Moisés falou aos filhos de Israel
conforme tudo que o Senhor lhe ordenara acerca deles, depois que feriu
Siom, rei dos amorreus.
3 Naquele tempo falei convosco, dizendo: O Senhor vosso Deus vos
tem multiplicado, e eis que hoje sois como as estrelas dos céus em
multidão. O Senhor, Deus de vossos pais, vos aumente mil vezes mais do
que sois e vos abençoe, como vos tem dito! Como eu só poderia suportar
vossas moléstias e contendas?
4 Tomai-vos homens sábios, entendidos e experimentados segundo
vossas tribos, e os porei por vossas cabeças. Então me respondestes:
Boa é esta palavra que disseste para se fazer. Assim tomei os cabeças de
vossas tribos, homens sábios e experimentados, e os pus por cabeças
sobre vós: príncipes de milhares.
5 Naquele tempo vos ordenei, dizendo: O Senhor vosso Deus vos
deu esta terra para a possuirdes; passai armados diante de vossos
irmãos, os filhos de Israel, todos os homens valorosos. Somente vossas
mulheres, vossos meninos e vosso gado ficarão nas vossas cidades que
vos tenho dado.
6 Então parti de Cades-Barneia e enviei mensageiros do deserto de
Quedemote a Siom, rei de Hesbom, com palavras de paz, dizendo:
Deixa-me passar pela tua terra; somente pela estrada irei; não me
desviarei nem à direita nem à esquerda. Por dinheiro me venderás comida
para que coma.
7 Porém Siom, rei de Hesbom, não nos quis deixar passar por ele,
porque o Senhor teu Deus endurecera o seu espírito e fizera
obstinado o seu coração, para to dar na tua mão, como hoje se vê.
Disse-me o Senhor: Vês aqui, tenho começado a dar-te Siom e a sua terra;
começa a possuir.
8 Então Siom nos saiu ao encontro, ele e todo o seu povo, à peleja em
Jaza. E o Senhor nosso Deus no-lo deu diante de nós, e o ferimos, a
ele, seus filhos e todo o seu povo. Naquele tempo tomamos todas as suas
cidades e destruímos totalmente a todas as cidades, homens, mulheres
e crianças.
9 Somente o gado tomamos por presa para nós, e o despojo das cidades
que tínhamos tomado. Desde Aroer, que está à borda do ribeiro

de Arnom, e a cidade que está no vale, até Gileade, não houve cidade
que fosse alta demais para nós; todas no-las deu o Senhor nosso Deus.
Somente à terra dos filhos de Amom não chegaste.
10 Então nos voltamos e subimos o caminho de Basã; e Ogue, rei
de Basã, nos saiu ao encontro, ele e todo o seu povo, à peleja em
Edrei. Disse-me o Senhor: Não o temas, porque na tua mão o tenho dado,
a ele, todo o seu povo e a sua terra; farás com ele como fizeste com Siom,
rei dos amorreus.
11 Assim também o Senhor nosso Deus nos deu na nossa mão a Ogue,
rei de Basã, e a todo o seu povo; e o ferimos até que ninguém lhe
ficou. Naquele tempo tomamos todas as suas cidades; não houve cidade
que lhes não tomássemos: sessenta cidades, toda a região de Argobe, o
reino de Ogue em Basã.

PAUSE E MEDITE

Lembrar para não se desviar

DEUTERONÔMIO 1–11

DEUTERONÔMIO SÃO OS últimos discursos de Moisés antes de sua morte. Aos 120 anos, ele sabia que não entraria na Terra Prometida, mas queria garantir que a nova geração não repetisse os erros de seus pais. Sua estratégia foi simples: lembrar.

"Guarda-te para que não te esqueças do Senhor, teu Deus" (Deuteronômio 8:11). Moisés sabia que a prosperidade na Terra Prometida traria o perigo do esquecimento. Quando tivessem casas que não construíram, poços que não cavaram e vinhas que não plantaram, poderiam pensar: "A minha força e o poder do meu braço me adquiriram estas riquezas" (Deuteronômio 8:17).

Por isso, Moisés relembrou a jornada: a libertação do Egito, a provisão no deserto, as vitórias sobre os inimigos. Cada lembrança era uma lição sobre o caráter fiel de Deus. "Lembra-te de todo o caminho pelo qual o Senhor, teu Deus, te guiou" (Deuteronômio 8:2).

A memória não era apenas nostalgia, mas fundamento para o futuro. Quem lembra da fidelidade passada de Deus tem base sólida para confiar em sua fidelidade futura. Quem esquece está vulnerável ao desvio e à apostasia.

Nossa geração também precisa cultivar a memória espiritual. Lembre-se de como Deus o salvou, das orações respondidas, das portas abertas, das provisões inesperadas. Escreva, conte, celebre. A memória da fidelidade divina é antídoto contra a incredulidade e combustível para a fé.

12 Naquele tempo tomei esta terra em possessão; desde Aroer, que
está junto ao ribeiro de Arnom, e a metade da montanha de Gileade
com as suas cidades, dei aos rubenitas e gaditas. O restante de Gileade,
como também todo Basã, o reino de Ogue, dei à meia tribo de Manassés,
toda a região de Argobe.
13 Naquele tempo vos ordenei, dizendo: O Senhor vosso Deus vos
deu esta terra para a possuirdes; passai armados diante de vossos
irmãos, os filhos de Israel, todos os homens valorosos. Somente vossas
mulheres, vossos meninos e vosso gado ficarão nas vossas cidades que vos
tenho dado.
14 Também eu orei ao Senhor naquele tempo, dizendo: Senhor Jeová,
tu começaste a mostrar ao teu servo a tua grandeza e a tua forte
mão; porque que deus há nos céus e na terra que possa fazer segundo as
tuas obras e segundo a tua fortaleza? Rogo-te que me deixes passar e veja
esta boa terra.
15 Porém o Senhor indignou-se contra mim por causa de vós e não me
ouviu; antes me disse: Basta-te; não me fales mais deste assunto.
Sobe ao cume de Pisga e levanta os olhos ao ocidente, ao norte, ao sul e
ao oriente, e vê com os teus olhos; porque não passarás este Jordão. Mas
manda a Josué.
16 Agora, pois, ó Israel, ouve os estatutos e os juízos que eu vos
ensino, para os cumprirdes, para que vivais, e entreis, e possuais
a terra que o Senhor, Deus de vossos pais, vos dá. Não acrescentareis
à palavra que vos mando, nem diminuireis dela, para que guardeis os
mandamentos do Senhor.
17 Os vossos olhos têm visto o que o Senhor fez por causa de Baal-
-Peor; porque a todo homem que seguiu Baal-Peor o Senhor teu
Deus o destruiu do meio de ti. Mas vós, que vos apegastes ao Senhor vosso
Deus, todos hoje estais vivos. Vedes aqui vos tenho ensinado estatutos e
juízos, como me mandou o Senhor.
18 Guardai-os, pois, e cumpri-os, porque esta será a vossa sabedoria
e o vosso entendimento perante os olhos dos povos que, ouvindo
todos estes estatutos, dirão: Certamente este grande povo é gente sábia
e entendida. Porque que gente grande há que tenha deuses tão chegados
como o Senhor nosso Deus?
19 Somente guarda-te a ti mesmo e guarda bem a tua alma, que te não
esqueças das coisas que os teus olhos têm visto, e se não apartem
do teu coração todos os dias da tua vida; e as farás saber a teus filhos
e aos filhos de teus filhos. O dia em que estiveste perante o Senhor teu
Deus em Horebe.
20 Fala ao povo para que me ouça, para que aprendam a temer-me
todos os dias que na terra viverem e ensinem a seus filhos. Então
vos chegastes e vos pusestes ao pé do monte; e o monte ardia em fogo até

ao meio dos céus, e havia trevas, nuvens e escuridão. Então o Senhor vos
falou do meio do fogo.
21 Porém figura nenhuma vistes; somente ouvistes uma voz. Então
vos anunciou o seu concerto, que vos ordenou cumprir, os Dez
Mandamentos, e os escreveu em duas tábuas de pedra. Também o Senhor
me ordenou no mesmo tempo que vos ensinasse estatutos e juízos, para
que os fizésseis na terra.
22 Guardai, pois, muito as vossas almas, pois figura nenhuma vistes
no dia em que o Senhor vosso Deus em Horebe falou convosco do
meio do fogo, para que não vos corrompais e vos façais alguma imagem
esculpida na forma de qualquer figura, semelhança de homem ou mulher,
semelhança de algum animal.
23 Guardai-vos de que vos esqueçais do concerto do Senhor vosso
Deus, que tem feito convosco, e vos façais imagem de escultura de
qualquer coisa que o Senhor vosso Deus vos proibiu. Porque o Senhor teu
Deus é fogo que consome, Deus zeloso. Quando gerardes filhos e filhos de
filhos, e envelhecerdes na terra.
24 E fizerdes imagem de escultura de qualquer coisa, e fizerdes
mal aos olhos do Senhor vosso Deus, para o provocar à ira, hoje
tomo por testemunhas contra vós os céus e a terra, que certamente
perecereis depressa da terra à qual, passando o Jordão, ides a possuir; não
prolongareis os vossos dias nela.
25 Chamou, pois, Moisés a todo Israel e disse-lhes: Ouve, Israel, os
estatutos e juízos que hoje aos vossos ouvidos falo; aprendei-os e
guardai-os para os cumprirdes. O Senhor nosso Deus fez conosco concerto
em Horebe. Não foi com nossos pais que o Senhor fez este concerto, senão
conosco, todos os que hoje aqui estamos vivos.
26 Cara a cara o Senhor falou conosco no monte, do meio do fogo. Eu
estava então entre o Senhor e vós, para vos anunciar a palavra do
Senhor, porque tivestes temor por causa do fogo e não subistes ao monte.
Disse ele: Eu sou o Senhor teu Deus, que te tirei da terra do Egito, da casa
da servidão. Não terás outros deuses.

PAUSE E MEDITE

A obediência que traz vida

DEUTERONÔMIO 12–26

APÓS RELEMBRAR A história, Moisés apresentou as leis que deveriam governar Israel na Terra Prometida. Não eram regras arbitrárias, mas princípios de vida que refletiam o caráter de Deus e promoviam o bem-estar da nação.

As leis abrangiam todas as áreas: adoração, justiça, família, economia, guerra e relacionamentos sociais. O princípio unificador era claro: "Guardarás os mandamentos do Senhor, teu Deus, andando nos seus caminhos e temendo-o" (Deuteronômio 8:6).

Deus estabeleceu um lugar central de adoração para evitar a idolatria. Criou cidades de refúgio para proteger os inocentes. Regulamentou o comércio para garantir honestidade. Estabeleceu provisões para órfãos, viúvas e estrangeiros. Cada lei visava criar uma sociedade justa e próspera.

A obediência não era legalismo, mas sabedoria prática. "Guardai-os e cumpri-os, porque isto será a vossa sabedoria e o vosso entendimento perante os olhos dos povos" (Deuteronômio 4:6). Quando Israel obedecesse, as nações reconheceriam a superioridade do Deus de Israel.

A promessa era clara: obediência traria bênção, desobediência traria maldição. Não por capricho divino, mas porque as leis de Deus refletem a ordem moral do universo. Viver conforme seus princípios produz vida; ignorá-los produz morte.

Hoje, através de Cristo, não estamos sob a lei mosaica, mas sob a lei do amor. Ainda assim, o princípio permanece: a obediência a Deus traz vida abundante.

27 Não farás para ti imagem de escultura, nem figura alguma do
que há em cima nos céus, nem embaixo na terra, nem nas águas
debaixo da terra. Não te encurvarás a elas, nem as servirás; porque eu, o
Senhor teu Deus, sou Deus zeloso, que visito a maldade dos pais nos filhos
até à terceira e quarta geração.
28 E faço misericórdia até mil gerações daqueles que me amam e
guardam os meus mandamentos. Não tomarás o nome do Senhor
teu Deus em vão, porque o Senhor não terá por inocente aquele que tomar
o seu nome em vão. Guarda o dia de sábado, para o santificar, como te
ordenou o Senhor teu Deus.
29 Seis dias trabalharás e farás toda a tua obra, mas o sétimo dia
é o sábado do Senhor teu Deus; não farás nenhuma obra, nem
tu, nem teu filho, nem tua filha, nem teu servo, nem tua serva, nem teu
boi, nem teu jumento, nem animal algum teu, nem o forasteiro que está
dentro das tuas portas.
30 Para que descanse o teu servo e a tua serva, como tu. Lembra-te
de que foste servo na terra do Egito e que o Senhor teu Deus te
tirou dali com mão forte e braço estendido; pelo que o Senhor teu Deus
te ordenou que guardasses o dia de sábado. Honra a teu pai e a tua mãe,
como te ordenou o Senhor teu Deus.
31 Para que se prolonguem os teus dias e para que te vá bem na terra
que o Senhor teu Deus te dá. Não matarás. Não adulterarás. Não
furtarás. Não dirás falso testemunho contra o teu próximo. Não cobiçarás
a mulher do teu próximo, nem desejarás a casa do teu próximo, nem o seu
campo, nem o seu servo.

32 Nem o seu boi, nem o seu jumento, nem coisa alguma do teu
próximo. Estas palavras falou o Senhor a toda vossa congregação
no monte, do meio do fogo, da nuvem e da escuridão, com grande voz,
e nada acrescentou; e as escreveu em duas tábuas de pedra, e mas deu.
Assim completou o Senhor a sua aliança convosco.
33 E vendo o monte ardendo em fogo, vos chegastes a mim, todos os
cabeças das vossas tribos e vossos anciãos, e dissestes: Eis aqui o
Senhor nosso Deus nos fez ver a sua glória e a sua grandeza, e ouvimos a
sua voz do meio do fogo; hoje vimos que Deus fala com o homem e que o
homem fica vivo.
34 Agora, pois, por que morreríamos? Porque este grande fogo nos
consumiria; se ainda mais ouvíssemos a voz do Senhor nosso
Deus, morreríamos. Porque quem há de toda carne que tenha ouvido a
voz do Deus vivente falando do meio do fogo, como nós, e ficasse vivo?
Chega-te tu e ouve tudo.

PAUSE E MEDITE

Escolhei, pois, a vida

DEUTERONÔMIO 27–34

OS ÚLTIMOS CAPÍTULOS de Deuteronômio chegam ao clímax com uma escolha dramática. Moisés colocou diante de Israel duas opções: bênção ou maldição, vida ou morte. "Escolhei, pois, a vida, para que vivas, tu e a tua descendência" (Deuteronômio 30:19).

Não era uma escolha teórica, mas prática e urgente. Israel estava prestes a entrar na terra onde enfrentaria tentações reais: a prosperidade que gera esquecimento, a influência de povos pagãos, a tentação de confiar em alianças humanas em vez de depender de Deus.

Moisés pintou dois cenários possíveis. Se obedecessem, seriam prósperos, numerosos e respeitados pelas nações. Se desobedecessem, enfrentariam fome, guerra, doença e, finalmente, exílio da Terra Prometida. A história posterior de Israel confirmou a precisão profética dessas palavras.

Mas mesmo prevendo a desobediência futura, Moisés ofereceu esperança: "Quando todas estas coisas vierem sobre ti... e te converteres ao Senhor, teu Deus... então, o Senhor, teu Deus, te fará voltar do teu cativeiro" (Deuteronômio 30:1-3). A misericórdia divina sempre oferece nova oportunidade.

O livro termina com a morte de Moisés no monte Nebo, vendo a terra que não pôde pisar. Mas sua obra estava completa: havia preparado o povo para escolher a vida.

Hoje, a mesma escolha está diante de nós. Podemos escolher os caminhos de Deus que levam à vida, ou os caminhos do mundo que levam à morte. A escolha é nossa, mas as consequências são certas.

JOSUÉ

O LIVRO CONTA COMO os israelitas conquistaram a Terra Prometida sob a liderança de Josué. Relata batalhas marcantes, como a queda de Jericó, e a distribuição da terra entre as doze tribos. Apresenta o cumprimento das promessas feitas aos antepassados, evidenciando a fidelidade de Deus em cada passo. A narrativa combina conquista, fé e obediência, mostrando como um povo que antes vivia como peregrino passou a viver como nação estabelecida, chamada a permanecer fiel ao Senhor em sua nova terra.

1 Após a morte de Moisés, Deus comissiona Josué para liderar Israel na conquista de Canaã. Ele deve ser forte e corajoso, meditando na Lei dia e noite. As tribos de Rúben, Gade e meia tribo de Manassés prometem ajudar na conquista antes de se estabelecerem a leste do Jordão.

2 Josué envia dois espias a Jericó, que se hospedam na casa de Raabe, uma prostituta. Ela os esconde dos soldados do rei e confessa sua fé no Deus de Israel. Em troca de proteção, os espias prometem poupar sua família quando Jericó for conquistada, marcando sua casa com cordão vermelho.

3 Israel se prepara para atravessar o Jordão. Os sacerdotes carregando a Arca da Aliança entram primeiro no rio. Quando seus pés tocam as águas, o Jordão para de correr, permitindo que todo o povo atravesse em terra seca. A Arca permanece no meio do rio até todos passarem.

4 Deus ordena que Josué escolha doze homens, um de cada tribo, para retirar pedras do meio do Jordão e erguer um memorial em Gilgal. Essas pedras servirão como testemunho para as futuras gerações sobre o milagre da travessia. O povo acampa em Gilgal após atravessar o rio.

5 Os reis cananeus ficam aterrorizados ao ouvir sobre a travessia do Jordão. Deus ordena que Josué circuncide todos os homens nascidos no deserto. Após a circuncisão e recuperação, celebram a Páscoa em Gilgal. O maná cessa e eles comem dos frutos da Terra Prometida pela primeira vez.

6 Jericó está completamente fechada por causa dos israelitas. O Senhor dá instruções específicas a Josué: marchar ao redor da cidade por seis dias, e no sétimo dar sete voltas. Quando as trombetas soarem e o povo gritar, as muralhas cairão. Eles obedecem e Jericó é conquistada.

7 Israel é derrotado em Ai porque Acã desobedeceu tomando coisas consagradas de Jericó. Deus revela o pecado a Josué através de sorteio. Acã confessa ter escondido prata, ouro e uma capa babilônica em sua tenda. Ele e sua família são apedrejados no vale de Acor, restaurando o favor divino.

8 Deus ordena que Josué ataque Ai novamente, desta vez com estratégia militar. Josué arma uma emboscada com parte do exército enquanto atrai os defensores para fora da cidade. A emboscada funciona perfeitamente e Ai é conquistada. Josué constrói um altar no monte Ebal e renova a aliança com Deus.

9 Os gibeonitas, temendo serem destruídos, enganam Josué fingindo vir de terra distante. Apresentam pão mofado e roupas gastas como prova. Josué faz aliança com eles sem consultar a Deus. Quando descobre o engano, honra o juramento, mas os torna servos, cortadores de lenha e carregadores de água.

10 Cinco reis amorreus se unem contra Gibeão por ter feito paz com Israel. Os gibeonitas pedem socorro a Josué, que marcha toda a

noite e os surpreende. Deus lança pedras de granizo sobre os inimigos. Josué pede que o sol se detenha sobre Gibeão, e o dia se prolonga até a vitória completa.

11 Jabim, rei de Hazor, forma uma grande coalizão de reis do norte contra Israel. Deus encoraja Josué a não temer, prometendo vitória. Israel ataca de surpresa junto às águas de Merom e derrota completamente os inimigos. Josué conquista Hazor e outras cidades, cumprindo as ordens divinas de destruição.

PAUSE E MEDITE

Fortalecei-vos e tende bom ânimo

JOSUÉ 1–12

APÓS A MORTE de Moisés, Josué enfrentou o desafio mais intimidador de sua vida: liderar Israel na conquista da Terra Prometida. Deus sabia que ele precisaria de encorajamento especial, por isso repetiu quatro vezes em um único capítulo: "Sê forte e corajoso" (Josué 1:6, 7, 9, 18).

A coragem não era baseada na força militar de Israel ou na habilidade estratégica de Josué, mas na presença e nas promessas de Deus. "Não to mandei eu? Sê forte e corajoso; não temas, nem te espantes, porque o Senhor, teu Deus, é contigo por onde quer que andares" (Josué 1:9).

A conquista começou com Jericó, uma cidade aparentemente impenetrável. Mas Deus tinha um plano inusitado: marchar ao redor da cidade por sete dias e gritar. Parecia loucura do ponto de vista militar, mas era teste de obediência e fé. Quando os muros caíram, Israel aprendeu que as vitórias de Deus não dependem de métodos convencionais.

Nem todas as batalhas foram fáceis. Em Ai, Israel sofreu derrota por causa do pecado de Acã. Isso ensinou que a vitória espiritual exige santidade pessoal e coletiva. Quando o pecado foi tratado, a vitória retornou.

Você também enfrenta "gigantes" e "cidades fortificadas" em sua vida? Deus continua dizendo: "Sê forte e corajoso!". Sua coragem não deve estar baseada em suas habilidades, mas na presença dele. Ele que prometeu estar com Josué promete estar com você. Avance com fé! As vitórias de Deus aguardam os que confiam nele.

12 Este capítulo lista os reis derrotados por Moisés a leste do Jordão e por Josué a oeste. Moisés venceu Seom, rei dos amorreus, e Ogue, rei de Basã. Josué derrotou trinta e um reis, desde o vale do

Líbano até o monte Halaque. A terra descansa da guerra após essas conquistas abrangentes.

13 Josué envelhece e ainda há muita terra para conquistar. Deus instrui sobre a divisão da herança entre as tribos. Relembra as terras já dadas por Moisés a Rúben, Gade e meia tribo de Manassés a leste do Jordão. A tribo de Levi não recebe herança territorial, pois o Senhor é sua herança.

14 Eleazar, Josué e os chefes das tribos começam a distribuir a terra por sorteio em Gilgal. Calebe, aos oitenta e cinco anos, reivindica Hebrom como prometido por Moisés quarenta e cinco anos antes. Ele permanece forte e corajoso, pronto para expulsar os anaquins. Josué o abençoa e lhe dá Hebrom.

15 A tribo de Judá recebe sua herança por sorteio, com fronteiras detalhadamente descritas. Inclui o deserto de Zim ao sul até Jerusalém ao norte. Calebe expulsa os três filhos de Anaque de Hebrom. Otniel conquista Debir e recebe Acsa, filha de Calebe, como esposa, ganhando também fontes de água.

16 Os filhos de José, Efraim e Manassés, recebem sua herança. As fronteiras de Efraim são estabelecidas, mas eles não conseguem expulsar completamente os cananeus de Gezer. Os cananeus permanecem como servos tributários. A herança inclui terras férteis na região central de Canaã.

17 A tribo de Manassés recebe sua porção, incluindo tanto a leste quanto a oeste do Jordão. As filhas de Zelofeade reivindicam herança conforme ordenado por Moisés. Os filhos de José reclamam que sua herança é pequena demais. Josué os encoraja a limpar as florestas e expandir seu território montanhoso.

18 Toda a congregação se reúne em Siló, onde o tabernáculo é estabelecido. Sete tribos ainda não receberam sua herança. Josué envia homens para percorrer e descrever a terra restante, dividindo-a em sete partes. Eles retornam com o relatório e a terra é distribuída por sorteio diante do Senhor.

19 As tribos restantes recebem suas heranças: Simeão dentro do território de Judá, Zebulom na Galileia, Issacar na planície de Jezreel, Aser na costa mediterrânea, Naftali na alta Galileia, e Dã inicialmente perto de Jerusalém. Finalmente, Josué recebe Timnate-Sera como herança pessoal na região montanhosa de Efraim.

20 Deus ordena o estabelecimento de seis cidades de refúgio para proteger quem mata acidentalmente. Três a oeste do Jordão: Quedes, Siquém e Hebrom; três a leste: Bezer, Ramote e Golã. O homicida involuntário pode fugir para essas cidades e receber julgamento justo, ficando protegido do vingador até a morte do sumo sacerdote.

21 Os levitas recebem quarenta e oito cidades com seus campos das outras tribos. Os coatitas recebem treze cidades em Judá, Simeão e Benjamim, incluindo cidades sacerdotais. Os gersonitas e meraritas recebem suas porções respectivas. Assim, o Senhor cumpre todas as promessas feitas a Israel, dando-lhes descanso de todos os inimigos.

22 Josué despede as tribos de Rúben, Gade e meia tribo de Manassés para suas terras a leste do Jordão, abençoando-as por sua fidelidade. Elas constroem um altar junto ao Jordão, causando alarme nas outras tribos que temem apostasia. Após explicação, descobrem que o altar é memorial, não para sacrifícios, evitando guerra civil.

23 Josué, já idoso, convoca os líderes de Israel para seu discurso de despedida. Relembra as vitórias de Deus e adverte sobre os perigos de se misturar com as nações restantes. Exorta-os a permanecer fiéis à Lei de Moisés, amar ao Senhor e não servir outros deuses, pois isso traria maldição sobre a terra.

24 Josué reúne todas as tribos em Siquém e reconta a história de Israel desde Abraão. Desafia o povo a escolher a quem servir: aos deuses dos antepassados ou ao Senhor. Declara: "Eu e minha casa serviremos ao Senhor." O povo renova a aliança. Josué morre aos cento e dez anos e é sepultado em sua herança.

PAUSE E MEDITE

Eu e minha casa serviremos ao Senhor

JOSUÉ 13–24

APÓS AS GRANDES vitórias militares, veio o trabalho menos glamoroso, mas igualmente importante: dividir a terra entre as tribos e estabelecer uma sociedade justa. Josué mostrou que liderança verdadeira não se limita aos momentos de glória, mas inclui a administração fiel dos detalhes.

Cada tribo recebeu sua herança conforme a promessa de Deus. As cidades de refúgio foram estabelecidas para proteger os inocentes. Os levitas receberam cidades espalhadas por todo o território para garantir instrução espiritual. Tudo foi feito "conforme a palavra do Senhor" (Josué 21:45).

Mas Josué sabia que possuir a terra era apenas o começo. O verdadeiro desafio seria manter a fidelidade a Deus em meio à prosperidade e às influências pagãs. Por isso, em seu discurso de despedida, ele confrontou o povo com uma escolha decisiva.

"Escolhei, hoje, a quem sirvais... Eu e a minha casa serviremos ao Senhor" (Josué 24:15). Josué não apenas pregou fidelidade, mas a modelou.

Sua declaração não era apenas pessoal, mas familiar. Ele assumiu responsabilidade espiritual por sua casa.

Esta declaração ressoa através dos séculos. Em um mundo que pressiona nossas famílias com valores contrários à fé, precisamos de líderes como Josué que tomem posição clara. A decisão de servir a Deus não pode ser adiada ou delegada. É pessoal, urgente e tem consequências eternas. Que sua casa também seja conhecida pela fidelidade ao Senhor.

JUÍZES

O LIVRO DOCUMENTA UM período caótico após Josué, quando não havia rei em Israel. Conta histórias de líderes locais como Débora, Gideão e Sansão que salvavam o povo de inimigos. Mostra um ciclo repetitivo: o povo se desviava, era oprimido, pedia ajuda, era libertado, e depois tudo recomeçava. Ilustra os problemas de uma sociedade sem liderança central forte.

1 Após a morte de Josué, os filhos de Israel perguntaram ao Senhor quem subiria contra os cananeus. Judá foi escolhido e conquistou cidades, mas muitas tribos não expulsaram os habitantes. Os cananeus permaneceram, e Israel passou a conviver com eles.

2 O anjo do Senhor repreendeu Israel por não derrubar altares. Após a morte de Josué e dos anciãos, o povo se desviou e serviu a baalins. O Senhor os entregou a inimigos, mas levantava juízes para libertá-los. Quando o juiz morria, eles tornavam à corrupção.

3 O Senhor deixou povos para provar Israel. Misturaram-se com eles e serviram a seus deuses. Então Otniel libertou Israel de Cusã-Risataim. Depois, Eúde matou Eglom, rei de Moabe, e trouxe paz. Samgar matou seiscentos filisteus com uma aguilhada, livrando o povo.

4 Israel pecou e foi entregue a Jabim, rei de Canaã. Débora julgava o povo e chamou Baraque para pelejar. O Senhor confundiu Sísera e seu exército. Ele fugiu, mas Jael o matou com uma estaca na têmpora. Assim Deus abateu Jabim e fortaleceu a mão de Israel.

5 Débora e Baraque entoaram cântico ao Senhor pela vitória. Louvaram príncipes voluntários e exaltaram Jael entre as mulheres. Recordaram como o Senhor pelejou desde os céus. Assim, após a vitória sobre Sísera, a terra teve descanso por quarenta anos.

6 Israel fez o que era mau, e o Senhor os entregou aos midianitas por sete anos. Gideão foi chamado pelo anjo do Senhor para libertar Israel. Derrubou o altar de Baal e pediu sinais: fogo consumiu a oferta, e a lã úmida ou seca confirmou que Deus o havia escolhido.

7 Com trinta e dois mil homens, Gideão ouviu do Senhor que eram muitos. Restaram apenas trezentos. De noite, com trombetas, cântaros e tochas, cercaram o arraial dos midianitas. O Senhor confundiu o exército inimigo, que fugiu em pânico, e Israel venceu pela mão de Deus.

8 Gideão perseguiu Zeba e Zalmuna, reis de Midiã, e os matou. O povo quis fazê-lo rei, mas ele disse que o Senhor reinaria sobre Israel. Contudo, fez um éfode de ouro, que se tornou tropeço. Gideão teve muitos filhos e morreu em boa velhice, e o povo voltou aos ídolos.

9 Abimeleque, filho de Gideão, matou setenta irmãos e reinou em Siquém. Jotão contou a parábola das árvores. Deus enviou espírito mau entre Abimeleque e os homens de Siquém. Em Tebes, uma mulher lançou pedra de moinho sobre sua cabeça, e ele morreu envergonhado.

10 Tola e Jair julgaram Israel após Abimeleque. O povo tornou a pecar, servindo aos baalins e astarotes, e o Senhor os entregou a filisteus e amonitas. Quando clamaram, o Senhor lembrou suas idolatrias. Arrependidos, lançaram fora ídolos, e Ele teve compaixão deles.

11 Jefté, filho rejeitado, foi chamado para lutar contra os amonitas. Fez voto ao Senhor de entregar em holocausto quem saísse de sua

casa. O Senhor lhe deu vitória, mas ao voltar, sua filha única saiu-lhe ao encontro. Ela chorou sua virgindade, e ele cumpriu o voto.

12 Os homens de Efraim contenderam com Jefté, mas foram derrotados com a palavra xibolete no Jordão. Jefté julgou seis anos. Depois dele, Ibsã julgou sete anos, Elom dez anos e Abdom oito anos, cada um com filhos e filhas, e todos foram sepultados em suas cidades.

13 Os filhos de Israel fizeram o que era mau, e o Senhor os entregou aos filisteus quarenta anos. Um anjo anunciou a Manoá e sua esposa que teriam um filho nazireu desde o ventre. Ofereceram sacrifício, e o anjo subiu na chama. Nasceu Sansão, escolhido por Deus.

14 Sansão desejou casar-se com uma filisteia. No caminho, matou um leão. Depois encontrou mel em sua carcaça. No banquete, propôs enigma aos filisteus, mas sua mulher revelou o segredo. Irado, ele matou trinta homens em Ascalom e entregou as vestes prometidas.

15 Sansão foi traído e, em vingança, soltou trezentas raposas com tochas, queimando searas. Foi entregue aos filisteus, mas rompeu as cordas e matou mil homens com uma queixada de jumento. Sedento, clamou ao Senhor, que abriu fonte, e Sansão foi fortalecido.

16 Sansão amou Dalila, que o traiu por dinheiro. Ela descobriu que sua força estava nos cabelos. Tosado, foi preso, cegado e humilhado. No templo de Dagom, orou ao Senhor e derrubou as colunas, matando mais na morte do que em toda a sua vida.

PAUSE E MEDITE

Deus levanta libertadores imperfeitos

JUÍZES 1–16

O LIVRO DE JUÍZES revela um período sombrio na história de Israel, marcado por um ciclo trágico: pecado, servidão, súplica e salvação. Quando o povo se desviava, Deus permitia que inimigos os oprimissem. Quando clamavam por socorro, Ele levantava libertadores: os juízes.

Estes libertadores eram pessoas improváveis e imperfeitas. Gideão era medroso e duvidoso, precisando de sinais repetidos para crer. Jefté era filho de prostituta, rejeitado pela família. Sansão era impulsivo e moralmente fraco. Débora era mulher numa sociedade patriarcal. Baraque precisava que ela o acompanhasse à batalha.

Mas Deus usou cada um deles poderosamente. Gideão derrotou um exército com apenas 300 homens. Débora e Baraque libertaram Israel dos cananeus. Jefté venceu os amonitas. Sansão, mesmo em sua fraqueza moral, destruiu mais filisteus em sua morte do que em toda sua vida.

A mensagem é clara: Deus não espera perfeição para nos usar. Ele se especializa em transformar fraquezas em forças, medos em coragem, rejeições em propósito. "Deus escolheu as coisas fracas do mundo para envergonhar as fortes" (1Coríntios 1:27).

Talvez você se sinta desqualificado para servir a Deus por causa de suas imperfeições, medos ou passado. Lembre-se dos juízes: Deus não procura pessoas perfeitas, mas pessoas disponíveis. Sua fraqueza pode ser exatamente o que Ele quer usar para mostrar sua força. Coloque-se à disposição, pois Deus tem o hábito de fazer o extraordinário através do ordinário.

17 Um homem chamado Mica restituiu prata à mãe, que fez imagens de escultura. Ele estabeleceu santuário em sua casa, com éfode, terafins e um levita como sacerdote. Disse: "Agora sei que o Senhor me fará bem, pois tenho levita por sacerdote em minha casa."

18 A tribo de Dã buscava herança. Tomaram os ídolos da casa de Mica e o levita, e marcharam contra Laís, cidade tranquila. Feriram-na a fio de espada, queimaram-na e habitaram ali. Levantaram imagem e instituíram sacerdócio, e a idolatria permaneceu em Israel.

19 Um levita tomou concubina que fugiu, e ele a trouxe de volta. Hospedados em Gibeá, homens de Belial cercaram a casa e abusaram dela até a morte. O levita cortou seu corpo em doze partes e enviou a Israel, clamando contra a infâmia cometida entre o povo.

20 Todas as tribos se reuniram contra Benjamim por causa da maldade em Gibeá. Duas vezes Israel foi derrotado, mas na terceira o Senhor entregou Benjamim em suas mãos. Feriram a cidade e os homens; apenas seiscentos sobreviveram, escondendo-se no deserto.

21 Israel chorou por Benjamim quase extinta. Juraram não dar filhas, mas deram esposas das de Jabes-Gileade e permitiram que raptassem moças em Siló. Assim a tribo foi preservada. Naqueles dias não havia rei em Israel; cada um fazia o que parecia reto aos seus olhos.

PAUSE E MEDITE

Quando cada um faz o que quer, reina o caos

JUÍZES 17–21

OS ÚLTIMOS CAPÍTULOS de Juízes pintam um quadro desolador da sociedade israelita. A frase que resume este período aparece quatro vezes: "Naqueles dias, não havia rei em Israel; cada um fazia o que achava mais reto" (Juízes 21:25).

A ausência de liderança espiritual e moral produziu caos total. Mica criou seu próprio sistema religioso com ídolos caseiros. A tribo de Dã abandonou sua herança e migrou para o norte, levando consigo os ídolos roubados. Um levita tratou sua concubina como objeto descartável, resultando em guerra civil que quase exterminou a tribo de Benjamim.

Cada história é mais chocante que a anterior: idolatria, violência sexual, guerra fratricida, sequestro de mulheres. O relativismo moral ("cada um fazia o que achava mais reto") não produziu liberdade, mas escravidão ao pecado e suas consequências devastadoras.

O contraste com o período de Josué é gritante. Quando havia liderança piedosa e obediência à palavra de Deus, Israel prosperava. Quando cada um seguia sua própria opinião, a sociedade se desintegrava.

Esta lição é urgente para nossos dias. Vivemos numa época que celebra o relativismo moral e rejeita autoridade absoluta. "Cada um tem sua verdade" tornou-se o mantra cultural. Mas Juízes nos adverte: quando não há padrão moral absoluto, o resultado é caos.

A solução não está em mais leis ou programas sociais, mas em retorno aos princípios eternos de Deus. Sua palavra continua sendo "lâmpada para os pés e luz para o caminho" (Salmos 119:105). Escolha seguir seus caminhos, não as opiniões flutuantes da cultura.

RUTE

O LIVRO CONTA A história tocante de Rute, uma estrangeira que se tornou parte da família israelita. Mostra sua lealdade à sogra Noemi e como se casou com Boaz, tornando-se bisavó do rei Davi. É uma história sobre amor familiar, lealdade e como estrangeiros podiam ser aceitos na comunidade. Demonstra que a bondade e a fidelidade são mais importantes que a origem étnica.

1 Em Belém houve fome, e Elimeleque foi a Moabe com Noemi e seus dois filhos. Ali morreram o marido e os filhos, restando Noemi e as noras. Orfa voltou, mas Rute disse: “Teu povo será o meu povo e teu Deus será o meu Deus”. Chegaram a Belém no princípio da colheita.

2 Rute foi respigar nos campos de Boaz, parente de Elimeleque. Ele a acolheu e ordenou proteção. Rute voltou a Noemi, levando cevada e relatando a bondade de Boaz. Noemi reconheceu a mão do Senhor e explicou que ele era um dos resgatadores da família.

3 Noemi orientou Rute a deitar-se aos pés de Boaz à noite. Ele se surpreendeu e elogiou sua lealdade. Disse que havia resgatador mais próximo, mas que não deixaria de cumprir seu papel. Mandou-a de volta carregada de cevada, aguardando o desfecho da questão.

4 Boaz reuniu os anciãos e negociou com o parente mais próximo, que renunciou ao direito. Assim, Boaz tomou Rute por esposa, e o Senhor lhe concedeu um filho, Obede. As mulheres louvaram a Noemi, e Obede tornou-se pai de Jessé e avô de Davi, raiz messiânica.

PAUSE E MEDITE

Da adversidade à redenção: o Deus que não abandona

RUTE 1–4

O LIVRO DE RUTE é uma das mais belas histórias de redenção da Escritura. Em apenas quatro capítulos, vemos uma jornada completa: da adversidade mais profunda à redenção mais gloriosa. É a prova viva de que Deus nunca abandona aqueles que nele confiam, mesmo quando as circunstâncias gritam o contrário.

A história começa com adversidade total. Havia fome em Belém (paradoxo doloroso, pois Belém significa "Casa do Pão"). Elimeleque fugiu para Moabe com sua família, mas encontrou a morte onde buscava vida. Noemi perdeu marido e filhos, ficando viúva, pobre e sem esperança em terra estranha. Humanamente falando, não havia saída.

Mas Deus não havia abandonado sua serva. Quando Noemi ouviu que "o Senhor visitara o seu povo, dando-lhe pão", ela decidiu voltar. Rute, sua nora moabita, fez a decisão que mudaria a história: "Teu povo será o meu povo, teu Deus será o meu Deus" (Rute 1:16). Nesta declaração, vemos fé genuína nascendo em meio à adversidade.

A providência divina começou a se manifestar. Rute "por acaso" foi respigar no campo de Boaz, parente-remidor de Elimeleque. Não havia casualidade; era Deus orquestrando cada detalhe. Boaz mostrou bondade extraordinária, protegendo e provendo para a jovem estrangeira.

O clímax veio quando Boaz exerceu seu direito de redenção. Na porta da cidade, diante de testemunhas, ele declarou: "Tomo por mulher a Rute" (Rute 4:10). A redenção estava completa! Deus deu-lhes um filho, Obede, avô do rei Davi, colocando a moabita na linhagem do Messias.

Deixara Belém em meio à fome e voltara com o coração vazio, agora segurava nos braços a prova de que Deus não abandona. Da adversidade mais profunda surgiu a redenção mais gloriosa. Esta história nos ensina que, mesmo quando tudo parece perdido, Deus está escrevendo um capítulo de vitória em nossa vida.

1 SAMUEL

O LIVRO REGISTRA COMO Israel passou de ser governado por juízes para ter reis. Narra a história de Samuel, o último juiz, que ungiu Saul como primeiro rei. Também conta como Davi, ainda jovem, matou o gigante Golias e depois foi perseguido por Saul por ciúme. Termina com a morte de Saul em batalha. É uma história sobre mudanças políticas e como o poder é capaz de corromper as pessoas.

1 Elcana tinha duas mulheres: Ana, estéril, e Penina, que a provocava. No templo, Ana orou com amargura e prometeu consagrar seu filho ao Senhor. O sacerdote Eli a abençoou. O Senhor lembrou-se dela, e nasceu Samuel, entregue para servir diante do Senhor em Siló.

2 Ana entoou cântico de louvor. Os filhos de Eli eram corruptos e desprezavam as ofertas do Senhor. Um homem de Deus profetizou juízo sobre a casa de Eli. Samuel crescia diante do Senhor em graça e favor. O Senhor prometeu levantar um sacerdote fiel em Israel.

3 O Senhor chamou Samuel de noite. Eli o instruiu a responder: "Fala, Senhor, porque o teu servo ouve." Então o Senhor revelou o juízo contra a casa de Eli. Samuel cresceu, e o Senhor era com ele. Toda Israel reconheceu que Samuel era profeta estabelecido por Deus.

4 Israel foi derrotado pelos filisteus, que tomaram a arca da aliança. Hofni e Fineias morreram. Eli, ao ouvir que a arca fora levada, caiu da cadeira e morreu. Sua nora deu à luz e chamou o filho Icabô, dizendo: "Foi-se a glória de Israel", pois a arca fora tomada.

5 Os filisteus levaram a arca para o templo de Dagom em Asdode. Pela manhã, a imagem do ídolo caiu diante da arca, quebrando-se. O Senhor feriu os filisteus com tumores. Eles reconheceram que a mão de Deus pesava contra eles e decidiram enviar a arca de volta.

6 Os filisteus devolveram a arca com oferta de ouro, conforme orientação dos sacerdotes: tumores e ratos de ouro em cinco modelos. Puseram-na em carro novo com vacas. A arca chegou a Bete-Semes, onde homens olharam dentro dela e foram feridos pelo Senhor.

7 A arca foi levada a Quiriate-Jearim e guardada em casa de Abinadabe. Samuel exortou Israel a servir só ao Senhor. O povo se reuniu em Mispa, jejuou e confessou pecados. O Senhor derrotou os filisteus com trovões. Samuel julgou Israel todos os dias da sua vida.

8 Samuel envelheceu e pôs seus filhos por juízes, mas eles perverteram o juízo. O povo pediu um rei como as nações. Samuel orou, e o Senhor disse que não era ele, mas o próprio Senhor que rejeitavam. O profeta advertiu sobre os direitos do rei, mas Israel insistiu.

9 Havia um jovem benjamita chamado Saul, formoso e alto, que buscava as jumentas de seu pai. Deus revelara a Samuel que ele seria príncipe sobre Israel. Samuel o recebeu, ungiu-o em particular e lhe deu sinais de que o Senhor o havia escolhido para reinar sobre o povo.

10 Samuel ungiu Saul e deu-lhe sinais: encontraria homens, pão e profetas, e o Espírito do Senhor viria sobre ele. Saul profetizou e o povo se admirou. Samuel convocou Israel em Mispa, e Saul foi escolhido por sorte. O povo gritou: "Viva o rei!", e houve grande aclamação.

11 Naás, amonita, sitiou Jabes-Gileade. Os anciãos pediram sete dias para buscar socorro. O Espírito do Senhor veio sobre Saul, que

convocou Israel. O povo respondeu em massa, e os amonitas foram derrotados. Samuel renovou o reino em Gilgal, e Israel se alegrou.

12 Samuel defendeu sua integridade diante do povo. Recordou os feitos do Senhor desde Moisés até a libertação dos inimigos. Pediu fidelidade a Deus e mostrou sinal com trovão e chuva. O povo temeu, e Samuel prometeu interceder e ensiná-los no bom caminho.

13 Saul reinou e reuniu exército contra os filisteus. Israel se atemorizou, e Saul ofereceu sacrifício sem esperar Samuel. O profeta disse que seu reino não subsistiria, pois não guardara o mandamento do Senhor. Restaram poucos homens com armas contra os filisteus.

14 Jônatas, com seu escudeiro, derrotou guarnição filisteia, e houve pânico. Saul guerreou, mas impôs juramento insensato de jejum. Jônatas, sem saber, comeu mel e foi salvo pelo povo. Saul combateu inimigos por todos os lados. Houve vitórias, mas também desobediência.

15 Samuel ordenou a Saul destruir Amaleque. Ele poupou Agague e o melhor do gado. Samuel o confrontou: obedecer é melhor que sacrificar. O Senhor rejeitou Saul como rei. Samuel despedaçou Agague perante o Senhor. Samuel chorou, e Saul foi afastado da presença divina.

PAUSE E MEDITE

O Senhor ouve o clamor dos seus

1SAMUEL 1–15

EM MEIO À escuridão espiritual do período dos juízes, quando "cada um fazia o que achava mais reto", Deus ouviu o clamor desesperado de uma mulher estéril. Ana não apenas chorava por um filho; ela representava a esterilidade espiritual de toda uma nação que havia se esquecido do Senhor.

A oração de Ana em Siló foi regada com lágrimas de amargura. Provocada constantemente por Penina, incompreendida pelo marido Elcana e até mesmo julgada erroneamente pelo sacerdote Eli como embriagada, ela derramou sua alma diante de Deus. Mas o Senhor dos Exércitos ouviu seu clamor e lhe deu Samuel, cujo nome significa "ouvido por Deus".

Samuel tornou-se a resposta de Deus para uma geração perdida. Consagrado ao Senhor desde o ventre, ele cresceu na Casa do Senhor quando a palavra era rara e não havia visão. Deus o chamou ainda menino, e ele respondeu: "Fala, Senhor, porque o teu servo ouve" (1Samuel 3:10). Que contraste com Eli, que honrava mais seus filhos ímpios que ao próprio Deus!

Como profeta, sacerdote e juiz, Samuel restaurou a credibilidade da liderança espiritual em Israel. Ele conduziu o povo ao arrependimento em Mizpá, onde clamaram: "Pecamos contra o Senhor" (1Samuel 7:6). Ali Deus deu grande vitória sobre os filisteus, e Samuel levantou a pedra Ebenézer, dizendo: "Até aqui nos ajudou o Senhor" (1Samuel 7:12).

Mesmo quando o povo rejeitou a teocracia pedindo um rei, Samuel continuou fiel. Ungiu Saul conforme a ordem divina, mas quando este se rebelou contra Deus, o profeta declarou corajosamente: "Obedecer é melhor do que sacrificar" (1Samuel 15:22).

Deus continua ouvindo o clamor dos seus. Quando derramamos nossa alma diante dele em oração sincera, Ele responde no tempo certo e da maneira certa. Confie. O Senhor dos Exércitos não mudou!

16 O Senhor enviou Samuel a Belém para ungir um dos filhos de Jessé. Entre todos, escolheu Davi, o menor, e o Espírito do Senhor veio sobre ele. O espírito mau atormentava Saul, e Davi, tocando harpa, lhe trazia alívio. Assim entrou no serviço do rei de Israel.

17 Os filisteus vieram, e Golias desafiava Israel. Davi, jovem pastor, foi enviado com mantimentos. Indignado, enfrentou o gigante com funda e pedras, dizendo: "Do Senhor é a guerra". Derrubou Golias e o matou. Israel perseguiu os filisteus, e Davi ganhou fama.

18 Jônatas amou a Davi como a si mesmo. Saul pôs Davi sobre homens de guerra, mas logo teve ciúmes por sua popularidade. Tentou matá-lo, mas falhou. Davi casou com Mical, filha de Saul, após matar filisteus. O rei temia Davi, pois o Senhor era com ele.

19 Saul tentou matar Davi, mas Jônatas intercedeu. Saul jurou poupá-lo, porém voltou a persegui-lo. Mical ajudou Davi a fugir, e ele escapou. Saul enviou mensageiros, mas o Espírito de Deus os dominou. Ele mesmo foi a Naiote e também profetizou diante de Samuel.

20 Davi perguntou a Jônatas a razão da ira de Saul. Planejaram sinal com flechas para confirmar o perigo. No banquete, Saul enfureceu-se e atirou lança contra Jônatas. Ele confirmou a Davi a intenção de seu pai. Ambos choraram e juraram amizade eterna no Senhor.

21 Davi foi a Nobe, onde o sacerdote Aimeleque lhe deu pães da proposição e a espada de Golias. Fugiu a Gate, mas os servos de Aquis o reconheceram. Temendo ser morto, fingiu-se de louco, deixando-se escorrer saliva pela barba, e conseguiu escapar do rei filisteu.

22 Davi refugiou-se na caverna de Adulão, reunindo homens aflitos. Seus pais ficaram em Moabe. Saul acusou servos e sacerdotes de conspirarem. Doegue matou oitenta e cinco sacerdotes de Nobe e destruiu a cidade. Abiatar escapou e juntou-se a Davi, levando o éfode.

23 Davi livrou Queila dos filisteus, mas Saul planejou cercá-lo. Davi consultou ao Senhor e fugiu. Saul o perseguia, mas Deus o guardava. Jônatas fortaleceu a fé de Davi. Os zifeus entregaram sua posição, mas quando Saul cercava, foi chamado às pressas contra filisteus.

24 Saul perseguiu Davi no deserto de En-Gedi. Entrou na caverna onde Davi e seus homens estavam escondidos. Davi cortou a orla do manto do rei, mas não o matou. Depois mostrou a Saul a prova de sua inocência. Saul chorou e reconheceu que Davi seria rei de Israel.

25 Samuel morreu, e todo Israel o pranteou. Davi pediu provisões a Nabal, que o insultou. Abigail, sua esposa, levou suprimentos e aplacou a ira de Davi. O Senhor feriu Nabal, e ele morreu. Davi tomou Abigail por mulher, e também Ainoã de Jezreel. Mical foi dada a outro.

26 Saul perseguiu Davi novamente no deserto. De noite, Davi entrou no acampamento com Abisai e tomou a lança e o jarro de água de Saul, mas não o matou. Depois mostrou os objetos de longe, provando inocência. Saul reconheceu sua culpa e abençoou a Davi antes de partir.

27 Davi temeu Saul e refugiou-se com seiscentos homens entre os filisteus, em Gate, com Aquis. Recebeu Ziclague por herança. Fingiu lealdade, mas saqueava inimigos do sul, não deixando sobreviventes. Assim enganava Aquis, que confiava em Davi como aliado fiel.

28 Os filisteus ajuntaram-se contra Israel. Saul consultou o Senhor, mas não obteve resposta. Buscou uma médium em En-Dor, que trouxe Samuel. O profeta anunciou: o Senhor se apartara dele; Israel seria derrotado, e ele e seus filhos morreriam no dia seguinte.

29 Os príncipes filisteus desconfiaram de Davi e não permitiram que marchasse com eles à guerra contra Israel. Aquis defendeu Davi, mas ordenou que voltasse a Ziclague. Davi partiu ao amanhecer, e os exércitos filisteus subiram a Jezreel para enfrentar Israel.

30 Os amalequitas invadiram Ziclague, queimaram-na e levaram cativas as mulheres e filhos. Davi buscou ao Senhor, perseguiu os inimigos, derrotou-os e resgatou todos. Repartiu o despojo igualmente entre os que pelejaram e os que ficaram guardando a bagagem.

31 Os filisteus lutaram contra Israel em Gilboa. Saul e seus filhos, inclusive Jônatas, caíram. Saul, ferido, lançou-se sobre a espada. Os filisteus cortaram sua cabeça e penduraram seu corpo em Bete-Seã. Homens de Jabes-Gileade tomaram e sepultaram seus ossos.

PAUSE E MEDITE

O coração que Deus procura

1SAMUEL 16–31

"O SENHOR NÃO vê como vê o homem. O homem vê o exterior, porém o Senhor, o coração" (1Samuel 16:7). Esta declaração divina a Samuel resume perfeitamente a segunda metade de 1Samuel: o contraste entre dois reis e dois tipos de coração.

Quando Samuel foi ungir o sucessor de Saul na casa de Jessé, ele quase cometeu o mesmo erro humano de julgar pela aparência. Viu Eliabe e pensou: "Certamente, está perante o Senhor o seu ungido". Mas Deus havia escolhido o caçula, Davi, que nem mesmo fora chamado para a cerimônia, pois estava cuidando das ovelhas.

Davi possuía o coração que Deus procurava. Quando enfrentou Golias, não confiou em armaduras ou espadas, mas declarou: "Tu vens contra mim com espada, lança e dardo, mas eu venho contra ti em nome do Senhor dos Exércitos" (1Samuel 17:45). Sua confiança estava em Deus, não em recursos humanos.

Saul, por outro lado, revelou progressivamente um coração dividido. Começou bem, mas o orgulho, a desobediência e o ciúme o consumiram. Perseguiu Davi por anos, tentando matá-lo, mas Davi recusou-se a tocar no "ungido do Senhor". Mesmo tendo oportunidades de matar Saul, Davi poupou sua vida, demonstrando um coração segundo Deus.

O contraste é gritante: Saul buscava glória própria; Davi buscava a glória de Deus. Saul temia os homens; Davi temia ao Senhor. Saul consultou uma necromante em desespero; Davi consultava a Deus em oração. O fim de Saul foi trágico: suicidou-se em batalha, abandonado por Deus.

Deus continua procurando corações como o de Davi — não perfeitos, mas sinceros; não sem falhas, mas arrependidos; não autossuficientes, mas dependentes dele. Que tipo de coração você tem oferecido ao Senhor? Ele vê além da aparência e conhece suas motivações mais profundas.

2SAMUEL

CONTINUAÇÃO DA HISTÓRIA anterior, o livro conta como Davi se tornou rei de todo Israel e fez de Jerusalém sua capital. Narra seus grandes sucessos militares, mas também seus erros pessoais, como o caso com Bate-Seba. Mostra as consequências familiares de suas ações, incluindo a rebelião de seu filho Absalão. É uma história realista sobre liderança que mostra tanto as qualidades quanto os defeitos de um grande líder.

1 Um amalequita trouxe notícia da morte de Saul e Jônatas, dizendo tê-lo matado. Davi chorou e lamentou com cântico fúnebre, exaltando-os como valentes de Israel. Mandou matar o mensageiro por ter ousado tocar no ungido do Senhor e guardou memória de Jônatas.

2 O Senhor disse a Davi que subisse a Hebrom. Ali foi ungido rei sobre Judá. Abner estabeleceu Is-Bosete, filho de Saul, sobre Israel. Houve guerra entre os dois reinos. Asael perseguiu Abner e foi morto. O conflito entre a casa de Davi e a de Saul se prolongou.

3 A guerra entre a casa de Saul e a de Davi se alongava, mas Davi se fortalecia. Abner, ofendido por Is-Bosete, fez aliança com Davi, prometendo trazer-lhe todo Israel. Joabe, porém, o matou traiçoeiramente. Davi lamentou a morte de Abner e se mostrou inocente.

4 Homens de Is-Bosete o mataram em sua casa e levaram a cabeça a Davi. Mas ele condenou o ato, lembrando que o Senhor o exalta. Mandou matar os assassinos e expô-los, sepultando a cabeça de Is-Bosete. Assim, o caminho ficou livre para Davi reinar sobre todo Israel.

5 Todas as tribos foram a Hebrom e ungiram Davi rei sobre Israel. Ele tomou Jerusalém e a fez capital. Os filisteus vieram contra ele, mas Davi consultou ao Senhor e venceu duas vezes. O Senhor o estabeleceu, e seu reino cresceu, pois Deus era com ele em todas as batalhas.

6 Davi trouxe a arca de Quiriate-Jearim. Uzá tocou nela e morreu. Então a arca ficou três meses na casa de Obede-Edom, e o Senhor o abençoou. Davi trouxe-a com alegria, dançando diante do Senhor. Mical o desprezou em seu coração. A arca foi colocada em Jerusalém.

7 Davi quis edificar casa ao Senhor, mas a palavra de Deus veio a Natã: Davi não construiria o templo, mas seu filho. O Senhor estabeleceria a casa de Davi e seu trono para sempre. Davi entrou em oração, louvando e reconhecendo a fidelidade do Senhor sobre Israel.

8 Davi venceu filisteus, moabitas e siros, estabelecendo domínio até o Eufrates. Trouxe ouro e prata ao Senhor. Venceu Edom, e todos os povos lhe foram sujeitos. Davi administrava justiça a todo Israel. Seus oficiais foram nomeados, e o reino se fortaleceu em paz.

9 Davi quis mostrar bondade à casa de Saul. Mandou trazer Mefibosete, filho de Jônatas, aleijado dos pés. Deu-lhe as terras de Saul e o fez assentar-se sempre à sua mesa como filho do rei. Assim, Davi cumpriu sua aliança de amor com Jônatas, honrando sua descendência.

10 O rei dos amonitas morreu, e Davi enviou consolo a seu filho. Este insultou os servos de Davi, cortando-lhes as vestes. Os amonitas se aliaram aos siros. Joabe e Abisai combateram, e o Senhor deu vitória. Os siros temeram ajudar de novo aos amonitas contra Israel.

PAUSE E MEDITE

Deus firma o seu rei com promessas eternas

2SAMUEL 1–10

O SEGUNDO LIVRO DE Samuel abre com o lamento de Davi pela morte de Saul e Jônatas. Mesmo tendo sido perseguido injustamente por Saul, Davi chorou genuinamente: "Como caíram os valentes!". Sua reação revelou um coração nobre, sem amargura ou sede de vingança. Deus estava preparando um rei segundo seu coração.

A ascensão de Davi ao trono não foi imediata nem fácil. Primeiro reinou sobre Judá em Hebrom por sete anos, enquanto a casa de Saul mantinha o Reino do Norte. Mas Deus estava cumprindo seus propósitos soberanos. Gradualmente, a dinastia de Saul se enfraqueceu enquanto Davi se fortalecia.

O clímax veio quando todas as tribos de Israel reconheceram Davi como rei. Ele conquistou Jerusalém, trouxe a arca da aliança para a cidade e desejou construir um templo para o Senhor. Mas Deus tinha planos maiores: "O Senhor te faz saber que ele, o Senhor, te fará casa" (2Samuel 7:11).

A aliança davídica é uma das mais importantes da Escritura. Deus prometeu que a casa, o reino e o trono de Davi seriam firmados para sempre (2Samuel 7:16). Esta promessa não dependia da perfeição de Davi, mas da fidelidade divina. Mesmo que seus descendentes pecassem, a misericórdia de Deus não se apartaria deles como se apartou de Saul.

Davi respondeu com adoração fervorosa: "Portanto, grandíssimo és, ó Senhor Deus, porque não há semelhante a ti" (2Samuel 7:22). Ele entendeu que não se tratava de seus méritos, mas da graça soberana de Deus. O pastor de ovelhas havia se tornado rei, e sua dinastia duraria para sempre.

Esta promessa encontrou seu cumprimento perfeito em Jesus Cristo, o Filho de Davi. Ele é o Rei eterno cujo reino não passará. As promessas de Deus são firmes — não porque somos fiéis, mas porque Ele é fiel. Confie nas promessas eternas do Senhor!

11 Na guerra contra Amom, Davi ficou em Jerusalém. Viu Bate-Seba, tomou-a e ela concebeu. Para ocultar, trouxe Urias, mas ele não foi a sua casa. Então Davi o pôs na frente da batalha, e Urias morreu. Tomou Bate-Seba por mulher. O Senhor, porém, se desagradou do feito.

12 O profeta Natã contou parábola e confrontou Davi, que confessou o pecado. O filho de Bate-Seba morreu, mas o Senhor lhe deu outro, Salomão, amado de Deus. Davi venceu Rabá dos amonitas. O juízo de Deus, porém, foi declarado: a espada nunca se apartaria de sua casa.

13 Amnom, filho de Davi, violentou Tamar, irmã de Absalão. Este o odiou e, após dois anos, mandou matá-lo. Absalão fugiu para Gesur. Davi se consumia de saudades do filho. O pecado trouxe desordem à casa do rei, e o juízo de Deus começou a cumprir-se sobre sua família.

14 Joabe trouxe uma mulher sábia para persuadir Davi a permitir o retorno de Absalão. O rei consentiu, mas não o recebeu em sua presença. Depois de dois anos, Absalão forçou encontro com Joabe, e finalmente Davi o beijou. Assim, Absalão foi restaurado em Jerusalém.

15 Absalão granjeou o coração de Israel e conspirou contra Davi em Hebrom. O rei fugiu de Jerusalém com seus servos. Levitas levaram a arca, mas Davi a devolveu. Simei o amaldiçoou, mas ele suportou. Absalão entrou em Jerusalém, e o conselho de Aitofel foi ouvido.

16 Ziba, servo de Mefibosete, trouxe provisões a Davi e acusou seu senhor de traição. Simei amaldiçoou o rei, que não permitiu represália. Absalão entrou em Jerusalém e seguiu conselho de Aitofel, possuindo concubinas de seu pai, tornando-se abominável diante de Israel.

17 Aitofel aconselhou ataque imediato a Davi, mas Husai aconselhou esperar, e Absalão aceitou. Aitofel, vendo seu conselho rejeitado, enforcou-se. Davi foi informado e passou o Jordão. Absalão cruzou com exército. Amigo e aliados deram sustento a Davi no deserto.

18 Davi dividiu o exército e ordenou poupar Absalão. Na batalha, o exército de Israel foi derrotado. Absalão, preso pelos cabelos no carvalho, foi morto por Joabe. Um mensageiro trouxe notícia. Davi chorou amargamente: "Meu filho Absalão! Quem me dera morrer por ti!"

19 Joabe repreendeu Davi por lamentar mais o inimigo que alegrar o povo. O rei voltou a Jerusalém, perdoando Simei e restaurando Mefibosete. Houve contenda entre Judá e Israel pelo retorno do rei. Davi mostrou misericórdia, mas o reino estava dividido em disputas.

20 Sebá, benjamita, rebelou-se contra Davi. Joabe matou Amasa e perseguiu Sebá até Abel-Bete-Maaca. Uma mulher sábia persuadiu a entregar a cabeça do rebelde, e a cidade foi poupada. A revolta terminou, e Joabe continuou como chefe do exército de Davi em Israel.

21 Nos dias de Davi houve fome por três anos. Consultando ao Senhor, soube ser juízo pelos gibeonitas. Sete descendentes de Saul foram entregues e mortos. Davi sepultou ossos de Saul e Jônatas. Em guerras contra filisteus, homens de Davi mataram gigantes descendentes de Rafa.

22 Davi entoou cântico ao Senhor, sua rocha e libertador. Louvou por livramentos de inimigos, descrevendo feitos poderosos de Deus. Falou de justiça e misericórdia divina. O Senhor o fez vencedor e o exaltou sobre nações. Grande é Deus, refúgio e fortaleza de Israel.

23 Estas são as últimas palavras de Davi: o Senhor estabeleceu aliança eterna com ele. Foram lembrados seus valentes, que realizaram feitos extraordinários na guerra. Homens arriscaram a vida por ele. Davi destacou fidelidade e coragem dos que o serviram com bravura.

24 Davi ordenou recenseamento, e o Senhor se irou. O profeta Gade lhe deu três opções de juízo. Houve peste, e muitos morreram. Davi intercedeu, dizendo: "Eu pequei; que tua mão seja contra mim". Ele comprou e ofereceu sacrifícios na eira de Araúna, e o Senhor cessou a praga.

PAUSE E MEDITE

O pecado traz dor, mas a graça restaura

2SAMUEL 11–24

"NO TEMPO EM que os reis costumam sair para a guerra... Davi ficou em Jerusalém" (2Samuel 11:1). Esta frase marca o início da queda mais dramática da Escritura. O homem segundo o coração de Deus estava prestes a mostrar que até os maiores podem cair quando se afastam do caminho da obediência.

A ociosidade levou Davi ao terraço do palácio, onde viu Bate-Seba tomando banho. O que começou com um olhar se transformou em adultério, mentira e assassinato. Davi mandou matar Urias, o marido fiel que estava defendendo a nação enquanto o rei seduzia sua esposa. Que contraste trágico!

Mas Deus não ficou em silêncio. Enviou o profeta Natã com uma parábola sobre um rico que roubou a única ovelha de um pobre. Quando Davi se indignou com a injustiça, Natã declarou: "Tu és o homem!" (2Samuel 12:7). O confronto divino quebrantou o coração do rei, que confessou: "Pequei contra o Senhor" (2Samuel 12:13).

A graça de Deus perdoou, mas as consequências vieram: "A espada jamais se apartará da tua casa" (2Samuel 12:10). Davi colheu o que plantou. Sua filha Tamar foi violentada por Amnom; este foi morto por Absalão; que se rebelou contra o pai e morreu em batalha. A casa real se tornou palco de tragédias sucessivas.

Mesmo assim, Deus não abandonou seu servo. Quando Davi pecou fazendo censo do povo, novamente se arrependeu e intercedeu pela nação. O livro termina com Davi oferecendo sacrifícios no lugar onde seria construído o templo, símbolo de que a graça divina prevalece sobre o juízo.

A história de Davi nos ensina que o pecado sempre traz dor, mas a graça de Deus é maior que nossos fracassos. Quando caímos, podemos nos levantar pelo arrependimento genuíno. Deus disciplina, mas não abandona seus filhos. Sua misericórdia triunfa sobre o juízo!

1 REIS

O LIVRO CONTA SOBRE Salomão, que sucedeu a Davi e construiu o famoso templo em Jerusalém. Salomão era conhecido por sua sabedoria, mas suas muitas esposas estrangeiras o levaram a adorar outros deuses. Após sua morte, o reino se dividiu em dois: Israel (norte) e Judá (sul). Introduz o profeta Elias, que enfrentou reis corruptos. Mostra como a desobediência trouxe divisão nacional.

1 Davi estava velho, e Adonias tentou tomar o trono. Natã e Bate-Seba falaram a Davi, que ordenou ungir Salomão rei. Zadoque ungiu-o em Giom, e o povo se alegrou. Adonias temeu e se apegou ao altar, mas Salomão lhe poupou a vida com a condição de ser homem digno.

2 Davi deu instruções a Salomão e morreu. O novo rei firmou seu reino. Mandou executar Adonias, Joabe e Simei por sua rebeldia e traição. Abiatar foi deposto do sacerdócio. Salomão fortaleceu o trono, cumprindo a justiça de Deus e eliminando os inimigos de sua casa.

3 Salomão casou-se com filha de Faraó e ofereceu sacrifícios. Em Gibeão, o Senhor lhe apareceu e pediu o que queria. Ele pediu sabedoria para governar. Deus lhe deu sabedoria, riquezas e honra. Julgou com discernimento as duas mulheres que disputavam um mesmo filho.

4 Salomão estabeleceu príncipes e administradores sobre Israel. O povo era numeroso como a areia do mar, vivendo em paz e abundância. Deus deu sabedoria a Salomão, maior que a de todos, e sua fama se espalhou. Ele compôs provérbios, cânticos e tratou de muitas ciências.

5 Salomão fez aliança com Hirão, rei de Tiro, para trazer madeira do Líbano para a construção do templo. Organizou grande força de trabalho com israelitas e estrangeiros. O Senhor lhe dera paz em redor. Prepararam materiais e se dispuseram a edificar a casa do Senhor.

6 Salomão começou a construir o templo no quarto ano de seu reinado. A obra durou sete anos, toda revestida de cedro e ouro, com detalhes preciosos. O Senhor prometeu habitar entre Israel se guardassem seus mandamentos. Assim a casa do Senhor foi edificada em Jerusalém.

7 Salomão edificou sua casa, a casa do bosque do Líbano, o pórtico e o trono. Hirão, artífice, fez colunas, lavatórios e utensílios de bronze. O templo foi adornado com ouro e móveis sagrados. Concluiu-se toda a obra da casa do Senhor com esplendor e perfeição.

8 Salomão reuniu Israel para trazer a arca ao templo. O Senhor encheu a casa com sua glória. Salomão orou dedicando, pedindo perdão e atenção divina às orações. Sacrificou inúmeras ofertas. O povo celebrou com grande alegria, louvando ao Senhor por sua fidelidade.

9 O Senhor apareceu a Salomão novamente, confirmando sua promessa, mas advertindo sobre a idolatria. Salomão deu cidades a Hirão, mas este não se agradou. Fez construções e fortalezas, organizou tributos e escravos para a obra. O reino prosperava com grande riqueza.

10 A rainha de Sabá veio provar Salomão com enigmas e viu sua sabedoria e riqueza. Ficou maravilhada e bendisse o Senhor. O rei acumulou ouro, prata, marfim, macacos e pavões. Fez tronos e escudos de ouro. Reinou em esplendor sem igual, exaltado em toda a terra.

11 Salomão amou muitas mulheres estrangeiras, que o desviaram para ídolos. O Senhor se irou e disse que o reino seria dividido após sua

morte. Surgiram adversários: Hadade, Rezom e Jeroboão. Salomão reinou quarenta anos e morreu, sendo sepultado em Jerusalém.

PAUSE E MEDITE

Salomão: sabedoria que precisa de fidelidade

1REIS 1–11

SALOMÃO COMEÇOU SEU reinado de forma extraordinária. Quando Deus lhe apareceu em sonho perguntando o que desejava, ele não pediu riquezas ou longevidade, mas "um coração compreensivo para julgar o teu povo" (1Reis 3:9). Deus ficou tão agradado que lhe deu não apenas sabedoria incomparável, mas também riquezas e glória sem precedentes.

O reino de Salomão tornou-se o mais próspero da história de Israel. Ele construiu o magnífico templo de Jerusalém, estabeleceu um governo eficiente e acumulou riquezas colossais. Sua sabedoria era tão famosa que a rainha de Sabá veio de longe para ouvi-lo, declarando: "Nem ainda a metade me foi dita" (1Reis 10:7).

Mas a sabedoria sem fidelidade é perigosa. Salomão começou a fazer concessões que a lei de Deus proibia expressamente: multiplicou cavalos, acumulou ouro em excesso e, principalmente, casou-se com muitas mulheres estrangeiras por motivos políticos. Deuteronômio 17:17 advertia claramente: "Tampouco para si multiplicará mulheres, para que o seu coração se não desvie".

O que era previsível aconteceu: "Sendo já velho, suas mulheres lhe perverteram o coração para seguir outros deuses" (1Reis 11:4). O homem mais sábio do mundo tornou-se idólatra, construindo santuários para Astarote, Moloque e Quemos no monte das Oliveiras, bem em frente ao templo que havia edificado para o Senhor.

A queda de Salomão foi gradual e persistente. Não aconteceu de uma hora para outra, mas através de pequenas concessões que se acumularam ao longo dos anos. Ele abandonou seu primeiro amor e fez "o que era mau perante o Senhor" (1Reis 11:6).

A lição é clara: a sabedoria humana, por maior que seja, precisa estar sempre submissa à fidelidade a Deus. Sem fidelidade, até a maior sabedoria se torna loucura. Que nossa inteligência seja sempre governada pela obediência à Palavra de Deus.

12 Roboão sucedeu a Salomão. O povo pediu alívio dos tributos, mas ele respondeu com dureza. Dez tribos seguiram Jeroboão e formaram Israel. Roboão reinou só em Judá. Jeroboão fez bezerros de ouro em Betel e Dã, levando Israel a pecar gravemente contra o Senhor.

13 Um homem de Deus profetizou contra o altar de Jeroboão, que se fendeu. O rei tentou prendê-lo, mas sua mão secou e foi curada pela oração do profeta. Ele desobedeceu à ordem divina, foi enganado e acabou morto por leão. Israel seguiu pecando nos bezerros de ouro.

14 O filho de Jeroboão adoeceu, e sua esposa consultou o profeta Aías. O Senhor anunciou juízo: a casa de Jeroboão seria exterminada, e Israel seria levado para além do rio. O menino morreu, e Israel chorou. Jeroboão morreu, e Roboão, em Judá, fez o povo pecar em idolatria.

15 Abias reinou em Judá e guerreou contra Jeroboão. Asa sucedeu-o e fez o que era reto, removendo ídolos e a rainha mãe. Em Israel reinaram Nadabe e depois Baasa, que exterminou a casa de Jeroboão. Asa reinou em fidelidade, mas Israel seguiu no pecado diante do Senhor.

16 Baasa pecou, e Jeú profetizou juízo contra sua casa. Zinri conspirou, matou Elá e reinou sete dias, queimando-se no palácio. O povo fez Onri rei, que construiu Samaria. Seu filho Acabe reinou em Israel, fazendo o mal e casando com Jezabel, servindo a Baal.

17 Elias profetizou seca em Israel. Escondeu-se no Querite, sustentado por corvos. Depois foi a Sarepta, onde multiplicou a farinha e o azeite de uma viúva. O filho dela morreu, e Elias orou; o Senhor o reviveu. A mulher confessou: "Agora sei que és homem de Deus".

18 O Senhor mandou Elias mostrar-se a Acabe, e a chuva viria. No Carmelo, Elias desafiou os profetas de Baal. O Senhor respondeu com fogo, consumindo o holocausto. O povo se prostrou, e Elias matou os profetas de Baal. Orando, veio grande chuva após longa seca.

19 Elias fugiu de Jezabel ao Horebe, desejando morrer. O Senhor o fortaleceu com pão e água. No monte, Deus não estava no vento, nem no fogo, mas na voz suave. Elias foi enviado a ungir Hazael, Jeú e Eliseu. O Senhor disse que sete mil não se dobraram a Baal em Israel.

20 Ben-Hadade, rei da Síria, sitiou Samaria. O Senhor deu vitória a Acabe sobre os siros duas vezes. Ben-Hadade foi poupado, e fizeram aliança. Um profeta disse que, por poupar o inimigo, a vida de Acabe seria pela dele. Assim o juízo do Senhor foi anunciado.

21 Acabe desejou a vinha de Nabote, que recusou. Jezabel tramou sua morte. Acabe tomou a vinha, mas Elias o confrontou: cães lamberiam seu sangue. Acabe se humilhou, e o Senhor adiou o juízo. Contudo, prometeu destruição sobre sua casa, como antes fizera com Jeroboão.

22 Josafá aliou-se a Acabe contra Ramote-Gileade. Profetas bajularam, mas Micaías predisse derrota. Acabe se disfarçou, mas foi atingido por flecha e morreu. Josafá reinou em Judá com fidelidade. Em Israel, Acazias reinou no mal, seguindo os pecados de seu pai.

PAUSE E MEDITE

Divisão que nasce da desobediência

1REIS 12–22

A MORTE DE SALOMÃO marcou o fim da era dourada de Israel. Seu filho Roboão subiu ao trono, mas sua insensatez custou caro ao reino. Quando o povo pediu alívio dos pesados impostos deixados por Salomão, Roboão rejeitou o conselho dos anciãos e seguiu a orientação dos jovens: "Meu pai vos castigou com açoites; eu, porém, vos castigarei com escorpiões" (1Reis 12:14).

O resultado foi catastrófico. Dez tribos se rebelaram sob a liderança de Jeroboão, formando o reino do Norte. Apenas Judá e Benjamim permaneceram fiéis à dinastia davídica no reino do Sul. O reino unido que Davi construiu e Salomão consolidou foi despedaçado pela desobediência e insensatez.

Jeroboão, temendo que o povo voltasse a Jerusalém para adorar, cometeu o pecado que marcaria todo o reino do Norte: estabeleceu cultos alternativos em Dã e Betel, com bezerros de ouro, dizendo: "Eis aqui teus deuses, ó Israel!" (1Reis 12:28). Todos os dezenove reis que se seguiram no reino do Norte "andaram nos pecados de Jeroboão".

O livro prossegue mostrando o declínio espiritual de ambos os reinos. No reino do Norte, Acabe e Jezabel levaram a apostasia ao extremo, promovendo o culto a Baal. Foi nesse contexto que Deus levantou o profeta Elias, que confrontou corajosamente o rei e o povo no Monte Carmelo, provando que "o Senhor é Deus" (1Reis 18:39).

A divisão do reino não foi acidental, mas consequência direta da desobediência. Deus havia advertido Salomão que, por causa de sua idolatria, o reino seria dividido (1Reis 11:11). A desobediência sempre traz divisão — nas famílias, igrejas e nações.

A história de 1Reis nos ensina que a unidade só é preservada na obediência a Deus. Quando abandonamos seus caminhos, colhemos divisão, conflito e ruína. Que aprendamos com os erros do passado para não repetirmos os mesmos fracassos em nossos dias.

2REIS

CONTINUAÇÃO DA HISTÓRIA dos dois reinos divididos até suas destruições. Conta sobre o profeta Eliseu, sucessor de Elias, e seus milagres. Ambos os reinos enfrentaram declínio moral e político. Israel foi conquistado pela Assíria, e Judá pela Babilônia, com Jerusalém e o templo sendo destruídos. É uma história triste que mostra as consequências de más escolhas nacionais e liderança corrupta ao longo de séculos.

1 Acazias, doente, enviou mensageiros a consultar Baal-Zebube. Elias os interceptou e anunciou sua morte. Dois capitães com seus cinquenta soldados foram consumidos por fogo do céu; o terceiro foi poupado. Elias anunciou pessoalmente o juízo, e Acazias morreu sem sucessor.

2 Elias foi tomado ao céu em redemoinho com carros de fogo, diante de Eliseu, que recebeu sua capa e porção dobrada do espírito. Eliseu abriu o Jordão, purificou águas de Jericó e amaldiçoou jovens zombadores, que foram despedaçados por ursos. O ministério começou.

3 Jorão reinou em Israel. Ele, Josafá e o rei de Edom foram contra Moabe. Sem água, consultaram Eliseu, que anunciou vitória. O Senhor encheu o vale de água. Moabe foi derrotado e cercado. Em desespero, o rei sacrificou seu filho, e houve grande indignação em Israel.

4 Eliseu multiplicou azeite da viúva para pagar dívidas. Prometeu filho a sunamita, que mais tarde ressuscitou pela oração dele. Purificou comida envenenada e multiplicou vinte pães para cem homens. O Senhor operava sinais, mostrando seu poder e cuidado por Israel.

5 Naamã, comandante da Síria, leproso, foi a Eliseu e mergulhou sete vezes no Jordão, sendo curado. Confessou que não há Deus senão em Israel. Recusou presentes, mas Geazi os cobiçou e se tornou leproso. Assim o Senhor mostrou sua graça e juízo contra a desobediência.

6 Os filhos dos profetas ampliaram morada, e o ferro de um machado caiu; Eliseu o fez flutuar. Sírios cercaram Dotã, mas o Senhor mostrou carros de fogo em redor de Eliseu. Os inimigos foram cegados e levados a Samaria. Mais tarde, Samaria sofreu terrível cerco e fome.

7 Eliseu profetizou abundância em Samaria. Quatro leprosos foram ao arraial sírio e acharam-no vazio, pois o Senhor os fizera fugir. Israel saqueou, e houve fartura. O oficial que duvidara morreu atropelado à porta. A palavra do Senhor cumpriu-se exatamente.

8 A sunamita foi restaurada em suas terras após sete anos de fome. Hazael, avisado por Eliseu, matou o rei da Síria e reinou. Jeorão, em Judá, reinou perversamente. Edom e Libna se revoltaram. Acazias sucedeu a Jeorão e seguiu o caminho de Acabe, desagradando ao Senhor.

9 Eliseu enviou profeta a ungir Jeú como rei. Ele matou Jorão, rei de Israel, e também Jezabel, lançada de uma janela e devorada por cães. Cumpriu-se a palavra do Senhor contra a casa de Acabe. Jeú começou a exterminar a idolatria, estabelecendo-se como novo rei.

10 Jeú exterminou setenta filhos de Acabe, destruiu adoradores de Baal e derrubou seu templo. Contudo, não se apartou dos bezerros de ouro. O Senhor começou a reduzir Israel. Jeú reinou vinte e oito anos em Samaria. Apesar do zelo, não andou plenamente com o Senhor.

11 Atalia exterminou descendentes reais, mas Joás foi escondido por Joiada no templo por seis anos. No sétimo, foi coroado rei. Atalia

foi morta. O povo renovou a aliança com o Senhor. O templo de Baal foi destruído, e houve paz. Joás reinou sob direção de Joiada.

12 Joás fez o que era reto enquanto Joiada viveu. Mandou reparar o templo com ofertas do povo. Contudo, ao fim, desviou-se. Hazael subiu contra Jerusalém, e Joás lhe deu tesouros da casa do Senhor. Foi conspirado contra ele e morto. Amazias, seu filho, reinou em Judá.

13 Jeoacaz reinou em Israel e fez o mal. O Senhor entregou o povo aos siros, mas teve compaixão. Jeoás, seu filho, também reinou no mal. Eliseu adoeceu e profetizou vitórias. Depois de morto, um homem tocou em seus ossos e reviveu. O Senhor mostrou poder e misericórdia.

14 Amazias reinou em Judá, fez o que era reto, mas não de todo coração. Venceu Edom, mas desafiou Israel e foi derrotado por Jeoás. Jerusalém foi saqueada. Jeroboão II reinou em Israel e ampliou fronteiras. Amazias foi morto por conspiração, e Uzias reinou em seu lugar.

15 Uzias reinou longamente em Judá, fez o que era reto, mas não removeu altos. Foi leproso até morrer. Em Israel houve sucessão rápida de reis, com conspirações e mortes: Zacarias, Salum, Menaém, Pecaías e Peca. Assíria começou a dominar Israel. Jotão reinou em Judá.

16 Acaz reinou em Judá e fez o mal, imitando nações. Entregou tesouros ao rei da Assíria. Copiou altar pagão em Jerusalém e profanou a casa do Senhor. O povo foi levado a pecar. Assim o juízo do Senhor se aproximava, pois a idolatria contaminava Judá gravemente.

17 Oseias reinou em Israel, mas foi preso pelos assírios. Samaria foi sitiada e levada cativa para a Assíria. Israel foi destruído por causa de seus pecados e idolatria. Estrangeiros habitaram na terra e trouxeram seus deuses. Assim terminou o Reino do Norte.

PAUSE E MEDITE

Profetas que clamam por arrependimento

2REIS 1–17

O SEGUNDO LIVRO DE Reis abre com o ministério poderoso de Elias e Eliseu, homens levantados por Deus para confrontar uma geração rebelde. Quando o rei Acazias consultou Baal-Zebube sobre sua enfermidade, Elias interceptou os mensageiros com uma pergunta penetrante: "Porventura não há Deus em Israel, para irdes consultar a Baal-Zebube?" (2Reis 1:3).

Eliseu recebeu porção dobrada do espírito de Elias e realizou o dobro de milagres. Purificou águas amargas, multiplicou azeite para uma viúva, ressuscitou o filho da sunamita e curou Naamã da lepra. Cada milagre era um sermão silencioso sobre o poder do Deus de Israel em contraste com a impotência dos ídolos.

Mas o povo permanecia surdo aos apelos divinos. O Reino do Norte mergulhou cada vez mais na idolatria, seguindo "os pecados de Jeroboão". Reis como Jeú eliminaram o culto a Baal, mas mantiveram os bezerros de ouro em Dã e Betel. Era uma reforma incompleta, um arrependimento pela metade.

Os profetas não se calaram. Oseias clamou contra a infidelidade espiritual, comparando Israel a uma esposa adúltera. Amós denunciou a injustiça social e a religiosidade vazia. Isaías e Miqueias advertiram sobre o juízo vindouro. Cada profeta era uma voz de Deus chamando ao arrependimento.

Mas Israel endureceu o coração. Em 722 a.C., a Assíria varreu o reino do Norte como uma avalanche. As dez tribos foram deportadas e espalhadas entre as nações. O cativeiro não foi acidente da história, mas consequência da rejeição persistente aos apelos proféticos.

Deus continua enviando "profetas" hoje (pastores, mestres, circunstâncias, sua própria Palavra) chamando ao arrependimento. Não endureçamos nosso coração como Israel. Ouçamos enquanto é tempo, pois "hoje, se ouvirdes a sua voz, não endureçais o vosso coração" (Hebreus 3:15).

18 Ezequias reinou em Judá, fez o que era reto, confiando no Senhor. Removeu altos e destruiu ídolos. Senaqueribe, rei da Assíria, invadiu Judá. Rabsaqué blasfemou contra o Senhor diante dos muros de Jerusalém. O povo, porém, permaneceu em silêncio, confiando em Deus.

19 Ezequias buscou ao Senhor no templo. Isaías profetizou livramento. Senaqueribe blasfemou novamente. Ezequias orou, e o anjo do Senhor matou cento e oitenta e cinco mil assírios. Senaqueribe voltou e foi morto por seus filhos. O Senhor salvou Jerusalém do inimigo.

20 Ezequias adoeceu, e Isaías anunciou sua morte. Ele orou, e Deus lhe deu quinze anos mais. Como sinal, a sombra voltou dez graus. Enviou presentes a babilônios, mostrando tesouros. Isaías anunciou que tudo seria levado a Babilônia. Ezequias morreu, e Manassés reinou.

21 Manassés reinou em Judá e fez o mal, restaurando idolatria e enchendo Jerusalém de sangue inocente. Amom, seu filho, também fez o mal e foi morto por servos. O povo matou os conspiradores e pôs Josias como rei. A ira do Senhor contra Judá aumentou por tanta maldade.

22 Josias reinou em Judá e fez o que era reto. Mandou reparar o templo, e o livro da Lei foi achado. Ao ouvir, rasgou as vestes. Consultou a profetisa Hulda, que anunciou juízo sobre Judá, mas misericórdia a Josias, que não veria a calamidade, por seu coração humilde.

23 Josias renovou a aliança com o Senhor. Removeu ídolos, destruiu altares pagãos e celebrou a Páscoa como nunca antes. Contudo, o Senhor não retirou sua ira, por causa dos pecados de Manassés. Josias foi morto em Megido. Jeoacaz reinou, mas o Egito o levou cativo.

24 Jeoaquim reinou e fez o mal. Nabucodonosor veio contra Jerusalém. Jeoaquim morreu, e Joaquim reinou, entregando-se à Babilônia. Levou cativos nobres e tesouros do templo. Zedequias foi posto como rei, mas se rebelou. Assim Judá caminhava para destruição final.

25 Nabucodonosor sitiou Jerusalém. A cidade foi tomada, o templo queimado, os muros derrubados. O povo foi levado cativo. Zedequias teve os filhos mortos e os olhos cegados. Restou só um remanescente. No fim, Joaquim foi liberto e recebeu honra na Babilônia.

PAUSE E MEDITE

Mesmo na queda, Deus não abandona seu povo

2REIS 18–25

APÓS A QUEDA do reino do Norte, Judá permaneceu por mais 136 anos, alternando entre reis piedosos e ímpios. Ezequias trouxe grande avivamento, destruindo os altos, quebrando as imagens e confiando no Senhor quando Senaqueribe cercou Jerusalém. O anjo do Senhor feriu 185.000 assírios numa só noite, provando que "maior é o que está conosco do que o que está com eles" (2Reis 6:16).

Seu filho Manassés foi o pior rei de Judá, enchendo Jerusalém de sangue inocente e restaurando toda idolatria que seu pai havia destruído. Mas mesmo Manassés encontrou misericórdia quando se humilhou no cativeiro babilônico. Deus não abandona nem mesmo os piores pecadores que se arrependem genuinamente.

Josias trouxe a maior reforma da história de Judá, descobrindo o livro da Lei no templo e conduzindo o povo de volta à aliança. Celebrou a Páscoa como não se fazia desde os dias de Samuel. Mas a reforma chegou tarde demais; o juízo já estava decretado pelos pecados de Manassés.

Em 586 a.C., Nabucodonosor destruiu Jerusalém e o templo, levando o povo para o cativeiro babilônico. Parecia o fim da história de Israel. Mas mesmo na maior tragédia, Deus não abandonou seu povo. O livro termina com uma nota de esperança: Joaquim, descendente de Davi, foi libertado da prisão e honrado pelo rei da Babilônia.

Esta libertação prefigurava a restauração futura. Deus havia prometido a Davi que sua dinastia seria eterna, e nem mesmo o cativeiro poderia anular essa promessa. Setenta anos depois, um remanescente voltaria para reconstruir Jerusalém e o templo.

Quando tudo parece perdido em nossa vida, lembremo-nos: Deus não abandona seu povo. Ele disciplina, mas não desampara. Sua fidelidade permanece mesmo quando nossa fé vacila. Ele é o Deus da segunda chance, da terceira, da septuagésima vez sete!

1CRÔNICAS

ESCRITO PARA JUDEUS que voltaram do exílio na Babilônia, o livro começa com longas listas genealógicas desde Adão até Davi. Foca especialmente no reinado de Davi e seus preparativos para construir o templo. Enfatiza a importância da adoração organizada e da linhagem real. É como um livro de registros familiares que mostra a continuidade histórica do povo e a legitimidade da dinastia davídica.

1 Genealogias de Adão a Noé, dos filhos de Noé às nações, de Sem a Abraão, de Ismael e Esaú, até os edomitas. A linhagem é organizada para mostrar a descendência até Israel, preparando a história do povo escolhido por Deus para ser sua herança entre as nações.

2 Descendência de Judá, com destaque para Perez, Hezrom e suas famílias. São descritas gerações de Calebe e Jerameel. Da tribo de Judá veio a linhagem que alcançou Davi, filho de Jessé, que reinaria sobre Israel como o escolhido do Senhor.

3 Descendência de Davi em Hebrom e Jerusalém. São listados seus filhos, inclusive Salomão, e a sucessão real até os reis de Judá. Após o exílio na Babilônia, a linhagem davídica é preservada, evidenciando a continuidade da promessa feita por Deus a Davi.

4 Descendência de Judá e Simeão. Entre os nomes está Jabes, que clamou a Deus por bênção e foi atendido. Simeão recebeu cidades por herança. Parte de seu povo guerreou contra amalequitas e habitou a terra conquistada, ampliando seus limites em Israel.

5 Genealogia de Rúben, que perdeu a primogenitura por causa de seu pecado, e esta foi dada a José. Também são listados gaditas e meia tribo de Manassés. Eles guerrearam contra os hagarenos, confiando em Deus, que lhes deu vitória. Contudo, depois se desviaram.

6 Genealogia de Levi, destacando sacerdotes desde Arão até o cativeiro. São listados os levitas que serviam no templo com música e funções específicas. Foram dadas cidades para os levitas em várias tribos, mostrando sua importância no serviço da casa do Senhor.

7 Descendência de Issacar, Benjamim, Naftali, Manassés, Efraim e Aser. São listados chefes, guerreiros e números de homens de guerra. Entre eles havia homens valentes, aptos para a batalha, reconhecidos pela sua força e posição entre as tribos de Israel.

8 Genealogia de Benjamim, incluindo Saul e sua família. São listados filhos e descendentes, entre eles Quis, pai de Saul, o primeiro rei de Israel. O capítulo prepara a transição da narrativa genealógica para a história real, centrando-se na linhagem de Benjamim.

9 Israelitas, sacerdotes, levitas e servidores que habitaram em Jerusalém após o exílio. Listam-se famílias de porteiros, cantores e responsáveis pelo templo. Genealogia de Saul é repetida. O capítulo mostra restauração da vida religiosa e ordem após o cativeiro.

PAUSE E MEDITE

Deus é fiel em cada geração

1CRÔNICAS 1–9

AS GENEALOGIAS DE 1Crônicas podem parecer áridas à primeira vista, mas são na verdade um testemunho poderoso da fidelidade de Deus através das gerações. Desde Adão até o retorno do cativeiro babilônico, cada nome registrado é prova de que Deus cumpre suas promessas, geração após geração.

A genealogia começa com Adão e traça a linhagem até Abraão, mostrando que Deus preservou a semente prometida mesmo através do dilúvio e da dispersão das nações. A promessa feita no Éden – de que a semente da mulher esmagaria a cabeça da serpente – foi cuidadosamente preservada através dos séculos.

As doze tribos de Israel são meticulosamente listadas, com destaque especial para Judá, de onde viria o Messias, e Levi, responsável pelo culto. Mesmo durante os períodos mais sombrios da história de Israel, Deus manteve o registro genealógico intacto. Cada nascimento era um passo a mais em direção ao cumprimento da promessa messiânica.

A genealogia de Davi recebe atenção especial, pois dele viria o Rei eterno. Mesmo quando a monarquia davídica parecia ter chegado ao fim com o cativeiro babilônico, Deus preservou a linhagem real. Zorobabel, descendente de Davi, lideraria o retorno do exílio.

O capítulo 9 lista os que voltaram do cativeiro: sacerdotes, levitas, porteiros e netineus. Cada nome representa uma família que Deus trouxe de volta à Terra Prometida. Ele não esqueceu nenhum dos seus, por mais insignificante que parecesse.

Estas genealogias nos ensinam que Deus é fiel em cada geração. Ele não abandona sua obra pela metade. O que prometeu a Abraão, cumpriu em Cristo. O que promete a nós hoje, cumprirá amanhã. Sua fidelidade atravessa gerações, e podemos confiar que Ele completará a boa obra que começou em nossa vida (Filipenses 1:6).

10 Relato da morte de Saul e seus filhos no monte Gilboa, conforme 1Samuel. Saul se lançou sobre a espada, e os filisteus o humilharam. Sua morte ocorreu por infidelidade ao Senhor. O reino foi entregue a Davi, filho de Jessé, escolhido por Deus para reinar sobre Israel.

11 Davi foi ungido rei em Hebrom. Tomou Jerusalém, chamada cidade de Davi, e se fortaleceu. Seus valentes são listados, homens de coragem e feitos grandiosos. O Senhor estava com ele, confirmando seu reinado e estabelecendo sua liderança sobre todo o povo de Israel.

12 Homens de várias tribos vieram a Davi em Ziclague e Hebrom, formando exército poderoso. Homens valentes, habilidosos na guerra, uniram-se a ele, reconhecendo que Deus o havia escolhido. Assim Davi foi fortalecido com apoio de todo Israel em unidade e fidelidade.

13 Davi quis trazer a arca de Quiriate-Jearim a Jerusalém. Uzá a tocou e morreu. Davi temeu o Senhor, e a arca ficou na casa de Obede-Edom, que foi abençoado. O episódio mostrou a santidade de Deus e a necessidade de obedecer à sua ordem na adoração.

14 Davi foi estabelecido em Jerusalém, e Hirão lhe enviou materiais e homens. Filhos lhe nasceram. Filisteus vieram contra ele, mas Davi consultou ao Senhor e venceu duas vezes. Assim seu nome se espalhou, e o temor do Senhor cresceu entre as nações ao redor.

15 Davi preparou lugar para a arca e reuniu levitas para transportá-la conforme a lei. Sacerdotes se santificaram, e com música e alegria trouxeram a arca a Jerusalém. Davi dançou diante do Senhor. Mical, sua esposa, o desprezou. A arca foi colocada na tenda preparada.

16 Davi trouxe a arca e ofereceu sacrifícios. Designou levitas para louvor. Cantou cântico de ações de graças, exaltando a fidelidade do Senhor. Estabeleceu ministros perante a arca, enquanto sacerdotes continuavam a fazer sacrifícios no altar. Houve alegria em Israel.

17 Davi quis edificar templo, mas Deus disse por Natã que não seria ele, mas seu filho. Deus fez aliança, prometendo-lhe casa eterna e trono firme. Davi orou com humildade, reconhecendo a grandeza de Deus e sua fidelidade em engrandecer Israel e cumprir promessas.

18 Davi venceu filisteus, moabitas e siros, e estabeleceu domínio. Recebeu presentes de reis e dedicou-os ao Senhor. Venceu Edom, e o Senhor lhe dava vitórias. Davi reinava com justiça e equidade. Seus oficiais foram listados, confirmando a organização do seu reino.

19 O rei dos amonitas morreu, e seu filho humilhou os servos de Davi. Amom se armou contra Israel com apoio sírio. Joabe confiou no Senhor e venceu. Davi derrotou os siros, que se renderam e não quiseram mais ajudar os amonitas. O Senhor deu vitória ao seu povo.

20 Os filisteus e gigantes foram derrotados por Davi e seus homens. Joabe sitiou Rabá dos amonitas, e Davi tomou a coroa de seu rei. O povo foi subjugado. Os descendentes de gigantes em Gate caíram diante dos valentes de Davi, confirmando o poder do Senhor em Israel.

21 Satanás incitou Davi a fazer censo. O Senhor se irou e ofereceu três castigos. Davi escolheu cair nas mãos de Deus, e veio praga que matou muitos. Ele orou, e a praga cessou. No lugar, edificou altar na eira de Ornã, onde depois seria construído o templo.

22 Davi preparou materiais abundantes para o templo: ouro, prata, ferro, madeira e pedras. Ordenou a Salomão que edificasse casa ao Senhor. Exortou-o a guardar a lei e confiar em Deus. Nomeou líderes e levitas para ajudar. O templo seria obra para a glória divina.

23 Davi envelheceu e constituiu Salomão rei. Organizou levitas, dividindo-os em turnos para serviço da casa de Deus. Foram contados e designados para música, administração e auxílio aos sacerdotes. O templo substituiu o tabernáculo como centro do culto em Israel.

24 Foram divididos os sacerdotes descendentes de Arão em vinte e quatro turnos para serviço no templo. Também foram organizados os levitas em suas funções. Cada grupo tinha sorteios para ordem de serviço, garantindo ordem e continuidade no culto ao Senhor.

25 Davi organizou músicos: Asafe, Hemã e Jedutum, com filhos e irmãos, profetizando com harpas, alaúdes e címbalos. Foram divididos em turnos, totalizando duzentos e oitenta e oito homens instruídos para louvar ao Senhor. A música tinha papel central no culto.

26 Foram designados porteiros, tesoureiros e oficiais para guardarem os portões do templo e os tesouros consagrados. Também foram nomeados juízes e oficiais para negócios externos de Israel. A organização mostrou zelo pela ordem e santidade da casa do Senhor.

27 Davi organizou os turnos militares, cada grupo servindo um mês ao ano. Foram listados príncipes das tribos, oficiais e administradores das propriedades reais. A estrutura do reino mostra cuidado de Davi em estabelecer ordem no governo e serviço de Israel.

28 Davi reuniu líderes e apresentou Salomão como escolhido de Deus para reinar. Entregou-lhe os planos do templo, revelados pelo Espírito. Exortou-o a servir ao Senhor com coração perfeito. O povo e os príncipes se dispuseram a contribuir e ajudar na obra santa.

29 Davi convocou ofertas para o templo, dando do seu próprio tesouro. O povo ofertou com alegria. Davi louvou ao Senhor em oração. Salomão foi confirmado rei, e Davi morreu em boa velhice, cheio de dias, riquezas e honra. Assim se encerrou seu reinado em Israel.

PAUSE E MEDITE

Preparando lugar para a presença de Deus

1CRÔNICAS 10–29

A SEGUNDA METADE DE 1Crônicas foca no reinado de Davi, mas com uma perspectiva única: sua paixão por preparar um lugar digno para a presença de Deus.

Enquanto 2Samuel enfatiza suas conquistas militares, Crônicas destaca seus preparativos para o templo e organização do culto.

Davi trouxe a arca da aliança para Jerusalém com grande celebração, estabelecendo um culto contínuo diante dela. Organizou os levitas em turnos para que houvesse louvor e adoração 24 horas por dia. Sua paixão era que a presença de Deus habitasse permanentemente no meio do povo.

Embora Deus não tenha permitido que Davi construísse o templo por ter derramado muito sangue, ele dedicou seus últimos anos preparando tudo para que Salomão pudesse edificá-lo. Acumulou ouro, prata, bronze e ferro em quantidades astronômicas. Preparou as pedras, contratou artífices e desenhou as plantas detalhadas.

Mais importante que os materiais foi a organização espiritual. Davi estabeleceu os turnos dos sacerdotes e levitas, organizou os músicos e cantores, e designou os porteiros e tesoureiros. Cada detalhe do culto foi cuidadosamente planejado para que a adoração fosse feita "decentemente e com ordem" (1Coríntios 14:40).

Em seu discurso final, Davi declarou: "De ti vem tudo, e das tuas mãos to damos" (1Crônicas 29:14). Ele entendeu que tudo o que possuía pertencia a Deus, e sua maior alegria era devolver ao Senhor o que dele havia recebido.

Hoje, nosso corpo é templo do Espírito Santo (1Coríntios 6:19). Como Davi, devemos preparar cuidadosamente nossa vida para ser habitação digna da presença divina. Que nossa paixão seja criar um ambiente onde Deus se sinta em casa, oferecendo-lhe o melhor de nosso tempo, talentos e recursos.

2CRÔNICAS

CONTINUAÇÃO DO LIVRO anterior, esse livro conta desde Salomão até o exílio na Babilônia, focando apenas nos reis de Judá. Destaca as reformas religiosas de reis bons como Ezequias e Josias. Termina com a destruição de Jerusalém, mas menciona o decreto que permitiu o retorno do exílio. É uma reinterpretação da história que enfatiza como a fidelidade religiosa traz prosperidade e a infidelidade traz desastre.

1 Salomão reinou firmemente e ofereceu sacrifícios em Gibeão. Deus lhe apareceu em sonho e concedeu sabedoria e conhecimento, porque não pediu riquezas nem poder. Recebeu também abundância e honra. Sua grandeza se espalhou, e Israel prosperou grandemente.

2 Salomão planejou construir o templo do Senhor e um palácio real. Pediu a Hirão, rei de Tiro, artesãos habilidosos e madeira do Líbano. Organizou trabalhadores israelitas e estrangeiros. Assim iniciou os preparativos para erguer a casa do nome do Senhor.

3 Salomão começou a edificar o templo no monte Moriá, onde o Senhor aparecera a Davi. O templo foi feito com pedras preciosas, ouro e materiais nobres. Colunas chamadas Jaquim e Boaz foram erguidas. A obra foi conduzida com grandiosidade e reverência ao Senhor.

4 Salomão fez o altar de bronze, o mar de fundição sustentado por bois, dez pias de bronze, candelabros de ouro, mesas, utensílios, incensário e portas. Hurão-abi realizou a obra de bronze. Assim foram concluídos os utensílios da casa do Senhor com excelência.

5 Salomão trouxe os tesouros consagrados e a arca da aliança ao templo. Sacerdotes e levitas se santificaram. Ao tocar dos instrumentos e cânticos, a glória do Senhor encheu a casa como nuvem, de modo que os sacerdotes não podiam permanecer para ministrar.

6 Salomão abençoou o povo e orou, lembrando a promessa feita a Davi. Pediu que Deus ouvisse as orações feitas no templo: perdão, justiça, restauração e misericórdia para Israel e estrangeiros. Sua oração encerrou-se exaltando a fidelidade e bondade do Senhor.

7 Ao terminar Salomão a oração, fogo desceu do céu e consumiu o sacrifício, e a glória do Senhor encheu o templo. O povo se prostrou adorando. O Senhor apareceu a Salomão e disse que ouviria orações, mas se o povo se desviasse, haveria juízo e destruição.

8 Salomão edificou cidades, fortalezas e estabeleceu domínio sobre povos. Organizou o serviço sacerdotal e levítico no templo conforme Davi ordenara. Cumpriu deveres religiosos e civis com ordem. Sua fama e poder continuaram a crescer em toda a região.

9 A rainha de Sabá veio ouvir a sabedoria de Salomão e ficou maravilhada. Trouxe grandes presentes. Salomão excedeu em riqueza e glória a todos os reis da terra. Reinou quarenta anos em Jerusalém. Depois morreu, e Roboão, seu filho, reinou em seu lugar.

PAUSE E MEDITE

O brilho do templo e a glória de Deus

2CRÔNICAS 1–9

O REINADO DE SALOMÃO em 2Crônicas é apresentado em todo seu esplendor, com foco especial na construção e consagração do templo. Quando Salomão pediu sabedoria para governar, Deus ficou tão agradado que lhe deu também riquezas e glória incomparáveis. O templo que ele construiu foi a materialização dessa sabedoria e prosperidade divinas.

A construção durou sete anos e empregou os melhores materiais e artífices da época. Hiram de Tiro forneceu madeira de cedro e cipreste, enquanto artesãos especializados trabalharam o ouro, a prata e o bronze. Cada detalhe refletia a glória e majestade do Deus de Israel.

O momento culminante foi a consagração do templo. Quando os sacerdotes colocaram a arca no lugar santíssimo, "a glória do Senhor encheu a casa de Deus" (2Crônicas 5:14). A presença divina era tão intensa que os sacerdotes não podiam ministrar. Era a resposta de Deus aos preparativos cuidadosos de Davi e à construção magnífica de Salomão.

Na oração de dedicação, Salomão reconheceu que nem os céus dos céus podiam conter a Deus, quanto mais aquela casa que havia construído. Mas pediu que Deus ouvisse as orações feitas naquele lugar e perdoasse os pecados do povo. O templo seria casa de oração para todas as nações.

A rainha de Sabá veio de longe atraída pela fama da sabedoria de Salomão e ficou maravilhada com tudo o que viu. Ela reconheceu que a prosperidade de Israel era resultado da bênção divina sobre um rei que amava a justiça e o direito.

O templo de Salomão prefigurava uma realidade maior: Cristo é o verdadeiro templo, onde a glória de Deus habita corporalmente (Colossenses 2:9). Nele, judeus e gentios têm acesso ao Pai. E nós, como pedras vivas, somos edificados casa espiritual para oferecer sacrifícios espirituais agradáveis a Deus (1Pedro 2:5).

10 Roboão foi a Siquém para ser coroado. O povo pediu alívio do jugo pesado. Ele rejeitou o conselho dos anciãos e seguiu o dos jovens, respondendo com dureza. As dez tribos se revoltaram e seguiram Jeroboão, separando Israel de Judá. Roboão reinou apenas sobre Judá.

11 Roboão preparou-se para guerrear, mas Deus ordenou que não lutasse contra Israel. Ele fortaleceu cidades em Judá e Benjamim. Levitas e fiéis de Israel vieram a Judá. Roboão tomou muitas mulheres e teve filhos. Reinou com certa estabilidade por algum tempo.

12 Roboão se fortaleceu e abandonou a lei do Senhor. Sisaque, rei do Egito, atacou Jerusalém e tomou tesouros. Roboão se humilhou, e o Senhor reteve destruição total. Reinou dezessete anos, mas fez o mal. Houve guerras constantes com Jeroboão. Depois morreu.

13 Abias reinou em Judá. Houve guerra contra Jeroboão. Abias apelou à aliança do Senhor e à fidelidade do templo. Embora em menor número, Judá clamou a Deus, e o Senhor os venceu. Jeroboão foi derrotado. Abias fortaleceu-se e teve muitas esposas e filhos.

14 Asa reinou em Judá e fez o que era reto. Removeu altares estranhos e buscou ao Senhor. O reino teve paz. Quando Zerá, o etíope, veio contra ele com exército numeroso, Asa clamou a Deus, e o Senhor deu vitória. Assim o reino teve descanso por muitos anos.

15 O profeta Azarias animou Asa a buscar ao Senhor. Asa renovou o altar, reuniu o povo e fez aliança de buscar ao Senhor. Expulsou ídolos e depôs até sua mãe por idolatria. Houve grande alegria e paz, pois o povo buscou ao Senhor de todo o coração com fidelidade.

16 No trigésimo sexto ano de Asa, ele confiou no rei da Síria em vez de no Senhor. O profeta Hanani o repreendeu. Asa se indignou e oprimiu alguns. Ficou enfermo nos pés, mas não buscou ao Senhor, somente médicos. Morreu após quarenta e um anos de reinado.

17 Josafá, filho de Asa, reinou e fortaleceu Judá. Andou nos caminhos do Senhor. Enviou príncipes e levitas a ensinar a lei. O temor do Senhor caiu sobre as nações, e houve paz. Ele acumulou riquezas, poder e alianças, tornando-se respeitado entre os povos vizinhos.

18 Josafá se aliou a Acabe. Foram à guerra contra Ramote-Gileade. Micaías profetizou derrota, mas não foi ouvido. Israel foi derrotado, e Acabe morreu em batalha, atingido por flecha. Josafá escapou. O episódio mostrou perigo de alianças ímpias e desobediência.

19 Josafá retornou em paz, mas foi repreendido por aliança com Acabe. Ele estabeleceu juízes em Judá, ordenando que julgassem com temor de Deus e fidelidade. Designou levitas, sacerdotes e chefes para causas do Senhor e do rei, promovendo justiça entre o povo.

20 Moabitas e amonitas vieram contra Judá. Josafá orou, e Deus respondeu: a batalha não era deles, mas do Senhor. O povo louvou, e inimigos se destruíram entre si. Judá colheu abundância de despojos. Houve paz, pois Deus deu vitória completa sobre os adversários.

21 Jeorão reinou e matou seus irmãos. Fez o mal, seguindo a casa de Acabe. Filisteus e árabes atacaram, levaram seus bens e filhos. O profeta Elias lhe enviou carta de juízo. Jeorão morreu de doença terrível, sem honra, e foi sepultado sem lamento em Jerusalém.

22 Acazias reinou em Judá, influenciado por Atalia, sua mãe. Foi morto por Jeú. Atalia exterminou a descendência real, mas Joás,

seu neto, foi salvo por Jeoseba e escondido no templo seis anos. Atalia reinou em Judá durante esse tempo de usurpação e maldade.

23 No sétimo ano, Joiada fortaleceu-se, fez aliança com chefes e revelou Joás. O povo o coroou rei. Atalia foi morta. O povo renovou aliança com Deus, destruiu a casa de Baal e restaurou a ordem no templo. Houve alegria e paz, pois o Senhor restabeleceu Judá.

24 Joás reinou e fez o que era reto enquanto Joiada viveu. Reparou o templo e trouxe ordem. Após a morte de Joiada, desviou-se, adorou ídolos e matou Zacarias, filho de Joiada. Sírios atacaram, Joás foi ferido e depois morto por servos. Foi sepultado sem honra.

25 Amazias reinou e fez o reto, mas não de coração inteiro. Venceu Edom, mas desafiou Israel e foi derrotado. Idólatra, trouxe deuses de Seir. Foi conspirado contra e morto em Laquis. Seu filho Uzias reinou em seu lugar. Sua instabilidade marcou seu reinado.

26 Uzias reinou e buscou ao Senhor. Prosperou e fortaleceu Judá, edificando torres e cidades. Contudo, exaltou-se e quis queimar incenso no templo. Os sacerdotes o repreenderam, e ele foi ferido com lepra até a morte. Seu filho Jotão reinou em seu lugar.

27 Jotão reinou com retidão e fortaleceu o templo. Subjugou os amonitas e recebeu tributos. Cresceu em poder, pois andou retos caminhos diante de Deus. Reinou dezesseis anos, morreu e foi sepultado na cidade de Davi. Seu filho Acaz reinou em seu lugar.

28 Acaz reinou e fez o mal, imitando práticas das nações. O Senhor entregou Judá a inimigos. Israel matou muitos, mas profetas impediram cativeiro dos de Judá. Assíria não ajudou. Ele profanou o templo e multiplicou idolatrias. Morreu e não foi sepultado com reis.

29 Ezequias reinou e fez o reto. Abriu e purificou o templo. Sacerdotes e levitas se santificaram. Restaurou sacrifícios e louvores. O povo se alegrou, pois o serviço da casa do Senhor foi restaurado rapidamente. Assim começou reforma espiritual em Judá.

30 Ezequias celebrou a Páscoa em Jerusalém, convidando todo Israel e Judá. Muitos zombaram, mas alguns vieram. Houve grande alegria. O povo removeu altares estranhos. A celebração foi prolongada com regozijo, pois desde os dias de Salomão não havia festa igual.

31 Ezequias organizou sacerdotes e levitas para os turnos. O povo trouxe dízimos e ofertas em abundância. Tesouros foram organizados. Ezequias fez o que era bom, reto e fiel perante o Senhor, prosperando em toda obra, pois buscava a Deus de todo o coração.

32 Senaqueribe, rei da Assíria, atacou Judá. Ezequias confiou no Senhor, e Isaías profetizou. O anjo matou cento e oitenta e cinco mil assírios. Senaqueribe voltou e foi morto por seus filhos. Ezequias adoeceu, orou e foi curado. Teve riquezas e honra em seu reinado.

33 Manassés reinou longamente e fez o mal, edificando ídolos e profanando o templo. Foi levado cativo, mas humilhou-se e orou. Deus o restaurou. Depois removeu ídolos e serviu ao Senhor. Amom, seu filho, reinou após ele e fez o mal, sendo morto por conspiradores.

34 Josias reinou e buscou ao Senhor desde jovem. Reparou o templo, onde o livro da lei foi achado. Ao ouvir, rasgou as vestes e humilhou-se. Consultou Hulda, que anunciou juízo, mas paz para ele. Fez reformas e alianças para seguir a lei do Senhor fielmente.

35 Josias celebrou a Páscoa grandiosa em Jerusalém, com sacerdotes e levitas organizados. Foi a maior celebração desde Samuel. Depois, enfrentou Neco, rei do Egito, e foi ferido mortalmente. Israel e Judá prantearam sua morte. Jeremias o lamentou com cânticos.

36 Jeoacaz reinou, mas foi deposto pelo Egito. Jeoaquim reinou e fez o mal. Nabucodonosor o levou cativo. Joaquim e Zedequias também reinaram, mas se rebelaram. Nabucodonosor destruiu templo e Jerusalém. O povo foi levado à Babilônia, até o decreto de Ciro.

PAUSE E MEDITE

Chamados a voltar ao Senhor

2CRÔNICAS 10–36

A SEGUNDA METADE DE 2Crônicas narra a triste história da divisão do reino e o declínio espiritual que se seguiu. Mas em meio à apostasia, Deus continuamente chamou seu povo ao arrependimento através de reis piedosos, profetas fiéis e reformas espirituais.

Asa removeu os ídolos e renovou a aliança com o Senhor. Josafá enviou levitas para ensinar a Lei em todas as cidades de Judá. Joás restaurou o templo com recursos voluntários do povo. Ezequias purificou o templo, restabeleceu o culto e celebrou a Páscoa, convidando até mesmo as tribos do norte para participarem.

A maior reforma veio com Josias, que descobriu o livro da Lei durante a restauração do templo. Quando ouviu as palavras da aliança, rasgou suas vestes em arrependimento e conduziu todo o povo a renovar o pacto com Deus. Destruiu todos os vestígios de idolatria e celebrou a Páscoa como não se fazia desde os dias de Samuel.

Cada reforma era precedida por um chamado profético ao arrependimento. Azarias encorajou Asa: "O Senhor está convosco, enquanto vós estiverdes com Ele" (2Crônicas 15:2). Hulda advertiu sobre o juízo vindouro, mas prometeu paz a Josias por causa de seu coração quebrantado.

Mesmo quando o juízo final chegou com Nabucodonosor, Deus enviou Jeremias para chamar o povo ao arrependimento. O cativeiro babilônico não foi o fim, mas um novo começo. Após setenta anos, Ciro permitiria o retorno para reconstruir o templo.

O livro termina com o decreto de Ciro: "Quem há entre vós, de todo o seu povo, seja o Senhor, seu Deus, com ele, e suba!" (2Crônicas 36:23). Era um novo chamado para voltar ao Senhor, reconstruir sua casa e restaurar sua adoração.

Deus continua chamando hoje: "Voltai para mim, e eu me voltarei para vós" (Malaquias 3:7). Não importa quão longe tenhamos ido, Ele está pronto para nos receber de braços abertos quando voltamos arrependidos.

ESDRAS

O LIVRO CONTA SOBRE dois grupos de judeus que voltaram do exílio babilônico. O primeiro grupo, liderado por Zorobabel, reconstruiu o templo apesar da oposição. O segundo, liderado por Esdras, implementou reformas espirituais e purificou o povo de casamentos com estrangeiros. É uma história sobre reconstrução nacional e a importância de manter a identidade cultural e religiosa.

1 Ciro, rei da Pérsia, proclamou que o Senhor lhe ordenara reconstruir o templo em Jerusalém. Permitiu que os judeus retornassem e devolveu utensílios sagrados de Nabucodonosor. Líderes das tribos foram despertados, e vizinhos os ajudaram com ofertas e recursos.

2 Lista dos que voltaram do cativeiro, somando quarenta e dois mil, além de servos e cantores. Foram registrados segundo famílias e cidades. Alguns sacerdotes não puderam comprovar genealogia e ficaram excluídos do sacerdócio até consulta a Deus por Urim e Tumim.

3 O povo se reuniu e edificou o altar, oferecendo sacrifícios conforme a lei. Celebraram a festa dos tabernáculos. Lançaram os alicerces do templo, e houve grande alegria e cânticos, mas também choro dos mais velhos que lembravam a glória do primeiro templo.

4 Inimigos ofereceram ajuda, mas foram rejeitados e desanimaram os judeus. Escreveram ao rei da Pérsia acusando-os de rebeldia. A obra foi interrompida até o reinado de Dario. A oposição foi constante, tentando impedir o restabelecimento do templo e da cidade.

5 Os profetas Ageu e Zacarias encorajaram o povo a retomar a construção. Zorobabel e Jesua lideraram a obra. Governadores da região questionaram a autoridade deles e enviaram carta ao rei Dario, pedindo verificação da ordem que permitia reconstruir o templo.

6 Dario confirmou o decreto de Ciro e ordenou que a obra fosse sustentada com recursos do tesouro real. O templo foi concluído e dedicado com sacrifícios por todas as tribos. Celebraram a Páscoa com alegria, pois Deus lhes dera favor diante do rei da Pérsia.

PAUSE E MEDITE

Deus restaura o culto em sua casa

ESDRAS 1–6

"ASSIM DIZ CIRO, rei da Pérsia: O Senhor, Deus dos céus, me deu todos os reinos da terra e me encarregou de lhe edificar uma casa em Jerusalém" (Esdras 1:2). Que declaração extraordinária de um rei pagão! Deus usa até mesmo governantes ímpios para cumprir seus propósitos eternos.

A primeira prioridade dos exilados que retornaram foi restaurar o altar e os sacrifícios. Antes mesmo de reconstruir o templo, eles entenderam que a adoração não pode esperar. Esta é uma lição fundamental: quando nossa vida está em ruínas, a primeira coisa a ser restaurada deve ser nosso relacionamento com Deus através da adoração.

A oposição veio rapidamente. Os samaritanos ofereceram ajuda fingida e, rejeitados, tornaram-se inimigos ferozes. Conseguiram paralisar a obra por quinze anos através de intrigas políticas. Mas Deus levantou os profetas Ageu e Zacarias para despertar o povo: "Não por força nem por poder, mas pelo meu Espírito, diz o Senhor dos Exércitos" (Zacarias 4:6).

Hoje, como os judeus, enfrentamos oposição quando decidimos reconstruir nossa vida espiritual. Haverá quem ofereça "ajuda" com motivações erradas e quem tente nos desencorajar. Mas a obra de Deus não depende de aprovação humana, mas de obediência à sua vontade.

Nosso corpo é templo do Espírito Santo. Que nossa adoração seja o fundamento de toda reconstrução pessoal. Quando priorizamos o culto a Deus, Ele nos capacita para vencer toda oposição e completar a obra que começou em nós.

7 Esdras, escriba versado na lei, recebeu do rei Artaxerxes permissão e provisão para ir a Jerusalém. O rei o incumbiu de ensinar e organizar juízes. Esdras louvou a Deus pela bondade e reuniu líderes para a jornada, reconhecendo a mão do Senhor sobre ele.

8 Lista dos que acompanharam Esdras no retorno. Perto do rio Aava, proclamou jejum para buscar proteção de Deus. Designou homens para levar ofertas ao templo com segurança. A mão do Senhor esteve sobre eles, guardando-os de inimigos no caminho a Jerusalém.

9 Após sua chegada, Esdras soube que muitos se casaram com mulheres estrangeiras, corrompendo a descendência santa. Rasgou as vestes, orou em quebrantamento e confessou o pecado do povo. Reconheceu que, após misericórdia recebida, voltaram a praticar infidelidades.

10 O povo reuniu-se com choro e reconheceu o pecado. Decidiram separar-se das mulheres estrangeiras e filhos delas. Foi feito levantamento dos culpados, entre eles sacerdotes. Assim o povo fez aliança de obedecer à lei, corrigindo o pecado e buscando a santidade.

PAUSE E MEDITE

Santidade para um povo renovado

ESDRAS 7–10

"ESDRAS TINHA DISPOSTO o coração para buscar a Lei do Senhor, e para a cumprir, e para ensinar em Israel os seus estatutos e os seus direitos" (Esdras 7:10). Aqui está o segredo de uma liderança espiritual eficaz: primeiro buscar, depois cumprir, finalmente ensinar.

Chegando a Jerusalém, Esdras descobriu que o povo havia se casado com mulheres pagãs, comprometendo a santidade que deveria caracterizar a nação restaurada. Sua reação foi de profundo quebrantamento: rasgou as vestes, arrancou cabelos e ficou atônito até a hora do sacrifício.

A oração de confissão de Esdras é tocante. Embora não tivesse participado do pecado, identificou-se com a culpa do povo: "Estou confuso e envergonhado, para levantar a ti a face, meu Deus; porque as nossas iniquidades se multiplicaram" (Esdras 9:6). Verdadeiros líderes sentem a dor do pecado do povo como se fosse própria.

O quebrantamento de Esdras contagiou a comunidade. Uma reforma radical foi necessária. Os casamentos mistos foram desfeitos, por mais doloroso que fosse. A santidade não é opcional para o povo de Deus.

Hoje, como Esdras, precisamos ter corações quebrantados pelo pecado e coragem para promover reformas necessárias. Não podemos nos conformar com a mistura entre fé e mundanismo. A santidade pode custar lágrimas, mas é o preço da comunhão genuína com Deus.

NEEMIAS

O LIVRO CONTA COMO Neemias, sendo copeiro do rei persa, conseguiu permissão para reconstruir os muros de Jerusalém. Apesar da forte oposição, os muros foram terminados em 52 dias. Neemias também fez reformas sociais e espirituais. É uma história inspiradora sobre liderança determinada, organização eficiente e como superar obstáculos aparentemente impossíveis através de planejamento e perseverança.

1 Neemias, servo do rei da Pérsia, recebeu notícias da ruína de Jerusalém e chorou. Jejuou e orou, confessando pecados de Israel e pedindo misericórdia. Clamou para ter favor diante do rei, a fim de ser instrumento de restauração para o povo e a cidade santa.

2 O rei notou a tristeza de Neemias, que pediu permissão para reconstruir Jerusalém. Obteve cartas e recursos. Ao chegar, inspecionou os muros à noite. Anunciou a visão ao povo, que se dispôs a trabalhar. Sambalate e Tobias zombaram, mas a obra começou com fé.

3 Foram designadas famílias e grupos para reedificar os portões e seções do muro. Cada parte foi restaurada com empenho, dos sacerdotes aos servos. O capítulo mostra a união do povo no trabalho, cada um assumindo responsabilidade diante de Deus e de sua comunidade.

4 Sambalate e Tobias zombaram, mas o povo orou e trabalhou. Os inimigos conspiraram, e Neemias pôs vigias armados. O povo construiu com uma mão e segurava a arma com a outra. O coração estava entregue a Deus, e a obra avançava apesar das constantes ameaças.

5 Houve grande clamor contra exploração entre os judeus. Neemias repreendeu os nobres por cobrarem juros e obrigou-os a devolver terras e bens. Ele mesmo não explorou o povo, sustentando-se com temor a Deus. Assim o governo foi exemplo de justiça e piedade.

6 Inimigos tentaram distrair Neemias com convites e calúnias, mas ele resistiu, orando a Deus. Tentaram intimidá-lo com falso profeta, mas ele não cedeu. O muro foi concluído em cinquenta e dois dias, e inimigos temeram, reconhecendo que Deus era com Jerusalém.

7 Neemias designou porteiros, cantores e levitas. Registrou o povo por genealogias, lembrando os que voltaram com Zorobabel. O número dos exilados, servos e animais foi contado. Assim se estabeleceu ordem em Jerusalém, preparando o povo para restauração espiritual.

PAUSE E MEDITE

Deus reconstrói muros e corações

NEEMIAS 1–7

"OS RESTANTES ESTÃO em grande miséria e desprezo; e o muro de Jerusalém está derribado" (Neemias 1:3). Estas palavras despertaram em Neemias uma paixão que mudou sua vida. Ele deixou o conforto do palácio para reconstruir uma cidade em ruínas.

A primeira reação de Neemias foi orar. Por quatro meses intercedeu pelo povo, confessando pecados como se fossem seus próprios. Quando finalmente teve oportunidade de falar com o rei, já havia um plano claro em mente. Liderança eficaz combina oração fervorosa com planejamento cuidadoso.

Chegando a Jerusalém, Neemias fez uma inspeção noturna secreta dos muros destruídos. Depois mobilizou o povo com uma visão clara: "Reedifiquemos o muro de Jerusalém, para que não sejamos mais um opróbrio" (Neemias 2:17). A resposta foi entusiástica: "Levantemo-nos e edifiquemos!"

A oposição veio através de zombaria, ameaças e conspirações. Mas Neemias respondeu com oração e vigilância: "Oramos ao nosso Deus e pusemos guarda" (Neemias 4:9). Em cinquenta e dois dias, o impossível se tornou realidade.

Hoje, Deus continua reconstruindo muros e corações. Quando nos dispomos a trabalhar em sua obra, Ele nos capacita para realizações que vão além de nossas forças. Como Neemias, precisamos combinar oração com ação, fé com planejamento, confiança em Deus com vigilância contra o inimigo.

8 O povo reuniu-se e pediu a Esdras que lesse a lei. Ele leu claramente, e levitas explicaram. O povo chorou, mas Neemias os exortou a se alegrar no Senhor. Celebraram a festa dos tabernáculos com grande júbilo, como não acontecia desde os dias de Josué.

9 O povo reuniu-se com jejum e confessou seus pecados, lembrando a história de Israel. Louvaram a fidelidade de Deus e reconheceram as rebeldias de seus pais. Renovaram a aliança, comprometendo-se a obedecer a lei. O capítulo é oração de arrependimento coletivo.

10 Chefes, levitas e sacerdotes firmaram aliança por escrito, comprometendo-se a não casar com estrangeiras, a guardar o sábado, a sustentar o templo e a dar dízimos. O povo prometeu consagrar-se ao Senhor, renovando sua obediência à lei e ao serviço da casa de Deus.

11 Um décimo do povo habitou em Jerusalém por sorteio, enquanto outros ficaram nas cidades. Foram listados moradores de Jerusalém, sacerdotes, levitas e porteiros. Assim a cidade foi povoada novamente, fortalecendo o centro espiritual e político do povo de Deus.

12 São listados sacerdotes e levitas desde o retorno. A dedicação do muro foi feita com procissões, louvores e cânticos. Grandes sacrifícios foram oferecidos, e houve alegria, de modo que o júbilo de Jerusalém se ouvia de longe. O serviço do templo foi organizado.

13 Neemias corrigiu desvios: expulsou Tobias do templo, restabeleceu dízimos e deveres dos levitas, ordenou guardar o sábado e repreendeu casamentos com estrangeiros. Purificou o povo e pediu a Deus memória para o bem. Assim encerrou seu governo zeloso e fiel.

PAUSE E MEDITE

A alegria do Senhor é a nossa força

NEEMIAS 8–13

"A ALEGRIA DO Senhor é a vossa força" (Neemias 8:10). Esta declaração tornou-se um dos versículos mais conhecidos da Bíblia, pronunciada no contexto do primeiro avivamento baseado na pregação expositiva da Escritura.

Com os muros reconstruídos, chegou o tempo da restauração espiritual. O povo pediu a Esdras que trouxesse o Livro da Lei. Quando ele abriu as Escrituras, todo o povo se pôs em pé em reverência. A leitura durou desde a manhã até ao meio-dia, e "os ouvidos de todo o povo estavam atentos ao Livro da Lei" (Neemias 8:3).

A primeira reação foi de choro e quebrantamento. Ao ouvir a Lei, o povo reconheceu seus pecados. Mas os líderes disseram: "Não vos entristeçais... porque a alegria do Senhor é a vossa força". A alegria do Senhor não é otimismo superficial, mas profunda confiança na bondade e fidelidade de Deus.

O avivamento continuou com celebrações e renovação da aliança. Mas Neemias descobriu que a reforma precisava ser mantida. Enfrentou problemas recorrentes: negligência dos dízimos, profanação do sábado, casamentos mistos. Sua liderança foi firme, mas amorosa.

Hoje, a alegria do Senhor continua sendo nossa força. Quando fundamentamos nossa vida na Palavra de Deus e vivemos em obediência aos seus preceitos, experimentamos alegria que transcende circunstâncias. Esta alegria não nega os problemas, mas nos fortalece para enfrentá-los com esperança.

ESTER

O LIVRO NARRA COMO a jovem judia Ester se tornou rainha da Pérsia e salvou seu povo do extermínio. Junto com seu primo Mardoqueu (ou Mordecai), ela frustrou o plano malvado de Hamã para matar todos os judeus do império. A festa de Purim foi criada para celebrar essa libertação. É uma história emocionante sobre como Deus protege seu povo diante de problemas que parecem sem solução.

1 O rei Assuero deu um grande banquete. Ordenou que a rainha Vasti se apresentasse, mas ela recusou. Irado, ele a depôs. Foi decretado em todo o império que cada homem deveria dominar em sua casa. Assim abriu-se espaço para a escolha de uma nova rainha.

2 Jovens foram reunidas para o harém. Ester, judia criada por Mardoqueu, foi levada e achou graça diante de todos. O rei a escolheu como rainha. Mardoqueu descobriu plano de eunucos contra o rei e o denunciou. A fidelidade de ambos começou a ser destacada no reino.

3 Hamã foi promovido, e todos se inclinavam diante dele, mas Mardoqueu recusou. Irado, Hamã tramou destruir todos os judeus. Lançou sortes e conseguiu decreto do rei para exterminá-los em todo o império. A cidade de Susã ficou perplexa com tal decisão.

4 Mardoqueu lamentou-se e pediu ajuda a Ester. Ela temeu, mas foi encorajada a agir, mesmo arriscando a vida. Pediu ao povo que jejuasse por ela três dias. Determinada, disse: "Se perecer, pereci". Assim Ester se preparou para interceder diante do rei Assuero.

5 Ester apresentou-se diante do rei, que a recebeu com favor e prometeu conceder pedido. Ela convidou o rei e Hamã para um banquete. Hamã, orgulhoso, indignou-se com Mardoqueu e mandou preparar força para enforcá-lo. Seu coração se encheu de ódio e soberba.

6 Naquela noite, o rei não conseguiu dormir e mandou ler registros, lembrando-se de Mardoqueu que salvara sua vida. Perguntou como honrar um homem, e Hamã sugeriu honras pensando em si. Mas o rei ordenou que fosse feito a Mardoqueu, humilhando profundamente Hamã.

7 No segundo banquete, Ester revelou ser judia e denunciou Hamã como inimigo do povo. O rei, furioso, saiu ao jardim. Ao voltar, viu Hamã caído sobre Ester e ordenou sua morte. Hamã foi enforcado na forca que preparara para Mardoqueu. A justiça foi estabelecida.

8 O rei deu a Ester a casa de Hamã, e Mardoqueu foi honrado com autoridade. Ester pediu revogação do decreto contra os judeus. Um novo decreto permitiu que se defendessem. Alegria encheu o povo judeu, e muitos no império se declararam judeus por temor e respeito.

9 No dia marcado, os judeus se defenderam e venceram inimigos. Hamã e seus filhos foram mortos. A festa de Purim foi instituída como memória da vitória e livramento. Houve alegria, banquetes e descanso, celebrando a providência de Deus em preservar seu povo.

10 Assuero impôs tributo sobre o império. Mardoqueu foi exaltado, segundo no reino, grande entre os judeus, buscando o bem de seu povo e falando em favor de todos. Assim encerra-se o relato da fidelidade e exaltação de Deus por meio de Mardoqueu e Ester.

PAUSE E MEDITE

Deus reina mesmo quando não é citado

ESTER 1–10

O LIVRO DE ESTER é único: o nome de Deus não aparece, mas sua providência é eloquente em cada página. É a história de como Deus trabalha nos bastidores quando parece ausente, protegendo seu povo através de circunstâncias aparentemente casuais.

Quando Mordecai desafiou Ester com as palavras "quem sabe se para tal tempo como este chegaste a este reino?" (Ester 4:14), ele estava revelando um princípio fundamental: Deus nos coloca estrategicamente onde estamos para cumprir seus propósitos eternos. Ester não estava no trono por acaso; era, na verdade, parte do plano divino para preservar seu povo.

A resposta corajosa de Ester — "se perecer, pereci" (Ester 4:16) — nos ensina que há momentos na vida quando precisamos assumir riscos pela causa de Deus. Ela entendeu que a omissão não traz segurança. Como disse Mordecai, se ela se calasse, socorro viria de outra parte, mas ela e sua família pereceriam.

A reviravolta dramática da história (Hamã enforcado na forca que preparara para Mordecai) demonstra que Deus pode virar completamente uma situação em nosso favor. Ele transforma as conspirações dos ímpios em instrumentos de sua justiça.

Hoje, como Ester, não podemos viver como "crentes secretos". Chegam momentos quando precisamos nos identificar publicamente com o povo de Deus, mesmo que isso nos custe caro. Deus continua reinando soberanamente, usando pessoas disponíveis para cumprir seus propósitos. Talvez você esteja onde está "para tal tempo como este". Não desperdice a oportunidade de ser instrumento nas mãos do Todo-poderoso.

Deus continua reinando mesmo quando parece silencioso. Sua providência trabalha através de circunstâncias aparentemente casuais para cumprir seus propósitos eternos. Como Ester, fomos colocados onde estamos "para tal tempo como este", a fim de sermos instrumentos de sua vontade soberana.

JÓ

O LIVRO CONTA A história de Jó, um homem bom que perdeu tudo: família, bens e saúde. Três amigos tentaram explicar por que isso aconteceu, mas suas respostas não satisfizeram. Jó questionou Deus, mas manteve sua fé. No final, Deus respondeu mostrando sua grandeza, e Jó foi restaurado em dobro. É uma história profunda sobre por que pessoas boas sofrem e como lidar com tragédias inexplicáveis na vida.

1 Jó era íntegro e temente a Deus. Satanás acusou-o diante do Senhor, dizendo que servia por interesse. Deus permitiu que perdesse bens e filhos, mas não sua vida. Jó lamentou, mas adorou, dizendo: "Nu vim ao mundo e nu partirei, bendito seja o nome do Senhor".

2 Satanás acusou novamente, dizendo que Jó servia só por sua saúde. Deus permitiu que fosse ferido com chagas. Jó sentou-se em cinzas. Sua mulher disse para amaldiçoar a Deus, mas ele não pecou com os lábios. Três amigos vieram consolá-lo em silêncio.

PAUSE E MEDITE

A fé que permanece no meio da dor

JÓ 1–2

"O SENHOR O deu e o Senhor o tomou; bendito seja o nome do Senhor" (Jó 1:21). Estas palavras de Jó, pronunciadas no auge da tragédia, revelam o segredo de uma fé inabalável: ela não está baseada nas circunstâncias, mas no caráter de Deus.

Jó perdeu tudo em um único dia (bens, filhos, saúde) mas não perdeu sua confiança no Senhor. Quando Satanás questionou se Jó servia a Deus por interesse, foi desmascarado. A verdadeira piedade não é motivada por benefícios, mas por amor genuíno ao Criador.

A pergunta crucial que o sofrimento nos faz é: "Por que você serve a Deus?" Se a resposta for "pelas bênçãos que recebo", nossa fé está em terreno perigoso. Mas se for "porque Ele é digno", então temos fundamento sólido que resiste às tempestades.

Jó nos ensina que podemos questionar as circunstâncias sem questionar o caráter de Deus. Ele não entendeu o porquê do sofrimento, mas nunca duvidou da bondade divina. Sua fé permaneceu firme porque estava ancorada na pessoa de Deus, não em suas dádivas.

Quando a dor bater à nossa porta, e ela certamente baterá, lembremo-nos de Jó. O sofrimento não é evidência de que Deus nos abandonou, mas oportunidade de provar que nossa fé é genuína. Como Jó, podemos dizer: "Ainda que ele me mate, nele esperarei" (Jó 13:15). Esta é a fé que permanece no meio da dor.

3 Jó abriu a boca e amaldiçoou o dia do seu nascimento. Desejou que a escuridão o cobrisse. Perguntou por que nasceu para sofrer. Desejou descansar na morte como reis e servos. Declarou que a vida se tornou amargura, sem consolo nem esperança diante da dor.

4 Elifaz respondeu, lembrando que Jó instruíra muitos, mas agora desfalecia. Disse que o inocente não perece, mas o ímpio colhe

mal. Contou visão em que ouviu: o homem não é justo diante de Deus. Incentivou Jó a aceitar a disciplina e confiar na justiça divina.

5 Elifaz prosseguiu: ninguém é inocente sem sofrimento. Deus disciplina, mas também cura. Exortou Jó a buscar ao Senhor, que livra da fome, da guerra e da morte. Disse que o homem nasce para a aflição, mas quem busca a Deus será restaurado e viverá em segurança.

6 Jó respondeu: sua dor é mais pesada que areia do mar. Pede que Deus o esmague. Repreende amigos que o decepcionaram, sendo como ribeiros secos. Disse que não pediu riquezas nem livramento, apenas alívio. Pede compreensão, não acusações, em sua aflição.

7 Jó lamenta a dureza da vida, comparando-se a servo ansioso pelo salário. Seus dias são como vento. Clama a Deus: por que me pões como alvo? Deseja que o deixe em paz antes da morte. Seus olhos não verão mais o bem, e sua esperança se dissolve no pó.

8 Bildade respondeu: Deus não perverte a justiça. Se os filhos de Jó pecaram, sofreram por isso. Exortou Jó a buscar a Deus, pois restauraria sua vida. Disse que o ímpio floresce como junco, mas logo perece. O justo, porém, será sustentado pelo Senhor.

9 Jó replicou: como o homem pode ser justo diante de Deus? Ele é sábio e poderoso, move montanhas, domina o sol e as estrelas. Jó não poderia responder a Ele. Mesmo inocente, não ousaria argumentar, pois Deus é soberano. Sentiu-se esmagado e sem justiça.

10 Jó lamenta sua vida e questiona a Deus: por que o formou para destruí-lo? Sente-se alvo de ira mesmo sendo inocente. Deseja nunca ter nascido. Clama por alívio antes de descer à sepultura. Expressa confusão, pois não entende o motivo de tanto sofrimento.

11 Zofar respondeu, acusando Jó de zombaria. Disse que Deus exige mais do que merece. Exortou-o a afastar-se da maldade e levantar mãos puras. Se buscasse a Deus, teria esperança e esqueceria a miséria. Mas o olhar dos ímpios se perderá e sua esperança perecerá.

12 Jó replicou: zombam dele, mas sempre consultaram a Deus. Animais e natureza mostram seu poder. Ele abate e levanta, destrói e edifica. Traz luz e trevas, engrandece e derruba reis. Todos dependem do Senhor. Assim Jó exalta a soberania absoluta de Deus.

13 Jó declara que seus olhos viram e ouvidos ouviram, por isso deseja falar com Deus. Repreende amigos por falsidade. Está pronto a arriscar a vida: ainda que Deus o mate, nele esperará. Clama por duas coisas: que cesse seu terror e o permita responder.

14 Jó reflete sobre a fragilidade da vida humana: dias curtos e cheios de inquietação. O homem floresce como flor e murcha. Deseja que Deus o esconda no Sheol até que sua ira passe. Espera renovação, mas reconhece que o homem morre e não retorna à vida.

15 Elifaz respondeu, acusando Jó de palavras inúteis e de rejeitar a sabedoria. Disse que nenhum homem é puro diante de Deus. Descreveu o destino do ímpio: dores, angústias e ruína, ainda que prospere por um tempo. O mal traz consigo sua própria destruição.

16 Jó chamou os amigos de consoladores molestos. Disse que Deus o esmagou e o entregou aos ímpios. Sua face está desfigurada de choro. Clamou por testemunha no céu, alguém que interceda por ele. Seus anos são poucos, e em breve descerá ao lugar dos mortos.

17 Jó sente-se quebrantado, com olhos escurecidos pela aflição. Os justos, contudo, se fortalecerão. Sua esperança, porém, está no Sheol. Disse que a sepultura é sua casa, as trevas sua cama. Espera que a corrupção o consuma, pois já não encontra esperança.

18 Bildade replicou, chamando Jó de arrogante. Descreveu o destino do perverso: lâmpada apagada, passos estreitados, laços e terrores o cercando. Sua memória perecerá, sem descendência. Assim termina o caminho dos que não conhecem a Deus nem buscam sua luz.

19 Jó lamenta que amigos o atormentem. Sente-se abandonado por Deus, desprezado por parentes e amigos. Clama que suas palavras fossem escritas em livro. Afirma: "Eu sei que meu Redentor vive e por fim se levantará". Apesar da dor, mantém esperança na redenção.

20 Zofar respondeu: o triunfo do ímpio é breve. Ainda que suba ao céu, perecerá. Engole riquezas, mas elas o envenenam. Deus o fará vomitar sua ganância. O fogo o consumirá. A herança do ímpio é desolação, pois esqueceu a Deus e oprimiu os necessitados.

21 Jó respondeu: por que os ímpios vivem e envelhecem em poder? Seus filhos prosperam, suas casas têm paz. Morrem tranquilos. Porém, reservam-se tormentos no juízo. A prosperidade presente não prova justiça. Seus amigos falam em vão, sem consolo verdadeiro.

22 Elifaz acusou Jó de muitas maldades: reter penhores, negar água e pão, explorar viúvas. Disse que a escuridão o cercava. Exortou-o a voltar-se a Deus, lançar o ouro no pó e o Todo-Poderoso será seu tesouro. Então orará e será ouvido, restaurado e em paz.

23 Jó respondeu: sente-se amargo, pois não encontra Deus, ainda que o busque. Sabe que, provado, sairá como ouro. Guardou os mandamentos de Deus. Contudo, teme diante de sua presença, pois Ele é soberano. A ausência de resposta aumenta sua aflição.

24 Jó descreve injustiças: ímpios mudam marcos, roubam rebanhos, exploram pobres, arrancam órfãos e oprimem necessitados. No entanto, parecem escapar do juízo. Embora vivam nas trevas, cedo serão levados pelo Sheol. Deus observa, mas o mal ainda prospera na terra.

25 Bildade respondeu brevemente: Deus tem domínio e temor. Diante dele, ninguém é justo. O homem é comparado a um verme,

e o filho do homem, a um verme pequeno. Assim destacou a grandeza divina e a pequenez da humanidade diante da pureza e glória do Senhor.

26 Jó ironizou Bildade: "Como ajudaste ao fraco?". Exaltou o poder de Deus sobre o Sheol, céus e mar. Ele estende o norte sobre o vazio, prende águas em nuvens, cobre seu trono. O trovão do seu poder é insondável. Tudo que vemos é apenas o sussurro de suas obras.

27 Jó declarou que não deixaria sua integridade. Ainda que viva, não mentirá. O ímpio acumula, mas o justo herdará. Seus filhos perecerão, sua casa será desolada. O temor o alcançará como tempestade. Esta é a herança do ímpio, ainda que pareça prosperar por um tempo.

28 Jó falou da busca pela sabedoria. O homem extrai ouro e pedras preciosas, mas não encontra sabedoria nas minas. Não se compra com ouro ou pérolas. Só Deus conhece o caminho. O temor do Senhor é sabedoria, e apartar-se do mal é entendimento verdadeiro.

29 Jó lembrou dias anteriores, quando Deus estava com ele, sua lâmpada brilhava e tinha honra. Juízes o ouviam, jovens se calavam, príncipes o respeitavam. Ajudava pobres, órfãos e viúvas. Pensava morrer em paz, com raízes firmes e dias cheios de glória e respeito.

30 Agora zombam dele jovens desprezíveis. Vive em tormento, sem forças. Seu corpo queima, pele se escurece, lira se transforma em pranto. Clama a Deus, mas não é ouvido. Vive no pó e nas cinzas. Seu coração se desfaz em dor, e só resta solidão e vergonha.

31 Jó declarou sua integridade: fez aliança com seus olhos, não oprimiu servos, pobres ou órfãos, não confiou no ouro, nem adorou astros. Se pecou, que seja julgado. Defendeu inocência e clamou por resposta de Deus, assinando sua declaração de justiça.

32 Eliú, jovem, irou-se contra Jó e seus amigos, pois nenhum trouxe resposta. Esperara em silêncio, mas falou: a sabedoria não vem só da idade, mas do sopro do Todo-Poderoso. Prometeu falar sem parcialidade, defendendo a justiça de Deus diante das palavras de Jó.

33 Eliú dirigiu-se a Jó: Deus fala de muitas formas, mas o homem não percebe. Ele corrige com sonhos, dores e enfermidades para afastar o homem da cova. Se houver intercessor, Deus tem misericórdia. Conclui que Jó deve ouvir e calar-se diante da justiça divina.

34 Eliú prosseguiu: Deus é justo e retribui conforme as obras. Não faz injustiça. Quem governaria a terra se Ele se retirasse? Ele vê todos os caminhos. Jó multiplica palavras sem conhecimento. Eliú afirma que os homens sábios o condenariam por suas queixas.

35 Eliú disse: o pecado ou justiça do homem não afeta a Deus, mas a outros homens. Muitos clamam na opressão, mas não buscam o Criador que dá canções na noite. Jó fala em vão, sua causa não é atendida. Deve esperar em Deus, que é justo e soberano em tudo.

36 Eliú exaltou a grandeza de Deus: perfeito em conhecimento, poderoso, não despreza os justos. Ele disciplina para restaurar, mas o ímpio perece. Disse que Deus é sublime, controla nuvens, relâmpagos e chuvas. Ninguém pode sondar os seus caminhos eternos.

37 Eliú descreveu trovões, relâmpagos, neve e tempestades como manifestações do poder divino. O Senhor faz grandes coisas que não entendemos. O homem deve temê-lo, pois não se alcança sua majestade. Deus é justo e não considera os que se acham sábios.

PAUSE E MEDITE

Clamando em meio ao silêncio

JÓ 3–37

"POR QUE ESCONDES o rosto e me tens por teu inimigo?" (Jó 13:24). Este grito de Jó ecoa no coração de todo sofredor que experimenta o silêncio aparente de Deus. Às vezes, o que mais nos dói não é a dor em si, mas a sensação de que Deus não está ouvindo.

Os amigos de Jó representam as explicações simplistas que recebemos em momentos de crise. Elifaz apelou para experiências místicas, Bildade para tradições antigas, Zofar para lógica humana. Todos falharam porque tentaram encaixar o mistério do sofrimento em fórmulas prontas.

Jó nos ensina que é melhor ser honesto com Deus do que fingir uma paz que não sentimos. Ele questionou, protestou, até mesmo desejou nunca ter nascido, mas nunca parou de falar com Deus. Sua honestidade brutal era, paradoxalmente, uma expressão de fé.

O silêncio de Deus não significa sua ausência. Às vezes, Ele nos ensina mais através do silêncio do que através de palavras. No silêncio, aprendemos a confiar sem entender, a crer sem ver, a esperar sem prazo.

Quando você estiver clamando em meio ao silêncio, lembre-se: Deus não está surdo às suas orações. Ele está preparando uma resposta que será maior do que suas perguntas. Como Jó, continue clamando. O silêncio não é o fim da conversa, mas preparação para uma revelação maior.

38 O Senhor respondeu do redemoinho: "Quem obscurece conselho sem entendimento?". Questionou Jó sobre criação, limites do mar, manhãs, profundezas, neve, constelações e leis do universo. Deus mostrou sua sabedoria infinita, diante da qual Jó era ignorante e pequeno.

39 Deus perguntou a Jó sobre animais: cabras monteses, asnos, bois selvagens, avestruzes, cavalos e águias. Todos vivem pela providência divina. O homem não controla suas forças e ciclos. Assim Deus revelou sua soberania sobre todas as criaturas e a natureza.

40 Deus disse: "Acaso contenderá comigo o que me repreende?". Jó respondeu que é indigno e se calou. Deus falou do beemote, animal poderoso, criado por Ele. Mostrou que sua força é incomparável. O homem não pode medir-se diante da majestade do Criador.

41 Deus descreveu o leviatã, criatura terrível que ninguém domina. Sua força, dentes, escamas e fogo inspiram pavor. Nenhum homem ousa enfrentá-lo. Assim como o leviatã é invencível, muito mais o Senhor, que é dono de tudo. O homem nada pode contra Ele.

42 Jó respondeu: "Sei que tudo podes e nenhum plano teu pode ser impedido". Retratou-se no pó e na cinza. Deus repreendeu os amigos por não falarem o que era reto. Jó orou por eles, e foi restaurado. Recebeu o dobro de tudo e viveu longos dias em paz.

PAUSE E MEDITE

Quando Deus fala, o coração descansa

JÓ 38–42

"ONDE ESTAVAS TU quando eu fundava a terra?" (Jó 38:4). Quando Deus finalmente falou, não explicou o sofrimento de Jó, mas apenas revelou sua própria majestade. A resposta não foi informação, mas transformação.

Através de perguntas sobre a criação, Deus mostrou a Jó que há realidades muito além de nossa compreensão. Se não podemos entender como Deus governa as estrelas e alimenta os animais, como podemos questionar seus caminhos morais?

A resposta de Jó foi profunda: "Eu te conhecia só de ouvir, mas agora os meus olhos te veem" (Jó 42:5). Ele passou do conhecimento teórico para o experiencial. Não recebeu explicações, mas encontrou o Explicador.

Esta é a grande lição: quando Deus fala ao coração, todas as perguntas não respondidas se tornam irrelevantes. Não precisamos entender todos os porquês. Basta conhecer o Quem. Ele é suficiente para todas as nossas necessidades e maior que todas as nossas dúvidas.

Deus restaurou Jó em dobro, mas a maior bênção não foram os bens materiais; foi, na verdade, o conhecimento íntimo do Senhor. Quando passamos pela fornalha do sofrimento e encontramos Deus ali, saímos transformados.

Hoje, quando as circunstâncias não fazem sentido, busque não apenas respostas, mas o Respondedor. Quando Deus fala ao coração através de sua Palavra e presença, encontramos descanso que transcende entendimento.

SALMOS

COLEÇÃO DE 150 cânticos e orações compilada ao longo de séculos, com muitos atribuídos ao rei Davi. Direcionada ao povo para adoração no templo e uso pessoal, expressa toda gama de emoções humanas: alegria, tristeza, gratidão, raiva, medo e esperança. Inclui hinos de louvor, pedidos de ajuda, confissões de pecado e celebrações de vitória. É como um livro de músicas e orações que ensina como se comunicar com Deus em todas as situações da vida.

1 Bem-aventurado o homem que não anda no conselho dos ímpios, nem
se detém no caminho dos pecadores, mas tem prazer na lei do Senhor.
Ele é como árvore junto às águas, que dá fruto e não murcha. Os ímpios
são como palha que o vento dispersa.

PAUSE E MEDITE

A bem-aventurança do justo fiel

SALMO 1

"BEM-AVENTURADO O HOMEM que não anda no conselho dos ímpios, não se detém no caminho dos pecadores, nem se assenta na roda dos escarnecedores" (Salmos 1:1). Este salmo é a porta de entrada do Saltério, apresentando dois homens, dois caminhos, dois destinos.

A felicidade verdadeira não está na busca de prazeres mundanos, mas em evitar três progressões perigosas: andar casualmente com ímpios, deter-se continuamente com pecadores, e assentar-se confortavelmente com escarnecedores. Cada passo nos leva mais longe de Deus.

O justo encontra seu prazer na Lei do Senhor, meditando nela dia e noite. Meditar não é apenas ler, mas ruminar a Palavra como um animal que mastiga o alimento. É fazer da Escritura parte de nossa vida, permitindo que ela nos transforme de dentro para fora.

O resultado é estabilidade: "Ele é como árvore plantada junto a correntes de águas" (Salmos 1:3). Não é árvore silvestre, mas cultivada. Não está em terreno seco, mas junto a águas abundantes. Produz fruto no tempo certo e suas folhas não murcham.

Os ímpios são o oposto: "como a palha que o vento dispersa" (Salmos 1:4). Sem raiz, sem fruto, sem estabilidade. Quando vem o vento do julgamento, são levados.

Hoje, escolha seu caminho. Deus conhece a vereda dos justos e a abençoa, mas o caminho dos ímpios perecerá. A diferença está em onde você busca conselho, com quem anda e no que encontra prazer. Faça da Palavra sua delícia diária.

2 Por que se amotinam as nações contra o Senhor e contra seu Ungido?
Ele ri deles e estabelece seu Rei em Sião. O Filho pede e recebe as
nações por herança. Beijai o Filho para não perecer. Bem-aventurados os
que nele confiam e se refugiam.
3 Senhor, muitos se levantam contra mim e dizem que não há salvação
para mim. Mas tu és escudo e sustento. Eu me deito e durmo, acordo

seguro. Não temerei os inimigos. Levanta-te, Senhor, salva-me, pois a salvação vem de ti e tua bênção está sobre o povo.

4 Responde-me quando clamo, ó Deus da minha justiça. Homens buscam vaidade, mas o Senhor ouve quando invoco. Alegrem-se mais no Senhor do que no trigo e no vinho. Em paz me deito e logo durmo, pois só o Senhor me faz habitar em segurança.

5 De manhã apresento a ti minha oração. Tu não tens prazer na maldade, nem o ímpio habitará contigo. Pela tua misericórdia entrarei em tua casa. Guia-me em tua justiça. Alegrem-se os que confiam em ti, pois os cercas de favor como escudo.

6 Senhor, não me repreendas em tua ira. Estou cansado de gemer, faço nadar meu leito com lágrimas. Ouve, Senhor, a minha súplica e livra-me da morte, pois no Sheol não há louvor. Tu ouviste minha oração. Envergonhados serão os meus inimigos.

7 Senhor, em ti confio; salva-me dos que me perseguem. Se há iniquidade em minhas mãos, que eu seja entregue. Mas tu julgas os povos com justiça. Levanta-te em tua ira contra os ímpios. Eu te louvarei, Senhor, pela tua justiça e cantarei ao teu nome.

8 Senhor, Senhor nosso, quão magnífico é teu nome em toda a terra. Das crianças tiras força contra inimigos. Quando vejo teus céus e estrelas, pergunto: que é o homem para que te lembres dele? Fizeste-o pouco menor que os anjos e lhe deste domínio.

9 Senhor, eu te louvarei de todo coração, contarei tuas maravilhas. Tu repreendeste nações e destruíste ímpios. O Senhor é refúgio em tempos de angústia. Levanta-te, Senhor, não prevaleçam os homens. Os ímpios cairão na cova que eles mesmos cavaram.

10 Senhor, por que estás longe nas angústias? O ímpio prospera e diz: não há Deus. Armam emboscadas contra inocentes. Mas tu vês e ouves o clamor. Quebra o braço do perverso. Senhor, tu és Rei eterno, ouves o desejo dos mansos e sustentas os órfãos.

11 No Senhor confio. Como dizeis: foge para o monte? Os ímpios armam o arco, mas o Senhor está em seu santo templo; do céu prova os filhos dos homens. Ele ama o justo e abomina o violento. Sobre os ímpios fará chover fogo, mas o justo verá sua face.

12 Salva-nos, Senhor, porque faltam os fiéis e se multiplicam os que falam mentira. O Senhor guardará os oprimidos e os livrará dos perversos. As palavras do Senhor são puras, como prata refinada. Os ímpios andam por todos os lados, mas o Senhor é refúgio.

13 Até quando, Senhor, te esquecerás de mim? Considera-me, ilumina meus olhos para que não durma a morte. Meus inimigos não prevalecerão. Mas confio em tua misericórdia. Meu coração se alegra em tua salvação. Cantarei ao Senhor, que me tem feito bem.

14 Diz o tolo: não há Deus. Corromperam-se, não há quem faça o bem. O Senhor olha do céu e não vê justo algum. Os ímpios devoram o povo, mas o Senhor está com a geração justa. De Sião virá a salvação. Quando restaurar o cativo, Jacó se alegrará.

15 Senhor, quem habitará em teu tabernáculo? O que anda em integridade, fala a verdade, não difama, não faz mal ao próximo, honra os que temem ao Senhor, cumpre sua palavra, não empresta com usura. O que assim procede jamais será abalado.

16 Guarda-me, ó Deus, pois em ti confio. O Senhor é minha porção e meu cálice. Os santos da terra são meu deleite. Pus o Senhor sempre diante de mim. Não deixará minha alma no Sheol, nem permitirá que teu santo veja corrupção. Na tua presença há plenitude.

17 Ouve, Senhor, minha justiça, atende ao meu clamor. Prova meu coração, guarda-me como a menina dos olhos. Esconde-me à sombra de tuas asas dos ímpios que me cercam. Levanta-te, Senhor, abate-os. Eu me satisfarei ao despertar com a tua semelhança.

18 Eu te amarei, Senhor, força minha. Tu és minha rocha, meu libertador. Invoquei o Senhor e Ele me ouviu. A terra tremeu, relâmpagos e fogo saíram diante dele. O Senhor me livrou do inimigo e me deu vitória. Vive o Senhor, bendito seja meu rochedo.

19 Os céus proclamam a glória de Deus, o firmamento anuncia a obra de suas mãos. A lei do Senhor é perfeita, seus mandamentos iluminam os olhos. São mais doces que o mel, mais desejáveis que o ouro. Guarda teu servo dos pecados ocultos. Seja aceita minha oração.

20 O Senhor te ouça no dia da angústia, lembre-se de tuas ofertas e conceda o desejo do coração. Uns confiam em carros e cavalos, mas nós nos gloriaremos no nome do Senhor. Eles se curvam e caem, mas nós nos levantamos e estamos de pé. Salva-nos, Senhor.

21 Senhor, o rei se alegra em tua força e em tua salvação. Concedeste-lhe o desejo do coração, puseste coroa de ouro sobre sua cabeça. Vida e glória lhe deste. Tua mão alcançará os inimigos, e eles cairão. Exaltado seja o Senhor em teu poder.

22 Deus meu, por que me desamparaste? Clamo de dia e de noite e não respondes. Sou desprezado, traspassaram minhas mãos e pés, repartiram minhas vestes. Tu me ouviste e eu te louvarei na congregação. Todas as nações se lembrarão do Senhor que reina.

23 O Senhor é meu pastor, nada me faltará. Em verdes pastos me faz descansar, guia-me por águas tranquilas e restaura minha alma. Ainda que ande pelo vale da sombra da morte, não temerei, pois tu estás comigo. Bondade e misericórdia me seguirão sempre.

PAUSE E MEDITE

O pastor que guia e supre

SALMO 23

"O SENHOR É o meu pastor; nada me faltará" (Salmos 23:1). Este é o texto mais lido no mundo, um reservatório inesgotável de consolo. Davi escolheu descrever-se como ovelha porque, como nós, as ovelhas são vulneráveis, indefesas, míopes e teimosas.

Por que Jesus pode ser nosso Pastor? Primeiro, porque Ele é Yahweh, o Deus autoexistente, eterno e imutável. Segundo, porque é pessoal, e não o Deus distante dos filósofos, mas "o *meu* pastor". Terceiro, porque é provedor. Ele mesmo é nossa provisão.

Quando Jesus é nosso Pastor, temos três garantias: suprimento completo para nossas necessidades (pastos verdejantes e águas tranquilas), restauração plena quando caímos (refrigera nossa alma), e direção segura (guia-nos pelas veredas da justiça).

Mesmo no vale da sombra da morte, não precisamos temer. A morte é apenas sombra. Onde há sombra, há luz do outro lado. A sombra de um cão não morde, a sombra de uma espada não fere, a sombra da morte não mata.

Deus prepara mesa na presença de nossos adversários, unge nossa cabeça com óleo e faz nosso cálice transbordar. A hospitalidade divina garante nossa segurança.

A maior prisão do mundo é a prisão do querer — sempre querendo algo mais. Mas quando Jesus é nosso Pastor, descobrimos que o que temos nele é maior que tudo o que não temos na vida. Ele satisfaz completamente os anseios da alma.

24 Do Senhor é a terra e sua plenitude. Quem subirá ao monte do Senhor? O de mãos limpas e coração puro. Este receberá a bênção. Portas, levantai vossas cabeças, e entrará o Rei da Glória. Quem é este Rei? O Senhor dos Exércitos é o Rei da Glória.

25 A ti, Senhor, elevo minha alma. Não seja envergonhado. Mostra-me teus caminhos e guia-me em tua verdade. Lembra-te de tuas misericórdias. O Senhor guia os mansos e perdoa. Livra-me dos inimigos. Redime Israel de todas as suas angústias.

26 Julga-me, Senhor, pois ando em integridade. Lavo as mãos na inocência e ando ao redor do teu altar. Amo a habitação de tua casa. Não ajuntes minha alma com pecadores. Eu ando em retidão, resgata-me e tem misericórdia de mim.

27 O Senhor é minha luz e salvação, a quem temerei? Uma coisa peço: habitar na casa do Senhor e contemplar sua formosura.

Ainda que um exército me cerque, meu coração não temerá. Espera no Senhor, tem bom ânimo, e Ele fortalecerá teu coração.

PAUSE E MEDITE

A coragem na luz do Senhor

SALMO 27

"O SENHOR É a minha luz e a minha salvação; de quem me recearei? O Senhor é a fortaleza da minha vida; de quem me temerei?" (Salmos 27:1). Davi enfrentou muitos inimigos, mas encontrou em Deus a fonte de toda coragem.

Quando Deus é nossa luz, as trevas do medo se dissipam. Quando é nossa salvação, temos segurança eterna. Quando é nossa fortaleza, temos proteção invencível. Três títulos divinos que destroem todo temor.

Davi não nega a existência de perigos (exércitos podem acampar contra nós, guerras podem levantar-se). Mas sua confiança não está na ausência de problemas, mas na presença de Deus. "Ainda assim estarei confiante" (Salmos 27:3).

Sua única petição é: "Uma coisa peço ao Senhor, e a buscarei: que eu possa morar na Casa do Senhor todos os dias da minha vida, para contemplar a beleza do Senhor" (Salmos 27:4). Não pede riquezas, fama ou poder; apenas a presença divina.

Nos dias maus, Deus nos esconde em seu pavilhão, nos oculta no recôndito de sua tenda, nos põe em segurança sobre uma rocha. Nossa cabeça se ergue sobre os inimigos que nos cercam.

A coragem cristã não é ausência de medo, mas confiança em Deus apesar do medo. Quando caminhamos na luz do Senhor, podemos enfrentar qualquer escuridão. Busque hoje a face de Deus. Nele, você encontrará coragem para vencer todos os medos.

28 A ti clamo, Senhor, não fiques em silêncio. Não me arrastes com os ímpios. Bendito seja o Senhor, pois ouviu minha súplica. O Senhor é minha força e escudo. Salva teu povo, abençoa tua herança, apascenta-os e exalta-os para sempre.

29 Dai ao Senhor glória e força. A voz do Senhor é poderosa sobre as águas, quebra cedros, despede chamas, faz tremer o deserto. No templo todos dizem: glória! O Senhor se assenta como rei para sempre e dará paz ao seu povo.

30 Exaltar-te-ei, Senhor, porque me levantaste e não deixaste que inimigos se alegrassem sobre mim. O choro pode durar uma noite, mas a alegria vem pela manhã. Converteste meu pranto em dança. Cantarei a ti, Senhor, e não me calarei.

31 Em ti, Senhor, busco refúgio, livra-me em tua justiça. Nas tuas
mãos entrego meu espírito. Torna teu rosto a resplandecer sobre
teu servo. Torna-te forte e corajoso, todos vós que esperais no Senhor, pois
Ele fortalece os corações que nele confiam.
32 Bem-aventurado aquele cujo pecado é perdoado. Enquanto calei,
meus ossos envelheceram. Confessei e tu perdoaste. Tu és meu
refúgio, me preservarás da angústia. Muitos são aflitos, mas o que confia
no Senhor é cercado de misericórdia e se alegra.
33 Regozijai-vos, justos, no Senhor. Pela palavra do Senhor foram
feitos os céus. O Senhor frustra os planos das nações, mas seu
conselho permanece. Bem-aventurada é a nação cujo Deus é o Senhor.
O rei não se salva por exército, mas o Senhor guarda.
34 Bendirei ao Senhor em todo tempo. Busquei ao Senhor e Ele me
respondeu. Anjos acampam ao redor dos que o temem. Provai e
vede que o Senhor é bom. Os justos clamam e Ele os livra de todas as suas
angústias. Ele guarda todos os seus ossos.
35 Contende, Senhor, com os que contendem comigo. Inimigos
armam laços, mas eles cairão. Minha alma se regozijará no
Senhor. Dá testemunho de tua justiça, Senhor. Cante minha língua a tua
justiça e o teu louvor todo o dia perante a congregação.
36 A transgressão fala ao ímpio. Senhor, tua misericórdia chega
aos céus e tua fidelidade até as nuvens. Tu preservas os homens
e os animais. Em tua luz veremos a luz. Estende tua bondade aos retos.
Os ímpios caem e não se levantam diante de ti.
37 Não te indignes por causa dos malfeitores. Confia no Senhor e
faze o bem. O justo herda a terra, mas os ímpios perecem. Nunca
vi o justo desamparado, nem sua descendência mendigar o pão. Espera no
Senhor e guarda seu caminho, Ele te exaltará.
38 Senhor, não me repreendas em tua ira. Minhas iniquidades pesam
sobre mim, estou encurvado e abatido. Meus amigos se afastam.
Confesso minha culpa e espero em ti, Senhor. Não me desampares,
apressa-te em socorrer-me, ó Senhor da minha salvação.
39 Disse: guardarei meus caminhos para não pecar. Meu coração se
aqueceu e falei: Senhor, faze-me conhecer meu fim e a medida
dos meus dias. O homem é vaidade. Agora, Senhor, espero em ti. Ouve
minha oração, não se cales, pois sou estrangeiro diante de ti.
40 Esperei pacientemente pelo Senhor e Ele se inclinou para mim.
Pôs-me em lugar seguro e em minha boca um cântico novo.
Sacrifícios não quiseste, mas eis que venho para fazer tua vontade. Não
detenhas de mim tuas misericórdias, Senhor, livra-me.
41 Bem-aventurado o que considera o pobre, o Senhor o livrará no
dia mau. Inimigos murmuram contra mim, até o amigo em quem

confiei me traiu. Mas tu, Senhor, sustenta-me e me levantas. Bendito seja o Senhor, Deus de Israel, de eternidade em eternidade.

42 Como o cervo anseia por águas, assim minha alma anseia por ti, ó Deus. Minhas lágrimas têm sido meu alimento. Por que estás abatida, ó minha alma? Espera em Deus, pois ainda o louvarei. O Senhor concede de dia sua misericórdia, de noite seu cântico.

43 Faz-me justiça, ó Deus, defende-me da nação ímpia. Envia tua luz e tua verdade, guiem-me ao teu santo monte. Então irei ao altar de Deus, a Deus da minha alegria. Por que estás abatida, ó minha alma? Espera em Deus, pois ainda o louvarei.

44 Ouvimos, ó Deus, o que fizeste aos pais. Mas agora nos rejeitaste, inimigos nos humilham. Tudo isto nos sobreveio, contudo não nos esquecemos de ti. Levanta-te em nosso auxílio e resgata-nos por tua misericórdia, pois nossa alma está abatida.

45 Meu coração ferve com boas palavras. És o mais formoso, graça se derramou em teus lábios. Cinge a espada, cavalga pela verdade. Teu trono, ó Deus, é eterno. A filha do rei vem com vestidos bordados. O rei será lembrado em todas as gerações.

46 Deus é nosso refúgio e fortaleza, socorro bem presente. Não temeremos ainda que a terra se abale. Há um rio que alegra a cidade de Deus. Ele faz cessar as guerras, quebra o arco e destrói o carro. O Senhor dos Exércitos está conosco, é nossa fortaleza.

PAUSE E MEDITE

Refúgio seguro em meio ao caos

SALMO 46

"DEUS É O nosso refúgio e fortaleza, socorro bem presente nas tribulações" (Salmos 46:1). Este salmo foi inspiração para o hino "Castelo Forte", de Lutero. Quando tudo ao redor desmorona, Deus permanece como rocha inabalável.

Mesmo que a terra se transtorne e os montes se abalem no coração dos mares, não temeremos. Mesmo que as águas tumultuem e espumejem, e os montes se estremeçam pela sua braveza, nossa confiança está no Deus eterno.

"Há um rio cujas correntes alegram a cidade de Deus" (Salmos 46:4). Enquanto os mares do mundo se agitam em fúria, há um rio de paz que flui na presença divina. Jerusalém pode ser sitiada, mas tem fonte inesgotável de provisão.

"Deus está no meio dela; não será abalada" (Salmos 46:5). A presença de Deus é garantia de estabilidade. Quando Ele habita em nós, somos inabaláveis. As circunstâncias podem mudar, mas nossa base permanece firme.

"Aquietai-vos e sabei que eu sou Deus" (Salmos 46:10). No meio do caos, Deus nos convida ao silêncio confiante. Não é passividade, mas descanso ativo na soberania divina. Ele exalta-se entre as nações, é exaltado na terra.

Hoje, quando as notícias trazem turbulência e o mundo parece desmoronar, lembre-se: Deus é seu refúgio. Nele você encontra paz que excede todo entendimento. Aquiete-se e reconheça que Ele é Deus sobre todas as circunstâncias.

47 Batei palmas, todos os povos, aclamai a Deus com voz de triunfo. Deus subiu entre júbilos, o Senhor ao som de trombeta. Cantai louvores a nosso Rei, pois Deus é Rei sobre toda a terra. Os príncipes dos povos se reúnem ao povo do Deus de Abraão.

48 Grande é o Senhor e digno de louvor na cidade de nosso Deus. Deus é conhecido em seus palácios por refúgio. Reis se ajuntaram e fugiram. Como ouvimos, assim vimos: Deus a confirmará para sempre. Este é nosso Deus, Ele nos guiará eternamente.

49 Ouvi, povos todos: os homens confiam em riquezas, mas nenhum pode remir a si mesmo. Verão a sepultura, o homem não permanece. Deus remirá minha alma do poder da morte. Não temas quando alguém se enriquecer, pois morrerá e nada levará consigo.

50 Deus fala e convoca a terra. Dos céus manifesta sua justiça. Não repreende por sacrifícios, mas pede ação de graças. Ao ímpio diz: por que declaras minha aliança e aborreces minha palavra? Quem oferece louvor me glorifica e verá a salvação de Deus.

51 Tem misericórdia de mim, ó Deus, segundo tua bondade. Lava-me de minha culpa, purifica-me do pecado. Cria em mim um coração puro e renova um espírito reto. Não retires de mim teu Espírito. Oferecerei sacrifícios de justiça e minha boca te louvará.

PAUSE E MEDITE

O clamor de um coração quebrantado

SALMO 51

"COMPADECE-TE DE MIM, ó Deus, segundo a tua benignidade; e, segundo a multidão das tuas misericórdias, apaga as minhas transgressões" (Salmos 51:1). Este é o mais conhecido salmo penitencial, nascido do coração quebrantado de Davi após seu pecado com Bate-Seba.

Davi não minimiza seu pecado nem busca desculpas. Reconhece três realidades: transgrediu a lei de Deus, cometeu iniquidade (perversão moral) e pecou (errou o alvo). Usa três palavras para descrever sua necessidade: apagar, lavar completamente e purificar.

"Contra ti, contra ti somente pequei" (Salmos 51:4). Todo pecado é, fundamentalmente, contra Deus. Podemos ferir pessoas, mas a ofensa maior é sempre contra o Criador. Esta consciência produz verdadeiro quebrantamento.

"Cria em mim, ó Deus, um coração puro e renova dentro de mim um espírito inabalável" (Salmos 51:10). Davi não pede apenas perdão, mas transformação. Quer um coração novo, um espírito renovado, uma natureza transformada.

"Os sacrifícios agradáveis a Deus são o espírito quebrantado; coração compungido e contrito, não o desprezarás, ó Deus" (Salmos 51:17). Deus não quer rituais vazios, mas corações genuinamente arrependidos.

O verdadeiro arrependimento não é apenas sentir-se mal pelo pecado, mas odiar o pecado e desejar mudança radical. Quando você falha, não se esconda de Deus; corra para Ele. Sua misericórdia é maior que seu pecado, sua graça é suficiente para restaurar completamente.

52 Por que te glorias, poderoso, na maldade? A língua maquina destruição. Deus te destruirá para sempre. Os justos temerão e dirão: eis o homem que não fez de Deus sua fortaleza. Eu, porém, sou como oliveira verde na casa de Deus, espero em sua misericórdia.

53 Diz o tolo: não há Deus. Corromperam-se, não há quem faça o bem. Deus olhou do céu e não há justo. Todos se desviaram. Eles comem o povo como pão e não invocam a Deus. De Sião virá a salvação de Israel, e Jacó se alegrará em Deus.

54 Salva-me, ó Deus, pelo teu nome e faze justiça pelo teu poder. Estranhos se levantaram contra mim. Eis que Deus é meu ajudador, Ele sustenta minha alma. De bom grado te oferecerei sacrifícios e louvarei teu nome, Senhor, porque é bom e me livrou.

55 Atende, ó Deus, à minha oração. Tremor me envolve, desejo voar como pomba e achar repouso. Amigos traíram sua aliança. Lança teu cuidado sobre o Senhor e Ele te sustentará. Tu, ó Deus, os lançarás no abismo. Eu, porém, confiarei em ti.

56 Tem misericórdia, ó Deus, pois homens me perseguem. No dia em que temer, confiarei em ti. Tu contas minhas lágrimas em teu odre. Os inimigos recuarão quando eu clamar. Em Deus ponho minha confiança. Tu livraste minha alma da morte e meus pés da queda.

57 Tem misericórdia de mim, ó Deus, em ti confio. Na sombra de tuas asas me escondo até que passem os males. Envia tua misericórdia e tua verdade. Exaltado seja Deus sobre os céus. Preparado está meu coração. Cantarei e te louvarei entre os povos.

58 Falais vós realmente justiça, ó juízes? Vossas mãos forjam violência. Quebrem-se seus dentes, Senhor. O justo se alegrará quando vir a vingança. Então dirão: certamente há galardão para o justo, certamente há um Deus que julga na terra com justiça.

59 Livra-me, ó Deus, dos inimigos, que me cercam. Espreitam minha vida. Tu, Senhor, rirás deles. Em ti esperarei, porque tu és minha defesa. Pela manhã cantarei tua misericórdia, pois foste meu alto refúgio no dia da angústia. A ti cantarei louvores.

60 Ó Deus, nos rejeitaste e quebraste. Restaura-nos. Deste aos que te temem um estandarte. Dá salvação pela tua destra e ouve-nos. Deus falou em sua santidade: repartirei Siquém. Quem me conduzirá à cidade fortificada? Em Deus faremos proezas.

61 Ouve, ó Deus, meu clamor. Desde o fim da terra clamo quando meu coração desmaia. Leva-me à rocha mais alta. Tu tens sido refúgio e torre forte. Habitarei em teu tabernáculo e confiarei em tuas asas. Dias acrescentarás ao rei, e louvarei teu nome.

62 Somente em Deus espera minha alma. Ele é minha rocha e salvação. Até quando acometereis um homem? Confiai nele em todo tempo. Os homens são vaidade, juntos mais leves que o vapor. O poder pertence a Deus, e a ti, Senhor, pertence a misericórdia.

63 Ó Deus, tu és meu Deus, de madrugada te busco. Minha alma tem sede de ti. No deserto te contemplo e tua bondade é melhor que a vida. No meu leito medito em ti e canto de alegria. Minha alma se apega a ti, e tua destra me sustenta contra inimigos.

64 Ouve, ó Deus, a voz do meu lamento. Esconde-me do conselho secreto dos ímpios. Eles armam setas amargas, disfarçam laços. Mas Deus os ferirá e sua própria língua os fará tropeçar. Os justos se alegrarão no Senhor e confiarão nele.

65 A ti pertence o silêncio e o louvor em Sião. Ouves a oração e perdoas transgressões. Com maravilhas respondes em justiça, esperança de todos os confins. Coroas o ano com bondade, regas os campos, enches de abundância. Todos jubilam em ti.

66 Louvai a Deus, terras todas. Dizei: quão terríveis são tuas obras. Ele transformou o mar em terra seca. Prova-nos como a prata. Trouxeste-nos à abundância. Vinde, ouvi, todos os que temeis, e contarei o que Ele fez. Bendito seja Deus, que não rejeita oração.

67 Deus tenha misericórdia de nós e nos abençoe, para que se conheça na terra teu caminho. Louvem-te povos todos. Alegrem-se as nações, pois julgas os povos com equidade. A terra deu seu fruto. Deus nos abençoará, e todos os confins o temerão.

68 Levanta-te, Deus, sejam dispersos os inimigos. Cantai ao Senhor que cavalga sobre os céus. Pai de órfãos e juiz de viúvas. Tu saíste

à frente do teu povo. Recebeste dons entre os homens. Bendito o Senhor que cada dia nos carrega. Nosso Deus é salvação.

69 Salva-me, ó Deus, pois as águas entraram até minha alma. Estou cansado de clamar. Tornei-me estranho a meus irmãos. O zelo de tua casa me consumiu. Ouve-me, Senhor, pois tua misericórdia é boa. Louvarei o nome de Deus com cântico e Ele salvará Sião.

70 Apressa-te, ó Deus, em livrar-me. Confundidos sejam os que buscam minha alma. Folguem e alegrem-se em ti todos os que te buscam. Eu sou pobre e necessitado, apressa-te em socorrer-me. Tu és meu auxílio e libertador. Não te detenhas, ó Senhor.

71 Em ti, Senhor, confio, livra-me em tua justiça. Tu és minha esperança desde a mocidade. Não me rejeites na velhice. Serei sempre a tua boca para anunciar tua justiça. Tocarei o saltério, cantarei a ti. Minha língua falará de tua justiça todo o dia.

72 Ó Deus, dá ao rei teus juízos. Julgue teu povo com justiça e os pobres com equidade. Todos reis se prostrem diante dele. Ele livrará o aflito e terá piedade do necessitado. Seja bendito o Senhor, que só Ele faz maravilhas. A terra se encha da sua glória.

73 Quase resvalaram meus pés ao invejar os ímpios. Eles prosperam sem temor, mas são postos em lugares escorregadios. Até que entrei no santuário e vi seu fim. Deus é a fortaleza do meu coração. Para mim, bom é aproximar-me de Deus e anunciar suas obras.

74 Ó Deus, por que nos rejeitaste? Inimigos destruíram teu santuário e queimaram tua congregação. Não vemos mais sinais. Lembra-te da aliança, pois moradas estão assoladas. Levanta-te, Deus, pleiteia tua própria causa e não esqueças a voz dos que te odeiam.

75 Graças te damos, ó Deus, pois perto está teu nome. Disseste: sustentarei as colunas da terra. Não levante o ímpio sua fronte. Porque Deus é o juiz: a um abate, a outro exalta. Na mão do Senhor há um cálice de juízo. Eu cantarei louvores ao Deus de Jacó.

76 Deus é conhecido em Judá, grande é seu nome em Israel. Ali quebrou os arcos e as armas. Tu és mais ilustre que montes de caça. Quem poderá estar diante de ti quando te irares? Tu és temido, e quem a ti fizer votos, cumpra-os. Ele é temível aos reis.

77 Elevo a Deus minha voz, busquei ao Senhor no dia da angústia. De noite minha mão se estende. Lembro-me de teus feitos, medito em tuas maravilhas. Tu és o Deus que opera maravilhas. Pelo mar foi teu caminho, conduziste teu povo pela mão de Moisés e Arão.

78 Escutai, povo, minha lei, contarei parábolas de outrora. Deus deu leis a Jacó, mas eles foram rebeldes. Contudo, Ele os sustentou com maná e água da rocha. Rejeitou Efraim e elegeu Judá. Escolheu Davi, que apascentou seu povo com coração sincero.

79 Ó Deus, nações invadiram tua herança, profanaram teu templo,
derramaram sangue em Jerusalém. Somos oprimidos. Até
quando, Senhor? Ajuda-nos pela glória de teu nome. Pague aos vizinhos
sete vezes. Nós, teu povo, te louvaremos de geração em geração.
80 Ó Pastor de Israel, dá ouvidos, resplandece tua face e seremos
salvos. Por que te iras contra a oração do teu povo? Uma vinha
tiraste do Egito, mas agora está destruída. Volta-te, Senhor, visita esta
vinha. Dá-nos vida e invocaremos teu nome.
81 Exultai a Deus, nossa força, entoai salmos ao Deus de Jacó. Ele
nos livrou do Egito. Mas meu povo não ouviu minha voz, então os
entreguei à sua teimosia. Ah, se me ouvissem, eu abateria seus inimigos.
O Senhor os sustentaria com trigo e mel.
82 Deus está na congregação dos poderosos e julga entre os deuses:
fazei justiça ao pobre e ao necessitado. Eles não entendem e
andam em trevas. Disse: sois deuses, mas como homens morrereis.
Levanta-te, ó Deus, julga a terra, pois tu possuis as nações.
83 Ó Deus, não te cales. Teus inimigos conspiram contra teu povo,
dizendo: risquemos Israel. Constituíram aliança contra ti. Faze-os
como palha ao vento e como fogo que consome o bosque. Enche seus
rostos de vergonha, para que busquem teu nome.
84 Quão amáveis são teus tabernáculos, Senhor! Minha alma suspira
pelos átrios do Senhor. Bem-aventurado o homem cuja força está
em ti. Vale de lágrimas se torna em manancial. Um dia em teus átrios vale
mais que mil. O Senhor é sol e escudo.
85 Favoreceste, Senhor, tua terra e restauraste Jacó. Perdoaste a
iniquidade e retiraste tua ira. Concede-nos novamente vida para
que nos alegremos em ti. A misericórdia e a verdade se encontraram, a
justiça e a paz se beijaram. Senhor, dá-nos o bem.
86 Inclina, Senhor, teu ouvido e responde-me, pois sou necessitado.
Tu és bom e perdoador, abundante em misericórdia. Ensina-me
teu caminho e unifica meu coração. Tu és grande e fazes maravilhas.
Mostra-me sinal do bem, para que inimigos sejam confundidos.
87 Fundada está sua cidade nos montes santos. O Senhor ama
as portas de Sião. Entre os que me conhecem contarei Raabe,
Babilônia, Filístia, Tiro e Etiópia. Ali nasceram. O Senhor confirmará:
todos ali nasceram. E cantores dirão: em ti estão minhas fontes.
88 Senhor, Deus da minha salvação, clamo de dia e de noite diante de
ti. Minha alma está cheia de males e minha vida chega ao Sheol.
Afastaste amigos de mim. Por que rejeitas minha alma? Eu clamo a ti,
estendo as mãos. As trevas são minha companhia.
89 Cantarei as misericórdias do Senhor para sempre. Fiz aliança com
Davi, tua descendência estabelecerei. Mas rejeitaste teu ungido,

derrubaste seu trono. Até quando, Senhor? Onde estão tuas antigas
misericórdias? Bendito seja o Senhor para sempre.
90 Senhor, tu tens sido nosso refúgio de geração em geração. Mil
anos são como um dia diante de ti. Tu reduzes o homem ao
pó. Ensina-nos a contar nossos dias para que alcancemos sabedoria.
Cobre-nos de tua misericórdia e confirma a obra de nossas mãos.
91 Aquele que habita no esconderijo do Altíssimo descansa à sombra
do Onipotente. Direi do Senhor: Ele é meu refúgio. Nenhum mal te
sucederá. Aos anjos dará ordem para te guardarem. Com longura de dias
te fartará e mostrará sua salvação.

PAUSE E MEDITE

Descanso seguro sob as asas divinas

SALMO 91

"AQUELE QUE HABITA no esconderijo do Altíssimo e descansa à sombra do Todo-poderoso diz ao Senhor: Meu refúgio e meu baluarte, Deus meu, em quem confio" (Salmos 91:1-2). Este salmo revela o segredo da proteção divina: intimidade com Deus.

Não é sobre estar geograficamente em lugar seguro, mas espiritualmente no lugar certo. Quem "habita" no esconderijo não é visitante ocasional, mas morador permanente. Vive em comunhão constante com o Altíssimo.

Deus nos livra do laço do passarinheiro (armadilhas sutis) e da peste perniciosa (perigos evidentes). Suas penas nos cobrem como ave protege seus filhotes. Sua verdade é pavês e escudo, isto é, proteção completa.

"Não te sobrevirá mal algum, nem praga alguma chegará à tua tenda" (Salmos 91:10). Isso não significa ausência de dificuldades, mas que nada nos tocará sem permissão divina. Mesmo nas provações, estamos seguros em suas mãos.

Os anjos recebem ordem para nos guardar em todos os nossos caminhos. Pisaremos sobre leão e víbora, calcaremos aos pés o leão novo e a serpente. Não por nossa força, mas pela proteção divina.

A promessa final é preciosa: "Invoca-me no dia da angústia; eu te livrarei, e tu me glorificarás" (Salmos 91:15). Deus não apenas nos protege, mas responde quando clamamos.

Hoje, faça do Altíssimo sua habitação. Não apenas visite-o em momentos de crise, mas more permanentemente em sua presença. Ali você encontrará descanso e segurança que o mundo não pode oferecer.

92 Bom é louvar ao Senhor e cantar louvores ao teu nome. O justo florescerá como a palmeira e crescerá como o cedro. Plantados na casa do Senhor, florescerão em seus átrios. Na velhice ainda darão frutos. O Senhor é minha rocha e nele não há injustiça.

93 O Senhor reina, está vestido de majestade. Firmou o mundo e não vacilará. Mais poderosas são suas águas que o rugir dos mares. Teus testemunhos são firmes, a santidade convém à tua casa, Senhor, para todo o sempre.

94 Ó Senhor, Deus das vinganças, resplandece. Até quando se gloriarão os ímpios? Ele que formou o ouvido não ouvirá? Bem-aventurado o homem a quem tu repreendes. Se o Senhor não tivesse sido meu auxílio, minha alma estaria na sepultura. Ele é minha rocha.

95 Vinde, cantemos ao Senhor, façamos jubiloso som à rocha da nossa salvação. Ele é grande Rei sobre todos os deuses. Vinde, adoremos e prostremo-nos, ajoelhemos diante do Senhor. Hoje, se ouvirdes sua voz, não endureçais vossos corações como em Meribá.

96 Cantai ao Senhor um cântico novo. Anunciai entre as nações sua glória. Adorai ao Senhor na beleza da santidade. Dizei: o Senhor reina. Firmou o mundo para que não vacile. Alegrem-se céus e terra. Ele julgará o mundo com justiça e verdade.

97 O Senhor reina, regozije-se a terra. Nuvens e trevas estão ao redor dele, justiça e juízo são a base de seu trono. Montes se derretem diante do Senhor. Os que amam ao Senhor aborrecem o mal. Ele guarda as almas dos santos e os livra da mão dos ímpios.

98 Cantai ao Senhor um cântico novo, pois Ele fez maravilhas. Celebrai o Rei, todo o mundo. Os rios batam palmas, os montes se alegrem diante do Senhor, porque Ele vem julgar a terra. Julgará o mundo com justiça e os povos com retidão.

99 O Senhor reina, tremam os povos. Ele está entronizado entre os querubins. Santo é o Senhor. Moisés e Arão estavam entre seus sacerdotes. Ele lhes falava. Guardaram seus testemunhos. Exaltai ao Senhor, nosso Deus, pois santo é o Senhor.

100 Celebrai com júbilo ao Senhor, todas as terras. Servi ao Senhor com alegria. Sabei que o Senhor é Deus, foi Ele quem nos fez. Entrai em seus portões com gratidão e em seus átrios com louvor. O Senhor é bom, eterna é sua misericórdia e fidelidade.

101 Cantarei a misericórdia e a justiça. Andarei com coração íntegro em minha casa. Não porei coisa má diante dos meus olhos. Destruirei o que calunia em secreto. Os fiéis habitarão comigo, mas os que praticam dolo não permanecerão diante de mim.

102 Ouve, Senhor, minha oração, não escondas tua face no dia da angústia. Meus dias se consomem como fumaça. Mas tu,

Senhor, permaneces para sempre. Tu levantarás e terás piedade de Sião. Os céus perecerão, mas tu és o mesmo, teus anos não têm fim.

103 Bendize, ó minha alma, ao Senhor, que perdoa iniquidades, sara enfermidades e enche de bens. Como o oriente está longe do ocidente, assim afasta de nós as transgressões. Como pai se compadece dos filhos, assim o Senhor se compadece dos que o temem.

104 Bendize, ó minha alma, ao Senhor. Cobriste-te de luz como de um manto. Fundaste a terra sobre seus fundamentos. As árvores do Senhor se fartam de seiva. Todos esperam de ti sustento. Envias teu Espírito e são criados. Louvarei ao Senhor por toda a vida.

105 Dai graças ao Senhor, fazei conhecidas suas obras. Lembrai-vos das maravilhas que fez. Ele se lembrou de sua aliança com Abraão. Enviou Moisés e Arão, que operaram sinais no Egito. Trouxe seu povo com alegria e lhes deu as terras das nações.

106 Louvai ao Senhor, porque Ele é bom. Nossos pais pecaram no Egito, esqueceram as maravilhas. Rebelaram-se no deserto. Mas Deus os salvou por amor de seu nome. Muitas vezes os livrou, mas foram rebeldes. Ele lembra da aliança e os reúne das nações.

107 Dai graças ao Senhor, porque Ele é bom. Uns andaram perdidos no deserto, outros em prisões, enfermos, em tempestades. Clamaram ao Senhor e Ele os livrou. Ele faz o deserto em lagos e abençoa, mas abate príncipes. Quem é sábio observará estas coisas.

108 Preparado está meu coração, cantarei e darei louvores. Pois grande é tua misericórdia, até os céus. Dá-nos socorro contra o inimigo, pois vão é o socorro do homem. Em Deus faremos proezas, Ele calcará aos pés os nossos adversários.

109 Ó Deus do meu louvor, não te cales. Pois boca enganosa se abriu contra mim. Em troca do meu amor são meus adversários. Constitui sobre ele o ímpio. Ajuda-me, Senhor, pois sou pobre e necessitado. Eu louvarei grandemente ao Senhor em meio à multidão.

110 Disse o Senhor a meu Senhor: assenta-te à minha destra, até que ponha teus inimigos por escabelo. O Senhor enviará de Sião o cetro do teu poder. Tu és sacerdote eterno segundo a ordem de Melquisedeque. Ele julgará entre as nações e exaltará a cabeça.

111 Louvai ao Senhor. Grandes são suas obras, buscadas por todos os que nelas se comprazem. Seu poder e justiça permanecem para sempre. Deu mantimento aos que o temem. Redenção enviou a seu povo. O temor do Senhor é o princípio da sabedoria.

112 Bem-aventurado o homem que teme ao Senhor e se deleita em seus mandamentos. Sua descendência será poderosa. Abundância haverá em sua casa. Não temerá más notícias, seu coração está firme. O ímpio verá e se enraivecerá.

113 Louvai, servos do Senhor. Bendito seja o nome do Senhor desde agora e para sempre. Do nascimento do sol até o ocaso, louvado seja seu nome. Ele levanta o pobre do pó e assenta-o com príncipes. Faz a estéril habitar em família e ser alegre mãe de filhos.

114 Quando Israel saiu do Egito, Judá tornou-se seu santuário. O mar viu e fugiu, o Jordão voltou atrás, os montes saltaram. Que tens, ó mar, que foges? Treme, ó terra, diante do Senhor, que converteu rocha em lago de águas e pedernal em manancial.

115 Não a nós, Senhor, mas ao teu nome dá glória. Os ídolos têm boca e não falam, olhos e não veem. Israel confia no Senhor, Ele é seu auxílio. O Senhor se lembra de nós e nos abençoará. Os mortos não louvam ao Senhor, mas nós bendiremos seu nome.

116 Amo o Senhor, porque ouviu minha voz. Cordéis da morte me cercaram, mas invoquei o Senhor e Ele me livrou. Volta, minha alma, ao teu repouso, pois o Senhor te fez bem. Andarei diante do Senhor. Preciosa é aos seus olhos a morte dos santos.

117 Louvai ao Senhor, todas as nações, exaltai-o todos os povos. Pois sua misericórdia é grande sobre nós, e a fidelidade do Senhor permanece para sempre. Aleluia.

118 Dai graças ao Senhor, porque Ele é bom. Na angústia invoquei o Senhor e Ele me respondeu. A pedra que os edificadores rejeitaram tornou-se a principal. Este é o dia que o Senhor fez. Bendito o que vem em nome do Senhor. Sua misericórdia é eterna.

119 Bem-aventurados os que andam na lei do Senhor. Com todo o coração o buscam. Escondi tua palavra no coração para não pecar contra ti. Lâmpada para meus pés é tua palavra. Grandes são tuas misericórdias. Viva minha alma e louve-te, Senhor.

120 Na minha angústia clamei ao Senhor, e Ele me ouviu. Livra minha alma dos lábios mentirosos. Ai de mim, que peregrino em Meseque e habito em Quedar. Por muito tempo tenho habitado com os que odeiam a paz. Eu sou pela paz, mas eles são pela guerra.

121 Elevo meus olhos para os montes: de onde vem meu socorro? Meu socorro vem do Senhor, que fez os céus e a terra. Ele não permitirá que teu pé vacile. O Senhor te guardará de todo mal. Ele guardará tua saída e tua entrada desde agora e para sempre.

PAUSE E MEDITE

O socorro constante do Senhor

SALMO 121

"ELEVO OS OLHOS para os montes: de onde me virá o socorro? O meu socorro vem do Senhor, que fez os céus e a terra" (Salmos 121:1-2). Este é um salmo de peregrinação, cantado por quem subia a Jerusalém. Ensina-nos onde buscar ajuda verdadeira.

Os montes podem impressionar por sua majestade, mas não são fonte de socorro. Algumas versões antigas adoravam nos altos, mas o salmista sabe que a ajuda vem do Criador dos montes, não dos montes em si.

"Não deixará vacilar o teu pé; não tosquenejará aquele que te guarda" (Salmos 121:3). Deus é guardião vigilante que nunca dorme nem cochila. Enquanto guardas humanos se cansam e adormecem, nosso Guardião celestial mantém vigília constante.

"O Senhor é quem te guarda; o Senhor é a tua sombra à tua direita" (Salmos 121:5). Como sombra nos protege do sol escaldante, Deus nos protege dos perigos da jornada. Está sempre ao nosso lado direito, posição de honra e proteção.

"De dia o sol não te ferirá, nem a lua, de noite" (Salmos 121:6). Proteção completa, 24 horas por dia. Nem os perigos evidentes do dia nem os ocultos da noite nos alcançarão.

"O Senhor guardará a tua saída e a tua entrada, desde agora e para sempre" (Salmos 121:8). Proteção em todos os movimentos da vida: quando saímos de casa, quando voltamos, em todas as transições e mudanças.

Quando você se sentir desamparado, lembre-se: seu socorro vem do Senhor. Ele é guardião fiel que nunca falha, nunca se distrai, nunca abandona seus filhos.

122 Alegrei-me quando me disseram: vamos à casa do Senhor. Jerusalém está edificada como cidade unida. Ali estão os tronos de Davi. Orai pela paz de Jerusalém. Haja paz dentro de teus muros. Por amor da casa do Senhor, buscarei teu bem.

123 A ti levanto meus olhos, ó tu que habitas nos céus. Assim como os servos olham para as mãos dos senhores, assim nossos olhos para o Senhor, até que tenha misericórdia de nós. Tem misericórdia, pois estamos fartos do desprezo e da soberba dos ímpios.

124 Se não fora o Senhor que esteve ao nosso lado, Israel que o diga: ter-nos-iam engolido vivos. As águas teriam passado sobre nós. Bendito seja o Senhor que não nos deu por presa. Nosso auxílio está no nome do Senhor, que fez os céus e a terra.

125 Os que confiam no Senhor são como o monte Sião, que não se abala. Como os montes estão ao redor de Jerusalém, assim o Senhor está em redor de seu povo. Faze bem, Senhor, aos bons de coração. Mas quanto aos que declinam, o Senhor os levará com os malfeitores.

126 Quando o Senhor trouxe do cativeiro os que voltaram a Sião, ficamos como os que sonham. Então nossa boca se encheu

de riso. Os que semeiam em lágrimas segarão com júbilo. Levantando o
feixe, voltarão cantando.
127 Se o Senhor não edificar a casa, em vão trabalham os que a
edificam. Inútil madrugar e comer pão de dores, pois Ele dá
aos seus amados o sono. Os filhos são herança do Senhor. Como flechas
na mão do valente, bem-aventurado o homem que enche deles sua aljava.
128 Bem-aventurado o que teme ao Senhor e anda em seus
caminhos. Comerás do trabalho de tuas mãos, tua mulher será
como videira e teus filhos como oliveiras. O Senhor te abençoará desde
Sião. Verás os filhos de teus filhos e a paz sobre Israel.
129 Muitas vezes me angustiaram desde minha mocidade, mas não
prevaleceram contra mim. O Senhor é justo, cortou as cordas
dos ímpios. Sejam confundidos os que odeiam Sião. Sejam como a erva
dos telhados que seca antes de crescer.
130 Das profundezas clamo a ti, Senhor. Se observares as
iniquidades, quem subsistirá? Mas contigo está o perdão.
Aguardo ao Senhor mais que os guardas pela manhã. Espere Israel
no Senhor, pois nele há abundante redenção. Ele redimirá Israel de
suas iniquidades.
131 Senhor, meu coração não se elevou, nem meus olhos se
levantaram. Não ando em coisas grandes demais para mim.
Acalmei e sosseguei minha alma como criança desmamada com sua mãe.
Espere Israel no Senhor desde agora e para sempre.
132 Lembra-te, Senhor, de Davi e de suas aflições, de como jurou
não dar sono a seus olhos até encontrar lugar para o Senhor.
Levanta-te ao teu repouso, tu e a arca da tua força. O Senhor escolheu Sião
para sua habitação: este é meu repouso para sempre.
133 Quão bom e agradável viverem unidos os irmãos! É como o óleo
precioso sobre a cabeça, que desce sobre a barba de Arão e até
a orla de suas vestes, como o orvalho do Hermom que desce sobre Sião.
Ali ordena o Senhor a bênção e a vida para sempre.
134 Eis aqui, bendizei ao Senhor todos vós, servos do Senhor, que
assistis na casa do Senhor durante as noites. Levantai vossas
mãos ao santuário e bendizei ao Senhor. De Sião te abençoe o Senhor, que
fez os céus e a terra.
135 Louvai ao Senhor, porque o Senhor é bom. Ele escolheu Jacó
para si. Tudo o que o Senhor quis, Ele fez nos céus e na terra.
Julgou Egito com sinais, lançou fora nações e deu a terra a Israel. Bendizei
ao Senhor, ó casa de Israel.
136 Louvai ao Senhor, porque Ele é bom, porque sua misericórdia
dura para sempre. Ele fez os céus com entendimento, tirou
Israel do Egito, dividiu o mar Vermelho e feriu reis poderosos. Ele dá pão
a toda carne. Dai graças ao Deus dos céus.

137 Às margens dos rios da Babilônia nos assentamos e choramos,
lembrando-nos de Sião. Como cantaremos o cântico do Senhor
em terra estranha? Se eu me esquecer de ti, Jerusalém, perca minha
destra sua destreza. Bem-aventurado o que te retribuirá.
138 De todo coração te louvarei, Senhor, na presença dos deuses
a ti cantarei. Tu magnificaste tua palavra acima de todo
nome. Ainda que eu ande no meio da angústia, tu me revives. O Senhor
aperfeiçoará o que me concerne. Tua misericórdia é eterna.
139 Senhor, tu me sondas e me conheces. Sabes quando me
assento e levanto, antes que a palavra me chegue à boca, tu a
conheces. Para onde fugirei de teu Espírito? Tu me formaste no ventre.
Sonda-me, ó Deus, e vê se há em mim caminho mau, guia-me no eterno.

PAUSE E MEDITE

Plenamente conhecido e amado por Deus

SALMO 139

"SENHOR, TU ME sondas e me conheces. Sabes quando me assento e quando me levanto; de longe penetras os meus pensamentos" (Salmos 139:1-2). Este salmo revela a onisciência, onipresença e onipotência de Deus de forma pessoal e íntima.

Deus conhece tudo sobre nós: nossos movimentos (assentar e levantar), nossos pensamentos (antes mesmo de os expressarmos), nossos caminhos (todas as nossas jornadas), nossas palavras (antes de as pronunciarmos). Conhecimento completo e perfeito.

"Para onde me ausentarei do teu Espírito? Para onde fugirei da tua face?" (Salmos 139:7). Não há lugar onde possamos nos esconder de Deus. Sua presença nos alcança em todos os lugares: céus, inferno, extremidades do mar.

"Os teus olhos me viram a substância ainda informe, e no teu livro foram escritos todos os meus dias" (Salmos 139:16). Deus nos conhecia antes do nascimento, planejou nossos dias antes de os vivermos. Somos obra de suas mãos, criados com propósito específico.

"Quão preciosos para mim, ó Deus, são os teus pensamentos!" (Salmos 139:17). O conhecimento divino sobre nós não é ameaçador, mas consolador. Ele pensa em nós constantemente, seus pensamentos são mais numerosos que a areia.

Esta verdade pode assustar ou consolar, dependendo de nossa condição espiritual. Para quem anda com Deus, é fonte de segurança saber que somos plenamente conhecidos e ainda assim completamente amados. Você não precisa se esconder de Deus. Ele já conhece tudo e o ama infinitamente.

140 Livra-me, Senhor, dos homens maus. Eles planejam guerras
e afiam a língua como serpente. Tu és meu Deus forte. Não
concedas, Senhor, os desejos dos ímpios. Sei que o Senhor manterá a
causa do aflito. Os justos louvarão teu nome, os retos habitarão contigo.
141 Senhor, a ti clamo, apressa-te em me ouvir. Suba minha oração
como incenso. Guarda minha boca, não inclines meu coração
para o mal. Fira-me o justo, isso será bondade. Em ti estão meus olhos,
guarda-me das armadilhas dos ímpios, caiam eles nelas.
142 Com minha voz clamo ao Senhor, derramo minha queixa
diante dele. Olha à minha direita e vê: ninguém me conhece.
Tu és meu refúgio e minha porção na terra dos viventes. Livra-me dos que
me perseguem, tira minha alma da prisão para que te louve.
143 Ouve, Senhor, minha oração, não entres em juízo com teu
servo, pois ninguém vivo será justo diante de ti. Minha alma
desfalece, estende tua mão e livra-me dos inimigos. Ensina-me a fazer tua
vontade. Teu Espírito me guie em terra plana.
144 Bendito seja o Senhor, minha rocha, que adestra minhas mãos
para a batalha. Senhor, que é o homem para que o conheças?
Desce teus céus e toca os montes. Livra-me da mão dos estranhos.
Bem-aventurado o povo cujo Deus é o Senhor.
145 Exaltar-te-ei, meu Deus, ó Rei. Grande é o Senhor e digno de
louvor. Uma geração louvará tuas obras a outra. O Senhor
é misericordioso, tardio em irar-se. O Senhor é justo em todos seus
caminhos. Toda carne bendirá seu santo nome para todo o sempre.
146 Louvai ao Senhor, ó minha alma. Não confieis em príncipes.
Bem-aventurado aquele cujo auxílio é o Deus de Jacó. Ele fez
céus e terra, guarda a verdade para sempre. O Senhor abre os olhos dos
cegos, ama os justos. O Senhor reinará para sempre.
147 Louvai ao Senhor, pois é bom cantar louvores. O Senhor edifica
Jerusalém, sara os quebrantados. Ele conta o número das
estrelas e chama-as pelos nomes. Não se deleita na força do cavalo, mas
nos que esperam em sua misericórdia. Louvai ao Senhor.
148 Louvai ao Senhor dos céus, louvai-o nas alturas. Sol e lua,
estrelas e águas, louvem ao Senhor. Reis da terra, príncipes,
jovens e velhos, louvem todos ao Senhor. Seu nome é exaltado, Ele exaltou
o poder de seu povo. Louvai ao Senhor.
149 Cantai ao Senhor um cântico novo. Alegre-se Israel em seu
Criador. Louvem com danças, com adufes e harpas. O Senhor
se agrada de seu povo. Os santos se alegrem em glória e tenham espadas
em mãos. Ele é honra para todos os seus santos. Louvai ao Senhor.
150 Louvai ao Senhor em seu santuário, louvai-o no firmamento.
Louvai-o por seus atos poderosos. Louvai-o com som de

trombeta, com harpa e adufes, com cordas e flautas, com címbalos sonoros. Todo ser que respira louve ao Senhor. Aleluia.

PAUSE E MEDITE

O louvor eterno de toda a criação

SALMO 150

"ALELUIA! LOUVAI A Deus no seu santuário; louvai-o no firmamento do seu poder" (Salmos 150:1). Este é o grande final do saltério, uma explosão de louvor que convoca toda a criação para adorar ao Senhor.

O salmo responde quatro perguntas fundamentais sobre o louvor: Onde louvar? No santuário e no firmamento, tanto no lugar sagrado quanto em toda a criação. Por que louvar? Por seus atos poderosos e pela grandeza de sua excelência.

Como louvar? Com toda variedade de instrumentos: trombeta (chamada para adoração), saltério e harpa (instrumentos de cordas), tamborim e dança (expressão corporal), instrumentos de cordas e flauta (melodia suave), címbalos sonoros e retumbantes (percussão vibrante).

Quem deve louvar? "Todo ser que respira louve ao Senhor" (Salmos 150:6). Não apenas os músicos talentosos ou os espiritualmente maduros, mas toda criatura vivente. O louvor é responsabilidade e privilégio universal.

Este salmo nos ensina que o louvor deve ser: completo (envolvendo todo nosso ser), criativo (usando toda variedade de expressões), corporativo (toda a criação unida) e constante (nossa razão de existir).

O livro de Salmos começou com "bem-aventurado" e termina com "aleluia". Da felicidade do justo ao louvor eterno, eis é a jornada da alma redimida. Fomos criados para louvar, salvos para adorar, e um dia nos juntaremos ao coro celestial.

Hoje, una sua voz ao coro universal. Louve a Deus por quem Ele é, pelo que fez e pelo que fará. Que todo seu ser respire louvor ao Criador!

PROVÉRBIOS

COMPILADO PRINCIPALMENTE COM ditos do rei Salomão, o livro oferece conselhos práticos para o dia a dia e ensina sobre relacionamentos, trabalho, dinheiro, palavras e caráter. Contrasta sabedoria com tolice, mostrando as consequências de boas e más escolhas. É como um manual de vida que ensina princípios atemporais para tomar decisões sábias e viver bem em sociedade.

1 Os provérbios de Salomão ensinam sabedoria e disciplina. O temor do Senhor é o princípio da sabedoria. Filho, não sigas os pecadores. A sabedoria clama nas ruas, adverte os zombadores e promete paz aos que a ouvem, mas juízo aos que a rejeitam.

2 Se buscares a sabedoria como tesouro, entenderás o temor do Senhor. Ele guarda os retos e os justos. A sabedoria livra do mau caminho e da mulher estranha. Os justos habitarão a terra, mas os perversos serão exterminados.

3 Confia no Senhor de todo o coração. Honra-o com teus bens. O Senhor corrige ao que ama. A sabedoria é árvore de vida. Não temas o pavor, nem retenhas o bem. O justo habitará seguro, mas o ímpio será expulso e a maldição habitará em sua casa.

4 Filho, ouve a instrução de teu pai. Conserva o ensino, pois a sabedoria é a coisa principal. Guarda teu coração, pois dele procedem as fontes da vida. O caminho dos justos é luz crescente, mas o dos ímpios é trevas e leva à morte.

5 Filho, atenta à sabedoria. A mulher estranha destila mel, mas seu fim é amargo como absinto. Seus pés descem à morte. Goza com a mulher da tua mocidade e alegra-te em seu amor. O Senhor vê os caminhos do homem e o perverso é preso por suas iniquidades.

6 Filho, se ficaste por fiador, livra-te logo. Vai à formiga, ó preguiçoso, e considera seus caminhos. Seis coisas o Senhor aborrece, e a sétima lhe é abominação: olhos altivos, língua mentirosa, mãos sanguinárias, coração perverso, pés apressados, falso testemunho e semear contendas.

7 Filho, guarda meus mandamentos como a pupila dos olhos. A mulher adúltera, astuta e sedutora leva o jovem insensato à perdição. Suas palavras são doces, mas sua casa conduz ao Sheol. Não sigas por seus caminhos, pois muitos já foram feridos.

8 A sabedoria levanta sua voz e clama nas encruzilhadas. Melhor é que o ouro e a prata, anda na justiça e dá bens duradouros. Estava com Deus desde o princípio, alegrando-me diante dele. Quem me encontra acha a vida, mas quem me rejeita ama a morte.

9 A sabedoria edificou sua casa e convida os simples a comer de seu pão. O temor do Senhor é o princípio da sabedoria. A mulher insensata é ruidosa, atrai os que passam e oferece águas roubadas. Mas seus convidados estão nas profundezas do Sheol.

PAUSE E MEDITE

O temor do Senhor é o princípio da sabedoria

PROVÉRBIOS 1–9

"O TEMOR DO Senhor é o princípio do saber, mas os loucos desprezam a sabedoria e o ensino" (Provérbios 1:7). Esta é a chave-mestra que abre todas as portas da sabedoria verdadeira. Sem ela, todo conhecimento se torna loucura consumada.

Qual a diferença entre um sábio e um louco? O sábio teme a Deus e anda em seus conselhos; o louco despreza a sabedoria divina e confia em seu próprio entendimento. Sabedoria não é acúmulo de informações, mas olhar para a vida com os olhos de Deus. É viver regido pelo ensino da Palavra, não pelos ditames do mundo.

O temor do Senhor não é pavor paralisante, mas reverência que produz obediência. É reconhecer que vivemos na presença de Deus, governados por sua verdade, sabendo que prestaremos contas a Ele. Este temor é o maior freio moral que alguém pode ter; foi ele que livrou José do adultério e Neemias da corrupção.

Provérbios nos ensina que conhecimento sem sabedoria gera soberba opressora. Uma pessoa besuntada de conhecimento, mas sem bom proceder, pode transformar-se num monstro. O século 20 provou isso: do topo do mais refinado conhecimento, a humanidade provocou duas guerras mundiais.

Precisamos não apenas de informação, mas de transformação. Não basta luz na cabeça; precisamos de amor no coração. A verdadeira sabedoria começa quando reconhecemos nossa dependência de Deus e andamos humildemente com Ele.

Hoje, escolha ser sábio. Tema ao Senhor, não por medo, mas por reverência. Busque sua sabedoria, não a do mundo. Lembre-se: o temor do Senhor é o princípio de toda sabedoria verdadeira.

10 Provérbios de Salomão: o filho sábio alegra o pai, mas o tolo entristece a mãe. A justiça livra da morte, mas a boca dos ímpios encobre violência. O justo é abençoado, mas o ímpio terá seus dias abreviados. O temor do Senhor prolonga os dias.

11 Balança enganosa é abominação ao Senhor. A integridade guia os retos, mas a falsidade destrói. A riqueza de nada aproveita no dia da ira. O justo escapa da angústia, mas o ímpio cai. O generoso prosperará. Quem confia em riquezas cairá, mas os justos florescerão.

12 Quem ama a disciplina ama o conhecimento. O bom alcança favor do Senhor. A mulher virtuosa é coroa do marido. O justo cuida de seus animais, mas os ímpios são cruéis. O preguiçoso deseja e nada tem. O caminho da justiça conduz à vida.

13 O filho sábio ouve a instrução do pai. O que anda com sábios será sábio, mas o companheiro dos tolos sofre. A esperança adiada adoece o coração, mas o desejo cumprido é árvore de vida. O que retém a vara odeia o filho, mas o que o ama o disciplina.

14 A mulher sábia edifica sua casa, a tola a derruba. A boca dos tolos derrama insensatez. O simples crê em tudo, mas o prudente atenta a seus passos. Há caminho que parece direito, mas seu fim é morte. O temor do Senhor é fonte de vida.

15 A resposta branda desvia o furor, mas a palavra dura suscita ira. O Senhor vê os maus e os bons. Melhor é pouco com o temor do Senhor do que grande tesouro com inquietação. O caminho da vida é para o sábio. Os planos se confirmam com conselho.

16 Ao homem pertencem os planos do coração, mas do Senhor vem a resposta. O Senhor pesa os espíritos. Quando o caminho agrada ao Senhor, até inimigos se reconciliam. A soberba precede a ruína. Melhor é ser paciente do que herói de guerra.

17 Melhor é um bocado seco com tranquilidade do que casa cheia de contendas. O coração alegre é bom remédio, mas o espírito abatido seca os ossos. O amigo ama em todo tempo. O que justifica o ímpio e o que condena o justo são igualmente abomináveis ao Senhor.

18 Aquele que se isola busca seu próprio desejo. A morte e a vida estão no poder da língua. Quem encontra esposa acha o bem e alcança favor do Senhor. O nome do Senhor é torre forte, nela o justo se refugia. Há amigo mais chegado que irmão.

19 Melhor o pobre que anda em integridade do que o de lábios perversos. O testemunho falso não ficará impune. A ira do rei é como rugido de leão. A casa e a riqueza vêm dos pais, mas do Senhor a esposa prudente. O temor do Senhor conduz à vida.

20 O vinho é escarnecedor e a bebida forte alvoroçadora. O preguiçoso não lavra por causa do frio, mas mendigará na colheita. Lâmpada do Senhor é o espírito do homem, que sonda seu íntimo. Honra é do homem desviar-se de questões, mas o tolo se envolve nelas.

21 O coração do rei está na mão do Senhor. Praticar justiça e juízo é mais aceitável que sacrifício. Melhor é morar no canto do telhado do que com mulher rixosa. O justo considera a casa dos ímpios. Quem tapa os ouvidos ao pobre clamará e não será ouvido.

22 Mais vale o bom nome que grandes riquezas. Instrui o menino no caminho, e até quando envelhecer não se desviará. Não explores o pobre. Não te associes ao iracundo. Não removas os marcos antigos. Viste o diligente. Perante reis será posto.

23 Não cobices iguarias do governante. Não te fatigues para
enriquecer. Não retires o marco antigo. Não invejes o pecador,
antes teme ao Senhor. Filho, dá-me teu coração. O beberrão e o comilão
empobrecerão. Olhos vermelhos são sinais do vinho.

24 Não tenhas inveja dos maus. Com sabedoria se edifica a casa.
Não faças emboscada contra o justo, pois cairá sete vezes e se
levantará. Não te alegres com a queda do inimigo. Teme ao Senhor e ao
rei. O preguiçoso é repreendido pela vinha coberta de espinhos.

25 Também estes são provérbios de Salomão, copiados pelos homens
de Ezequias. A palavra dita a seu tempo é como maçãs de ouro
em salvas de prata. O espírito paciente é melhor que o guerreiro. Comer
muito mel não é bom. Melhor dominar-se que conquistar cidade.

26 Como neve no verão, assim não convém honra ao insensato. O cão
que volta ao vômito é o tolo que repete sua estultícia. O preguiçoso
diz: há um leão no caminho. O que se mete em questão alheia é como
quem toma orelhas de cão.

27 Não te glories do dia de amanhã. O ferro com ferro se afia, assim
o homem ao seu amigo. Melhor é a repreensão franca que o amor
encoberto. O amigo verdadeiro ama em todo tempo. Como água no rosto
reflete o homem, assim o coração mostra quem ele é.

28 O ímpio foge sem que ninguém o persiga, mas o justo é ousado
como leão. O que encobre as transgressões não prosperará, mas o
que as confessa alcançará misericórdia. O que confia no próprio coração é
insensato. O que dá ao pobre não terá falta.

29 O homem que endurece o pescoço será destruído sem remédio.
Quando os justos governam, o povo se alegra. O filho que ama
a sabedoria alegra o pai. O orgulho abaterá o homem, mas o humilde
alcançará honra. Onde não há visão, o povo se corrompe.

PAUSE E MEDITE

Palavras que guiam a vida

PROVÉRBIOS 10–29

"A MORTE E a vida estão no poder da língua; o que bem a utiliza come do seu fruto" (Provérbios 18:21). Nossas palavras têm poder criativo e destrutivo. Podem edificar ou demolir, curar ou ferir, abençoar ou amaldiçoar. Por isso Provérbios dedica tanto espaço ao uso correto da linguagem.

O sábio pesa suas palavras antes de pronunciá-las. Sabe que "na multidão de palavras não falta transgressão, mas o que modera os lábios é prudente" (Provérbios 10:19). Já o tolo derrama palavras sem critério, causando danos irreparáveis aos relacionamentos.

Provérbios nos ensina sobre diferentes tipos de palavras: palavras suaves que quebram ossos duros, palavras oportunas que são como maçãs de ouro em salvas de prata, palavras de sabedoria que fluem como fonte de vida. Mas também alerta sobre palavras perversas, mentirosas e caluniosas que destroem reputações e relacionamentos.

"A resposta branda desvia o furor, mas a palavra dura suscita a ira" (Provérbios 15:1). Quantos conflitos poderiam ser evitados se aplicássemos este princípio! Quantos casamentos seriam salvos, quantas amizades preservadas, quantos ambientes de trabalho seriam mais harmoniosos!

O livro também nos ensina sobre o silêncio sábio: "Até o tolo, quando se cala, é reputado por sábio" (Provérbios 17:28). Há momentos quando a melhor palavra é o silêncio. Saber quando falar e quando calar é marca de maturidade.

Suas palavras revelam seu coração. Elas podem ser instrumentos de vida ou de morte. Escolha usá-las para edificar, encorajar e abençoar. Que suas palavras sejam tempero que dá sabor à vida, não veneno que mata relacionamentos.

30 Palavras de Agur: com Deus nada sei diante de sua sabedoria. Não acrescentes às suas palavras. Duas coisas peço: afasta vaidade e mentira, não me dês pobreza nem riqueza. Há geração que amaldiçoa pai e mãe. Quatro coisas são pequenas, mas sábias.

31 Palavras do rei Lemuel, ensinadas por sua mãe: não dês tua força às mulheres, nem a reis o vinho que perverte o juízo. Abre a boca pelo aflito. Mulher virtuosa, quem a achará? Seu valor excede ao de rubis. Ela teme ao Senhor e suas obras a louvam.

PAUSE E MEDITE

A sabedoria que edifica o lar

PROVÉRBIOS 30–31

"MULHER VIRTUOSA, QUEM a achará? O seu valor muito excede o de rubis" (Provérbios 31:10). O livro de Provérbios termina com um retrato magnífico da sabedoria aplicada ao lar. A mulher virtuosa não é apenas um ideal inatingível, mas um modelo de como a sabedoria divina transforma a vida familiar.

Esta mulher é empreendedora, trabalhadora e sábia. Cuida da casa, mas também desenvolve negócios. É esposa dedicada e mãe exemplar, mas não negligencia seu crescimento pessoal. Sua força não vem da independência arrogante, mas da dependência sábia de Deus.

"Força e dignidade são os seus vestidos, e, quanto ao dia de amanhã, não tem preocupações" (Provérbios 31:25). Sua segurança não está nas circunstâncias, mas no caráter. Não teme o futuro porque confia em Deus. Sua beleza não é externa, mas interna, como atesta Provérbios 31:30: "enganosa é a graça, e vã, a formosura, mas a mulher que teme ao Senhor, essa será louvada".

O lar sábio é construído sobre fundamentos sólidos: temor do Senhor, trabalho honesto, relacionamentos saudáveis e valores eternos. Não é lugar de perfeição, mas de crescimento. Não é ausência de problemas, mas presença de sabedoria para enfrentá-los.

Provérbios 30 nos lembra da importância da humildade: "Não me dês nem a pobreza nem a riqueza; dá-me o pão que me é necessário" (Provérbios 30:8). A sabedoria busca o equilíbrio, evitando extremos que podem nos afastar de Deus.

Seja você homem ou mulher, casado ou solteiro, a sabedoria de Provérbios pode transformar seu lar. Comece aplicando o temor do Senhor, use palavras que edificam e construa relacionamentos baseados na verdade e no amor. Assim seu lar será refúgio de paz num mundo conturbado.

ECLESIASTES

ESCRITO POR UM sábio (possivelmente Salomão) que reflete sobre o sentido da vida. Observa que riqueza, prazer e até sabedoria são vazios quando buscados como fins em si mesmos. Conclui que devemos temer a Deus e obedecer a seus mandamentos, pois Ele julgará todas as ações. É uma reflexão honesta sobre as limitações e frustrações da vida humana, oferecendo perspectiva realista sobre o que realmente importa.

1 Vaidade de vaidades, tudo é vaidade. Uma geração vai, outra vem, mas a terra permanece. O sol nasce e se põe, os rios correm e o mar não se enche. O que foi é o que há de ser. Eu apliquei meu coração à sabedoria e vi: isto é aflição de espírito.

2 Disse eu em meu coração: vem, provar-te-ei com alegria. Fiz grandes obras, plantei vinhas, amontoei prata e ouro. Contudo, tudo era vaidade e aflição de espírito. Vi que sábio e tolo têm o mesmo fim. Melhor é gozar o fruto do trabalho, dom de Deus.

3 Tudo tem seu tempo: nascer e morrer, plantar e arrancar, chorar e rir, amar e odiar. Deus fez tudo formoso em seu tempo e pôs a eternidade no coração. Nada é melhor que alegrar-se e fazer o bem. O homem e o animal têm o mesmo fim: voltar ao pó.

4 Tornei a considerar as opressões debaixo do sol: os oprimidos não tinham consolador. Melhor os que já morreram que os vivos. Melhor dois do que um, pois têm boa recompensa. Se caem, um levanta o outro. O cordão de três dobras não se quebra.

5 Guarda teu pé quando fores à casa de Deus. Não te precipites em falar, cumpre o voto. Quem ama o dinheiro não se farta. O sono do trabalhador é doce, mas a fartura do rico não o deixa dormir. Nu vem o homem e nu tornará. Melhor gozar o trabalho.

6 Há homem a quem Deus dá riquezas e honra, mas não lhe concede desfrutá-las, e o estranho goza delas. O aborto é melhor que ele. Mil anos duas vezes não bastariam se não tem bem. O desejo nunca se farta, tudo é vaidade e correr atrás do vento.

7 Boa é a fama do que o dia da morte. Melhor a casa do luto que a do banquete. Melhor ouvir repreensão do sábio que cântico do tolo. Não sejas demasiadamente justo, nem demasiadamente ímpio. Deus fez o homem reto, mas buscaram muitas invenções.

8 Quem guarda o mandamento não experimentará mal. Há tempo e juízo para toda obra. Vi ímpios sendo honrados em suas cidades. Ainda que o pecador faça o mal cem vezes, prolongando-se, sei que bem sucederá aos que temem a Deus. O homem não alcança as obras.

9 Tudo sucede igualmente: um só acontece a todos, justos e ímpios. Vai, come com alegria teu pão, pois Deus já se agrada das tuas obras. Tudo quanto tua mão achar para fazer, faze-o. A carreira não é dos ligeiros, mas tempo e acaso ocorrem a todos.

10 Moscas mortas fazem o unguento cheirar mal, assim um pouco de estultícia ao sábio. O coração do sábio está à sua direita, o do tolo à esquerda. Se o espírito do governante se exaltar contra ti, não deixes teu lugar. O trabalho do tolo o fatiga.

11 Lança teu pão sobre as águas, porque depois de muitos dias o acharás. Quem observa o vento nunca semeará. Suave é a luz, e

agradável ver o sol. Alegra-te, jovem, em tua mocidade, mas sabe que por
todas essas coisas Deus te trará a juízo.
12 Lembra-te do Criador nos dias da mocidade, antes que venham
os maus dias. Antes que se quebre a cadeia de prata e volte o pó à
terra e o espírito a Deus. Vaidade de vaidades, tudo é vaidade. O fim de
tudo é temer a Deus e guardar seus mandamentos.

PAUSE E MEDITE

Tudo é vaidade sem Deus

ECLESIASTES 1–12

"VAIDADE DE VAIDADES, diz o Pregador; vaidade de vaidades, tudo é vaidade" (Eclesiastes 1:2). Esta declaração ecoa 30 vezes ao longo do livro, como um martelo batendo na bigorna da realidade humana. Salomão, o homem mais rico e sábio de sua geração, descobriu uma verdade amarga: sem Deus, tudo é vazio.

A palavra hebraica *hevel* significa sopro, vapor, névoa que se dissipa. Descreve perfeitamente a vida vivida apenas "debaixo do sol" — na perspectiva meramente horizontal, sem referência ao eterno. Salomão experimentou tudo: riquezas colossais, prazeres refinados, projetos grandiosos, aventuras amorosas. Bebeu todas as taças do prazer até a última gota, mas descobriu que eram apenas bolhas de sabão dançando no mar do nada.

O trabalho se torna fadiga sem propósito. As gerações passam numa eterna mesmice. A natureza gira em ciclos repetitivos (sol, vento, rios) sem progresso real. Os olhos nunca se fartam de ver, os ouvidos nunca se satisfazem de ouvir. Nada é verdadeiramente novo debaixo do sol.

Mas Eclesiastes não termina no desespero. Sua conclusão é gloriosa: "De tudo o que se tem ouvido, a suma é: Teme a Deus e guarda os seus mandamentos; porque este é o dever de todo homem" (Eclesiastes 12:13).

O sentido da vida não está debaixo do sol, mas acima dele. Não está no mundo, mas em Deus. Quando colocamos Deus no centro, a vida ganha significado, o trabalho tem propósito, e até o sofrimento faz sentido. Sem Deus, somos vapor que se dissipa; com Ele, somos eternos.

CÂNTICO DOS CÂNTICOS

É UMA COLEÇÃO DE poemas de amor entre um rei e uma camponesa. Celebra o romance e a intimidade no casamento através de linguagem poética. Tradicionalmente também interpretado como símbolo do amor entre Deus e seu povo. É uma afirmação de que o amor físico e romântico é belo e sagrado quando vivido no contexto apropriado do casamento.

1 Beije-me com os beijos de tua boca, porque melhor é teu amor que o vinho. Leva-me após ti, corramos. Sou morena, mas formosa. O rei me trouxe às suas recâmaras. Eis que és formoso, amado meu. Nosso leito é viçoso, as vigas de nossa casa são de cedro.

2 Eu sou a rosa de Sarom, o lírio dos vales. O amado me trouxe à sala do banquete, seu estandarte sobre mim é amor. Levanta-te, vem, meu amado, porque o inverno passou e a voz da pomba se ouve. Apanha-nos as raposas que estragam as vinhas.

3 De noite busquei em meu leito aquele a quem ama minha alma. Achei-o e não o deixei. Eis a liteira de Salomão, sessenta valentes ao redor. Saí, filhas de Sião, vede o rei com a coroa com que sua mãe o coroou no dia do seu casamento.

4 Eis que és formosa, amada minha. Teus olhos são como pombas, teus lábios como fio de escarlata. Vem comigo do Líbano, noiva minha. És jardim fechado, fonte selada. Levanta-te, vento norte, e vem, vento sul, assopra em meu jardim para exalarem seus aromas.

5 Eu dormia, mas meu coração velava. O amado bateu: abre-me, minha irmã. Abri, mas ele se retirara. Busquei-o, mas não o achei. As sentinelas me feriram. Conjuro-vos, filhas de Jerusalém: se achardes meu amado, dizei-lhe que desfaleço de amor.

6 Meu amado desceu ao seu jardim para apascentar entre os lírios. Tu és formosa como Jerusalém, terrível como exército em bandeiras. Há sessenta rainhas e oitenta concubinas, mas uma é minha pomba. Volta, Sulamita, volta para que te contemplemos.

7 Quão formosos são teus pés nas sandálias, ó filha do príncipe. Teu umbigo é taça redonda, teus seios como cervos gêmeos. Tua estatura é como palmeira, e teus seios como cachos. Eu disse: subirei à palmeira. Teu paladar é como o melhor vinho.

8 Ah, se pudesse te encontrar em público e te beijar sem reprovação! Levar-te-ia à casa de minha mãe e te daria vinho aromado. Põe-me como selo sobre teu coração, porque forte como a morte é o amor. Muitas águas não podem apagá-lo.

PAUSE E MEDITE

O amor forte como a morte

CÂNTICO DOS CÂNTICOS 1–8

"PORQUE O AMOR é forte como a morte, e duro como a sepultura, o ciúme; as suas brasas são brasas de fogo, labaredas do Senhor" (Cântico dos Cânticos 8:6). Esta é uma das declarações mais poderosas sobre o amor em toda a

Escritura. Salomão, inspirado pelo Espírito Santo, revela a força invencível do amor verdadeiro.

Cântico dos Cânticos celebra o amor humano em sua expressão mais pura e bela. Não é apenas poesia romântica, mas revelação divina sobre o relacionamento entre homem e mulher no casamento. Deus criou o amor conjugal como reflexo de seu próprio amor por nós.

O amor verdadeiro é "forte como a morte" porque, assim como a morte é inevitável e irresistível, o amor genuíno conquista todos os obstáculos. Não pode ser comprado com dinheiro nem destruído pelas circunstâncias. "Muitas águas não podem apagar o amor, nem os rios, afogá-lo" (Cântico dos Cânticos 8:7).

Este livro também aponta para o amor de Cristo pela Igreja. Assim como o noivo ama apaixonadamente sua noiva, Cristo nos ama com amor eterno e incondicional. Ele nos busca, nos corteja, nos conquista e nos toma como sua noiva amada.

O amor humano, quando vivido conforme o plano divino, torna-se sombra do amor celestial. No casamento, experimentamos um vislumbre do amor que Deus tem por nós — amor que não falha, não desiste, não se cansa.

Que possamos valorizar o dom sagrado do amor conjugal e, através dele, compreender melhor o amor infinito de nosso Deus.

ISAÍAS

O LIVRO FALA PRINCIPALMENTE ao povo de Judá, que vivia tempos difíceis e de muita incerteza. Nele, encontramos palavras firmes contra a injustiça e a corrupção, mas também mensagens de esperança para o futuro. Isaías anuncia promessas sobre a vinda do Messias e descreve visões de um mundo em paz. Além disso, consola os que estavam no exílio, garantindo que um dia voltariam para sua terra com alegria. É um livro que mistura advertências sérias com a certeza do cuidado e da restauração de Deus.

1 Ouvi, ó céus, e dá ouvidos, ó terra: filhos criei, mas se rebelaram. O boi conhece seu dono, Israel não entende. Vossas mãos estão cheias de sangue. Lavai-vos e purificai-vos. Vinde, arrazoemos: ainda que vossos pecados sejam vermelhos, se tornarão brancos.

2 Nos últimos dias, o monte da casa do Senhor será exaltado e as nações afluirão. Forjarão espadas em relhas. Vinde, andemos na luz do Senhor. A soberba do homem será abatida. O Senhor se levantará contra tudo que é altivo e só Ele será exaltado.

3 O Senhor tira de Jerusalém sustento e apoio. Crianças os governarão, e o povo se oprimirá. As filhas de Sião andam altivas, o Senhor tornará calvas suas cabeças. Tua força cairá pela espada, Sião se assentará desolada, e Jerusalém ficará vazia.

4 Naquele dia, sete mulheres lançarão mão de um homem. O Renovo do Senhor será formoso. O remanescente de Sião será santo. O Senhor criará sobre todo lugar nuvem de dia e fogo de noite. Haverá abrigo para sombra contra o calor e refúgio da tormenta.

5 Cântico da vinha: plantei uma vinha excelente, mas produziu uvas bravas. Ai dos que ajuntam casa a casa, dos que se levantam cedo para beber. Ai dos que ao mal chamam bem. O Senhor erguerá estandarte às nações. Seu furor não se aparta, sua mão está estendida.

6 No ano da morte do rei Uzias, vi o Senhor assentado no alto e sublime trono. Serafins clamavam: Santo, Santo, Santo. Ai de mim, homem de lábios impuros. Um serafim tocou minha boca com brasa. Ouvi a voz: quem há de ir? Eis-me aqui, envia-me a mim.

7 Nos dias de Acaz, o Senhor lhe deu sinal: a virgem conceberá e dará à luz um filho, e chamará seu nome Emanuel. Antes que o menino saiba rejeitar o mal, será desamparada a terra dos reis inimigos. O Senhor trará Assíria como juízo sobre o povo.

8 O Senhor ordenou escrever em rolo: Rápido Despojo, Presto Saqueio. O filho é sinal contra Israel e Judá. Não temais o que eles temem. O Senhor será santuário, mas pedra de tropeço. À lei e ao testemunho. Quem não falar segundo esta palavra não terá luz.

9 O povo que andava em trevas viu grande luz. Um menino nos nasceu, um filho se nos deu, e o principado está sobre seus ombros. Maravilhoso Conselheiro, Deus Forte, Pai da Eternidade, Príncipe da Paz. Seu governo não terá fim. Ai de Israel, que se corrompeu.

10 Ai dos que decretam leis injustas. Que fareis no dia da visitação? O Senhor usará a Assíria como vara de sua ira, mas depois a castigará. Um remanescente voltará ao Poderoso Deus. O Senhor consumará a destruição. O Renovo sairá do tronco de Jessé.

11 Do tronco de Jessé sairá um Renovo. Sobre Ele repousará o Espírito do Senhor. Julgará com justiça os pobres. O lobo habitará com o

cordeiro, e a terra se encherá do conhecimento do Senhor. Ele reunirá os dispersos de Israel de todas as nações.

12 Naquele dia dirás: graças te dou, Senhor, porque a tua ira se retirou. Eis que Deus é a minha salvação. Com alegria tirareis águas das fontes. Cantai ao Senhor, proclamai suas obras entre as nações. Exulta, Sião, porque grande é o Santo no meio de ti.

13 Peso contra Babilônia: o Senhor convoca exércitos para destruir a terra. As estrelas não darão sua luz, o sol se escurecerá. Castigarei o mundo por sua maldade. Farei o homem mais raro que o ouro fino. Babilônia será como Sodoma, jamais habitada.

14 O Senhor terá misericórdia de Jacó. Como caíste do céu, ó estrela da manhã, filho da alva. Tu dizias: subirei acima das estrelas, mas foste precipitado ao Sheol. Todos dirão: é este o homem que fazia tremer a terra? O Senhor fundou Sião, e nela refugiam-se os aflitos.

15 Peso contra Moabe: em uma noite foi assolada. Choraram em Dibon, Nebo e Medeba. Os corações tremem, o clamor chega a Zoar. As águas de Dimom estão cheias de sangue. Sobre Moabe derramarei mais males, porque seu orgulho foi abatido.

16 Enviai cordeiros ao governador da terra. Sede refúgio para os desterrados de Moabe. No trono de misericórdia se assentará em verdade alguém da casa de Davi, que julgue e busque a justiça. Dentro de três anos a glória de Moabe será desprezada.

17 Peso contra Damasco: deixará de ser cidade. Sião se enfraquecerá, como restolho no campo. Olhará o homem para o seu Criador. Ai da multidão de povos que bramem como o mar. À tarde vem o terror, mas antes da manhã eles já não existem.

18 Ai da terra de asas ruidosas, que envia embaixadores pelas águas. Vós, moradores do mundo, vede quando o estandarte for erguido. O Senhor olhará em silêncio. Antes da colheita cortará os renovos. Naquele tempo se trará presente ao Senhor dos Exércitos em Sião.

19 Peso contra Egito: o Senhor monta sobre nuvem ligeira e entra em Egito. Os ídolos estremecem, o coração dos egípcios se derrete. O Senhor secará o mar, entregará Egito em mãos cruéis. Naquele dia haverá altar ao Senhor em Egito, e ele será abençoado.

20 No ano em que Sargom enviou Tartan a Asdode, o Senhor falou a Isaías: anda nu e descalço por três anos, por sinal contra Egito e Etiópia. Assim serão levados cativos, nus e descalços, e os que confiavam em Egito se envergonharão.

21 Peso contra o deserto do mar: como tormenta vem da terra. Babilônia caiu, caiu, e destruídos foram os ídolos. Peso contra Dumá: de Seir gritam ao vigia, e ele responde que vem manhã e também noite. Peso contra Arábia: fugitivos trarão água e pão.

22 Peso contra o vale da visão: houve tumulto e matança, mas não
de espada. O Senhor chamou ao pranto, e eis alegria e banquetes.
Removei o mordomo Sebna e ponde a Eliakim, servo fiel. A estaca firme
será tirada e cairá a carga que nela estava.
23 Peso contra Tiro: lamentai, navios de Társis, porque está assolada.
Cuxã e Egito se envergonharam de sua fortaleza. O Senhor
estendeu a mão sobre o mar e abalou os reinos. Esquecida será Tiro
setenta anos, mas depois tornará a sua contratação.
24 Eis que o Senhor esvazia a terra e a transtorna. A terra pranteia e
se desfalece, os altos povos enfraquecem. Quebrada está a aliança
eterna. O terror, a cova e o laço estão sobre ti. O Senhor reinará em Sião e
fará ouvir sua glória em Jerusalém.
25 Senhor, tu és meu Deus; exaltarei teu nome. Fizeste maravilhas,
conselho fiel. Engolirá a morte para sempre, enxugará lágrimas
de todos os rostos. Naquele dia se dirá: eis que este é nosso Deus; nele
confiamos, e Ele nos salvou. Alegremo-nos em sua salvação.
26 Naquele dia se cantará: temos cidade forte, o Senhor põe salvação
por muros. Confiai no Senhor perpetuamente. O caminho do
justo é reto. Na noite desejo a ti, Senhor. Mortos viverão, teus mortos
ressuscitarão. Vai, povo meu, entra nos teus quartos até passar a ira.
27 Naquele dia o Senhor castigará Leviatã, a serpente veloz. A vinha
dele será guardada. Por expiação será o pecado de Jacó removido.
O Senhor ferirá e ajuntará os filhos de Israel, e eles virão e adorarão ao
Senhor no monte santo em Jerusalém.
28 Ai da coroa soberba dos bêbados de Efraim. O Senhor será
diadema de glória ao remanescente. Eles tropeçam no vinho
e erram na visão. Pedra preciosa foi posta em Sião como fundamento.
Aliança com a morte será anulada, e o flagelo vos pisará.
29 Ai de Ariel, cidade onde Davi habitou. Deus a cercará e abatida
será. O Senhor fará obra maravilhosa: a sabedoria dos sábios
perecerá. Ai dos que escondem planos do Senhor. O barro não dirá ao
oleiro: ele nada sabe. Os mansos aumentarão a alegria no Senhor.
30 Ai dos filhos rebeldes que fazem conselho sem mim. Confiam
no Egito, mas em vão. Em arrependimento e descanso está a
salvação, na quietude e confiança a força. O Senhor será gracioso. Bem-
-aventurados os que esperam nele. Virá luz e cântico no monte santo.
31 Ai dos que descem ao Egito em busca de cavalos e não olham para
o Santo de Israel. O Senhor descerá para pelejar por Sião. Como
ave que paira, o Senhor protegerá Jerusalém. Convertei-vos, filhos de
Israel, da rebeldia. A Assíria cairá pela espada.
32 Eis que reinará um rei com justiça, e príncipes governarão com
retidão. O insensato não será mais chamado generoso. Até que o

Espírito seja derramado do alto, o deserto se tornará campo fértil. O efeito da justiça será paz, e habitação segura.

33 Ai de ti que despojas e não foste despojado. O Senhor é exaltado, encheu Sião de juízo e justiça. O temor do Senhor é teu tesouro. Os pecadores em Sião se assombraram. O Senhor será juiz, legislador e rei. Nenhum morador dirá: estou enfermo.

34 Chegai, nações, para ouvir: o Senhor está indignado contra todas elas. Os céus se enrolarão como rolo, o exército deles cairá. A espada do Senhor se embriagará no céu e descerá sobre Edom. O deserto se tornará em brejo de alcatrão e nunca se apagará.

35 O deserto e a terra se alegrarão, florescerão como lírio. Verão a glória do Senhor. Fortalecei mãos fracas. Os cegos verão, os surdos ouvirão, o coxo saltará, a língua do mudo cantará. Haverá ali caminho santo, e os remidos voltarão a Sião com alegria.

36 No ano catorze de Ezequias, Senaquerribe subiu contra Judá. Rabsaqué falou junto ao aqueduto, desprezando o Senhor e desafiando confiar nele. O povo calou conforme ordem do rei, e os mensageiros vieram a Ezequias com roupas rasgadas.

37 Ezequias cobriu-se de pano de saco e entrou na casa do Senhor. Isaías disse: não temas as palavras de Senaquerribe. Ezequias orou e apresentou a carta. O Senhor respondeu: não entrará nesta cidade. O anjo do Senhor feriu cento e oitenta e cinco mil assírios.

38 Ezequias adoeceu de morte. O Senhor mandou Isaías dizer: põe tua casa em ordem. Ele orou com lágrimas e recebeu mais quinze anos de vida. O sol retrocedeu no relógio de Acaz. Ezequias louvou, dizendo que Deus livra a alma da cova da perdição.

39 Mensageiros da Babilônia vieram a Ezequias, e ele lhes mostrou todos os tesouros de sua casa. Isaías disse: virá tempo em que tudo será levado para Babilônia, e até teus filhos serão eunucos no palácio do rei. Ezequias respondeu: haja paz em meus dias.

PAUSE E MEDITE

Ai do povo que abandona o Santo de Israel

ISAÍAS 1–39

"AI DA NAÇÃO pecadora, do povo carregado de iniquidade, da descendência de malfeitores, dos filhos que procedem corruptamente! Deixaram o Senhor, blasfemaram do Santo de Israel, voltaram para trás" (Isaías 1:4). O profeta Isaías ergue sua voz como trombeta, denunciando o pecado de um povo que conhecia a Deus mas escolheu abandoná-lo.

O "Santo de Israel" é o título favorito de Isaías para Deus, aparecendo 25 vezes em sua profecia. Este título revela tanto a transcendência quanto a imanência do Senhor. Ele é santo, separado de todo pecado, mas também é o Deus de Israel, próximo e comprometido com seu povo.

O abandono de Deus não acontece de uma só vez. É um processo gradual: primeiro vem a frieza espiritual, depois a formalidade religiosa, em seguida a desobediência aberta e finalmente a rebelião declarada. Israel havia chegado ao último estágio.

Isaías denuncia a hipocrisia religiosa: "Para que me serve a multidão de vossos sacrifícios?" (Isaías 1:11). Deus rejeita adoração sem coração, rituais sem arrependimento, ofertas sem obediência. Ele prefere corações quebrantados a holocaustos pomposos.

Mas mesmo no juízo, a misericórdia brilha: "Vinde, pois, e arrazoemos, diz o Senhor; ainda que os vossos pecados sejam como a escarlata, eles se tornarão brancos como a neve" (Isaías 1:18).

Hoje, Deus continua chamando: não abandone o Santo de Israel. Volte-se para Ele de todo coração. Sua santidade não o afasta de você; ela o atrai para uma vida transformada.

40 Consolai, consolai o meu povo, diz o Senhor. Preparai o caminho. Todo vale será exaltado e todo monte abatido. O homem é como a erva, mas a palavra do Senhor permanece. Levantai os olhos e vede quem criou estas coisas. Os que esperam no Senhor renovarão forças.

41 Ilhas, renovai forças. O Senhor chama do oriente um homem para cumprir sua justiça. Não temas, porque eu sou contigo. Sustento-te com minha destra fiel. Vedes, sois nada, vossos ídolos são vento e vaidade.

42 Eis meu servo, em quem se compraz minha alma. Ele trará justiça às nações, não quebrará a cana rachada. Eu, o Senhor, te chamei em justiça e te dei por luz às nações. Os ídolos serão envergonhados.
O Senhor é exaltado como guerreiro.

43 Não temas, pois eu te remi, chamei-te pelo teu nome. Passando pelas águas, estarei contigo. Eu sou o Senhor, fora de mim não há salvador. Eu, eu mesmo, apago tuas transgressões. O povo que formei para mim proclamará meu louvor.

44 Eu sou o primeiro e o último, fora de mim não há Deus. Os ídolos são vaidade. Eu derramarei meu Espírito sobre tua descendência. Tu és meu servo, não te esqueças. Eu apaguei tuas transgressões. De Jerusalém se dirá: será habitada.

45 Assim diz o Senhor a Ciro, seu ungido: Eu te sustentarei, embora não me conheças. Eu sou o Senhor, não há outro. Olhai para mim e sereis salvos, todos os confins da terra. Em mim será justificada toda descendência de Israel.

46 Bel e Nebo se encurvam, seus ídolos são levados. Eu vos sustento
desde o ventre e até a velhice vos carregarei. Não há outro
semelhante a mim. Anuncio o fim desde o princípio. Eu o disse e também
o farei.
47 Desce e assenta-te no pó, ó virgem filha da Babilônia. Não te
chamarão mais senhora dos reinos. Confiaste em tuas maldades
e disseste: ninguém me vê. Virá sobre ti repentina destruição, e tuas
feitiçarias não poderão livrar-te.
48 O Senhor anuncia coisas novas. Por amor do meu nome
retardarei minha ira. Escuta-me, Jacó, eu sou o primeiro e
também o último. Desde o princípio não falei em segredo. O Senhor
redimiu Jacó. Não há paz para os ímpios.
49 O Senhor me chamou desde o ventre, fez de minha boca espada
aguda. Ainda que Israel não se ajunte, serei luz para as nações.
Sião disse: o Senhor me desamparou. Pode uma mãe esquecer seu filho?
Eu não me esquecerei de ti.
50 Assim diz o Senhor: onde está a carta de divórcio de vossa mãe?
Por vossas iniquidades fostes vendidos. O Senhor deu-me língua
erudita para sustentar o cansado. Ofereci minhas costas aos que me
feriam. Quem teme ao Senhor confie nele.
51 Escutai-me, vós que buscais justiça. Olhai para Abraão, pois o
Senhor o chamou só. Minha salvação durará para sempre. Não
temais a afronta dos homens. Desperta, braço do Senhor, como nos dias
antigos. Sião se cobrirá de alegria.
52 Desperta, desperta, reveste-te de força, ó Sião. Sacode o pó,
levanta-te, Jerusalém. Que formosos são os pés do que anuncia
boas novas! O Senhor desnudou seu braço santo. Eis que meu servo
prosperará, será exaltado e mui sublime.
53 Quem creu em nossa pregação? Era desprezado e rejeitado pelos
homens, homem de dores. Levou sobre si nossas enfermidades.
Foi traspassado por nossas transgressões. Como cordeiro foi levado ao
matadouro. Pela sua morte justificará a muitos.
54 Canta, estéril, porque muitos serão os filhos da desolada. Teu
Criador é teu marido, Senhor dos Exércitos é seu nome. Por um
momento te deixei, mas com eterna misericórdia me compadecerei.
Nenhuma arma forjada prosperará contra ti.
55 Vós, todos os que tendes sede, vinde às águas. Buscai o Senhor
enquanto se pode achar. Meus pensamentos não são vossos
pensamentos. Assim será minha palavra: não voltará vazia. Em alegria
saireis, os montes cantarão diante de vós.
56 Bem-aventurado o homem que guarda o sábado e se abstém do
mal. Não diga o estrangeiro: o Senhor me excluirá. Aos eunucos

darei nome eterno. Minha casa será chamada casa de oração para todos os
povos. O Senhor ajuntará os dispersos.
57 Há paz para o justo que morre, mas os ímpios são como mar
agitado. O Senhor repreende a idolatria de Israel. O Alto e Sublime
habita com o contrito e abatido de espírito. Eu o sararei e guiarei, mas não
há paz para os ímpios.
58 Clama em alta voz, anuncia meu povo sua transgressão. O jejum
que escolhi: soltar as ligaduras da impiedade, repartir teu pão
com faminto. Então tua luz romperá como alva. Se chamares o sábado
deleitoso, andarás em minha herança.
59 Nossas iniquidades fazem separação entre nós e nosso Deus.
A justiça está longe, a verdade caiu na praça. O Senhor viu e
desagradou-se. Vestiu-se de justiça como couraça. O Redentor virá a Sião.
O Espírito e minha palavra não se apartarão.
60 Levanta-te, resplandece, porque vem tua luz. As nações
caminharão à tua claridade. Tua porta estará sempre aberta. Em
vez de abandonada, te chamarão Cidade do Senhor. O Sol não será tua luz
de dia, o Senhor será tua glória eterna.
61 O Espírito do Senhor está sobre mim, porque me ungiu para
pregar boas novas aos pobres. Consolar os que choram e dar óleo
de alegria. Edificarão antigas ruínas. Eu os vestirei de salvação. Todos
reconhecerão que são povo abençoado do Senhor.
62 Por amor de Sião não me calarei. As nações verão tua justiça.
Serás coroa de glória na mão do Senhor. Já não te chamarão
desamparada. Sobre teus muros, ó Jerusalém, pus vigias. O Senhor jurou
não te dar mais ao inimigo, serás louvada na terra.
63 Quem é este que vem de Edom, de Bozra, com vestes tintas? É
o que fala em justiça. Pisei sozinho o lagar, meu braço trouxe
salvação. Recordei as misericórdias do Senhor. Eles entristeceram seu
Espírito, mas Ele lembrou-se de Moisés e do rebanho.
64 Quem dera fendesses os céus e descesses. Desde a antiguidade
não se ouviu Deus além de ti. Somos barro, tu és oleiro. Não te
enfureças perpetuamente, Senhor. Nossas cidades estão assoladas, Sião
deserta. Acaso te conterás diante disso?
65 Fui buscado por quem não perguntava por mim. Todo o dia
estendi minhas mãos a povo rebelde. Eis que crio novos céus
e nova terra, e não haverá lembrança das coisas passadas. O lobo e o
cordeiro pastarão juntos, não haverá mal em meu santo monte.
66 Assim diz o Senhor: o céu é meu trono, a terra estrado de meus
pés. Olharei para o contrito de espírito. Eis que vem o Senhor em
fogo e espada para juízo. Regozijai-vos com Jerusalém. De uma lua nova a
outra toda carne virá adorar diante de mim.

PAUSE E MEDITE

Consolai, consolai o meu povo

ISAÍAS 40–66

"CONSOLAI, CONSOLAI O meu povo, diz o vosso Deus. Falai benignamente a Jerusalém e bradai-lhe que já a sua malícia é acabada, que a sua iniquidade está expiada e que já recebeu em dobro da mão do Senhor por todos os seus pecados" (Isaías 40:1-2). Após 39 capítulos de juízo, Deus muda o tom. A disciplina terminou; chegou o tempo da consolação.

Esta seção de Isaías é chamada de "O Evangelho do Antigo Testamento". Aqui encontramos as mais claras profecias sobre o Messias sofredor. O Servo do Senhor que levaria sobre si nossas dores e por cujas pisaduras seríamos sarados (Isaías 53:4-5).

A consolação de Deus não é superficial. Não é um "tudo vai ficar bem" vazio. É baseada na obra redentora do Messias que viria. O consolo divino tem fundamento sólido: a expiação completa do pecado.

"Toda carne é erva... seca-se a erva, e cai a sua flor, mas a palavra de nosso Deus subsiste eternamente" (Isaías 40:6,8). Em meio à fragilidade humana, temos a solidez da Palavra divina. Governos caem, impérios desmoronam, mas as promessas de Deus permanecem firmes.

O Deus que consola é também o Deus que capacita: "Mas os que esperam no Senhor renovarão as suas forças, subirão com asas como águias; correrão e não se cansarão; caminharão e não se fatigarão" (Isaías 40:31).

Você precisa de consolação hoje? Ouça a voz do seu Deus: Ele não apenas perdoa seus pecados, mas renova suas forças para uma nova jornada.

JEREMIAS

O LIVRO ADVERTE JUDÁ sobre a destruição iminente por causa da corrupção e idolatria. Conhecido como "profeta chorão" por suas mensagens tristes, Jeremias enfrentou perseguição por pregar verdades impopulares. Predisse 70 anos de exílio, mas também prometeu uma nova aliança futura. Testemunhou pessoalmente a destruição de Jerusalém que havia previsto. É uma história sobre coragem de falar a verdade mesmo quando ninguém quer ouvir.

1 Deus chama Jeremias desde o ventre para ser profeta às nações. Ele teme ser jovem, mas Deus promete estar com ele e toca sua boca com palavras. Jeremias vê a vara de amendoeira e a panela fervente, sinais do juízo do Norte contra Judá e Jerusalém.

2 O Senhor lembra do amor de Israel no deserto, mas acusa o povo de abandonar a fonte de água viva para cavar cisternas rotas. Sacerdotes, reis e profetas se corromperam. Israel se prostituiu com deuses estranhos e não pode se justificar diante da injustiça.

3 Deus acusa Judá e Israel de adultério espiritual, mas convida ao arrependimento, prometendo pastores fiéis. Israel será restaurado e chamado de volta a Sião. As nações se reunirão para honrar o Senhor. O povo chorará e confessará sua idolatria.

4 Deus chama ao arrependimento, senão virá calamidade do Norte como leão e vento destruidor. Jerusalém será devastada por sua maldade. Jeremias se angustia com a visão da terra vazia e em ruína, pois o juízo do Senhor é inevitável por causa do pecado.

5 O Senhor manda Jeremias procurar um homem justo em Jerusalém, mas não encontra. O povo é rebelde, rico ou pobre, todos quebraram a aliança. Profetas mentem, sacerdotes dominam, e o povo gosta disso. Virá nação estrangeira que devorará colheitas, filhos e cidades.

6 Deus ordena fuga de Jerusalém, pois o mal vem do Norte. Profetas anunciam paz enganosa, mas a destruição é certa. O povo rejeitou a lei do Senhor. Jeremias anuncia que virão estrangeiros como fundidores, provando o povo, que é bronze e ferro corrompido.

7 Jeremias prega no templo: não confiem no santuário, mas emendai caminhos. O Senhor rejeita sacrifícios sem obediência. O povo se entregou à idolatria e injustiça. O vale de Hinom será chamado vale da matança. Judá não escutou, e o castigo é inevitável.

8 Mesmo diante do juízo, Judá não se arrepende. Ossos dos reis e profetas serão expostos. O povo corre para a idolatria como cavalo em batalha. Profetas e sacerdotes curam superficialmente a ferida, dizendo paz quando não há paz. Jeremias chora pelo povo.

9 Jeremias deseja chorar dia e noite pelos mortos de Israel. Deus anuncia que o povo será espalhado entre nações. Não se glorie o sábio na sabedoria, nem o rico nas riquezas, mas em conhecer o Senhor. Judá é incircunciso de coração e será castigado.

10 O Senhor contrasta a vaidade dos ídolos com seu poder como Criador. Ele é o verdadeiro Deus, Rei eterno. Israel será levado em cativeiro por sua injustiça. Jeremias ora pedindo disciplina justa. O Senhor derramará ira sobre as nações que não o conhecem.

11 Deus lembra a aliança feita com os pais e a quebra por Judá. O povo queimou incenso a outros deuses. O Senhor proíbe Jeremias de

interceder. Conspiração é feita contra ele em Anatote. Deus promete puni-los e livrar seu profeta da trama.

12 Jeremias questiona por que prosperam os ímpios. Deus responde que maiores provas virão. O Senhor abandonou sua herança como leão feroz. Nações vizinhas também serão julgadas, mas se aprenderem a seguir o Senhor, serão restauradas em meio a Israel.

13 Jeremias recebe o cinto de linho, escondido junto ao Eufrates, que apodrece. Assim Judá e Jerusalém se corromperam. O Senhor os encherá de embriaguez e despedaçará. Jeremias chora, pois o povo não dá glória ao Senhor. Reis e sacerdotes serão levados cativos.

14 Houve seca, e Judá geme sem água. Jeremias intercede, mas o Senhor rejeita, pois o povo ama vaguear. Profetas mentem dizendo paz. Jeremias chora dia e noite. Deus manda não orar mais por eles. Espada, fome e peste consumirão o povo e os falsos profetas.

15 Deus diz a Jeremias que nem Moisés e Samuel poderiam interceder. O povo será entregue à espada, fome e cativeiro. Jeremias lamenta sua sorte, mas Deus o fortalece: se separar o precioso do vil, será como boca do Senhor. Ele promete livrá-lo dos perversos.

16 Jeremias é proibido de casar ou ter filhos, pois virá juízo. Banquetes e lutos cessarão. O povo será lançado a outras terras por sua idolatria. Contudo, virão dias em que Deus restaurará Israel, trazendo-o do Norte, maior que o Êxodo.

17 Judá está escrito no coração com pena de ferro. Maldito quem confia no homem, bendito quem confia no Senhor. Jeremias ora pedindo cura. O povo profana o sábado, carregando cargas. O Senhor ordena guardar o sábado para que Jerusalém seja preservada.

18 Deus manda Jeremias à casa do oleiro: assim como o vaso pode ser refeito, assim é Israel nas mãos do Senhor. Mas o povo rejeita. Conspiram contra Jeremias. Ele clama para que o Senhor se vingue dos que tramaram sua morte. Jerusalém será destruída.

19 Jeremias quebra um vaso diante dos anciãos, simbolizando o juízo no vale de Hinom. Ali o povo sacrificou filhos a Baal. A cidade será sitiada e devorada por espada e fome. O vale será chamado vale da matança. O povo e reis serão entregues a inimigos.

20 Pasur prende Jeremias e o açoita. Jeremias o renomeia Magor-Missabib, terror por todos os lados. Ele anuncia a queda de Judá. Jeremias lamenta sua missão, amaldiçoa o dia em que nasceu, mas confia que o Senhor é poderoso para livrá-lo e punir inimigos.

21 Jerusalém está cercada, e Zedequias pede conselho. Deus responde que não dará livramento: a cidade será entregue a Nabucodonosor. Quem ficar morrerá de espada, fome e peste; quem se render viverá. O Senhor põe diante deles o caminho da vida e da morte.

22 Deus ordena ao rei de Judá que pratique justiça e livramentos. Se obedecer, o trono será firme, se não, o palácio será desolado. Chorai por Jeoacaz levado cativo. Jeoaquim é condenado por opressão. Jeconias será rejeitado e lançado em terra estranha.

23 Ai dos pastores que destroem o rebanho! Deus promete reunir Suas ovelhas e suscitar pastores fiéis. Virá o Renovo justo, rei da linhagem de Davi. Profetas falsos falam visões de seus corações e enganam o povo. A palavra do Senhor é como fogo e martelo.

24 Jeremias vê dois cestos de figos diante do templo: figos bons representam os levados cativos para o bem; figos ruins, Zedequias e os que ficaram em Jerusalém, que sofrerão espada, fome e peste até serem exterminados da terra.

25 Jeremias profetiza setenta anos de cativeiro sob o rei da Babilônia. Depois Deus punirá a Babilônia e outras nações. Jeremias bebe o cálice da ira do Senhor por todos os povos. Haverá guerra, desolação e espada contra reis, príncipes e povos.

26 No início de Jeoaquim, Jeremias anuncia que o templo será como Siló se não houver arrependimento. Sacerdotes e profetas querem matá-lo, mas os príncipes o defendem. Urias, outro profeta, é morto por Jeoaquim. Jeremias é protegido por Aicam.

27 Jeremias põe jugo sobre o pescoço e anuncia submissão a Nabucodonosor. Quem resistir sofrerá espada, fome e peste. Profetas que dizem paz mentem. Jeremias ordena submeter-se, pois é vontade do Senhor. Os utensílios do templo irão para a Babilônia.

28 Hananias quebra o jugo de madeira do pescoço de Jeremias e profetiza libertação em dois anos. Jeremias responde que profetas de paz se confirmam só se cumprirem. Deus manda Jeremias pôr jugo de ferro: a Babilônia dominará. Hananias morrerá no mesmo ano.

29 Jeremias envia carta aos cativos na Babilônia: edifiquem casas, plantem e busquem a paz da cidade, pois setenta anos se cumprirão antes do retorno. Deus tem planos de paz. Falsos profetas serão punidos. Restará esperança para os exilados fiéis.

PAUSE E MEDITE

Fogo em meus ossos: a Palavra que não cala

JEREMIAS 1–29

"ENTÃO, DISSE EU: Não me lembrarei dele e não falarei mais no seu nome; mas isso foi no meu coração como fogo ardente, encerrado nos meus ossos; estou fatigado de sofrer e não posso mais" (Jeremias 20:9). Jeremias experimentou o peso da vocação profética. A Palavra de Deus queimava em seu interior como fogo incontrolável.

Jeremias foi chamado desde o ventre materno para ser profeta às nações (Jeremias 1:5). Sua missão era dupla: "arrancar e derribar, destruir e arruinar; e também edificar e plantar" (Jeremias 1:10). Primeiro vem a demolição do pecado, depois a construção da justiça.

O profeta enfrentou oposição feroz. Foi perseguido, preso, jogado numa cisterna, considerado traidor da pátria. Sua mensagem de juízo iminente não era popular. Mas ele não podia calar-se — a Palavra de Deus ardia em seus ossos.

Jeremias chorou sobre Jerusalém antes de Jesus chorar. Seu coração se partia vendo o povo caminhando para a destruição. "Oxalá a minha cabeça se tornasse em águas, e os meus olhos, numa fonte de lágrimas! Então, choraria de dia e de noite os mortos da filha do meu povo" (Jeremias 9:1).

A fidelidade de Jeremias nos ensina que obedecer a Deus nem sempre é fácil ou popular. Às vezes, a Palavra de Deus incomoda, confronta, desafia. Mas não podemos silenciá-la.

Você sente o fogo da Palavra em seus ossos? Não tente apagá-lo. Deixe que ela queime, transforme e motive você a ser fiel, mesmo quando for difícil.

30 Deus promete restaurar Israel e Judá. Grande angústia virá, mas Jacó será salvo. O jugo da Babilônia será quebrado. Deus suscitará Davi como rei. O Senhor curará feridas e restituirá cidades. No fim dos dias, o povo compreenderá o amor do Senhor.

31 O Senhor promete nova aliança: restaurará Israel e Judá, trará alegria e consolo. Raquel chora pelos filhos, mas haverá esperança. A lei será escrita no coração. Todos conhecerão o Senhor, que perdoará a iniquidade e não mais se lembrará do pecado.

32 No cerco de Jerusalém, Jeremias compra um campo em Anatote como sinal de esperança futura. Deus promete restaurar o povo após o cativeiro. Apesar da destruição, Ele fará aliança eterna, dando-lhes um só coração e alegria, e os plantará de novo na terra.

33 Deus promete restauração: Judá habitará seguro, Jerusalém será chamada 'Senhor Justiça Nossa'. Haverá sempre descendente de Davi no trono e sacerdotes para servir. O Senhor confirma sua aliança firme como o dia e a noite estabelecidos.

34 Jeremias anuncia a Zedequias que será entregue a Nabucodonosor, mas morrerá em paz. O povo fez aliança de libertar escravos, mas voltou atrás. Deus declara juízo: espada, peste e fome destruirão, e a cidade será entregue ao rei da Babilônia.

35 Os recabitas obedecem ao mandado de seu pai de não beber vinho, habitar em tendas e não possuir campos. Deus os exalta como exemplo de obediência, em contraste com Judá. O Senhor promete que jamais faltará descendente de Jonadabe, filho de Recabe.

36 Jeremias dita a Baruque um rolo com profecias. Jeoaquim o lê e queima no fogo. Deus ordena reescrever o rolo, acrescentando ainda mais palavras. Juízo é declarado contra Jeoaquim: não terá descendente no trono, e será lançado fora sem honra.

37 Zedequias reina, mas não escuta Jeremias. Pede oração, enquanto os caldeus recuam momentaneamente. Jeremias é acusado de deserção, espancado e lançado na prisão. O rei o chama secretamente, mas Jeremias anuncia que Jerusalém será entregue ao rei da Babilônia.

38 Príncipes pedem a morte de Jeremias por desanimar o povo. Ele é lançado numa cisterna, atolado na lama. Ebed-Meleque, etíope, intercede e o retira com cordas. Zedequias consulta Jeremias, que repete: render-se trará vida; resistir trará destruição.

39 Jerusalém cai. Zedequias foge, mas é capturado; seus filhos são mortos diante dele e seus olhos vazados. Ele é levado cativo. A cidade é queimada. Nabucodonosor ordena que Jeremias seja protegido. Ebed-Meleque recebe promessa de livramento por confiar no Senhor.

40 Jeremias é libertado por Nebuzaradã em Ramá. Gedalias é nomeado governador em Mispá e incentiva o povo a servir os caldeus. Judeus dispersos voltam à terra. Ismael conspira contra Gedalias. Jeremias permanece em Judá entre os que ficaram.

41 Ismael mata Gedalias e muitos em Mispá, lançando corpos numa cisterna. Leva cativos, mas é perseguido por Joanã e foge. O povo resgatado teme os caldeus e permanece em Gerute-Quimã, perto de Belém, planejando descer ao Egito.

42 O povo pede a Jeremias oração e promete obedecer. Deus responde que, se ficarem, Ele os edificará; mas se descerem ao Egito, espada, fome e peste os alcançarão. Jeremias adverte: não sigam para o Egito, mas confiem no Senhor para viver.

43 O povo acusa Jeremias de mentira e desce ao Egito, levando-o com Baruque. Em Tafnes, Jeremias esconde pedras e profetiza que Nabucodonosor armará seu trono sobre elas. Judá que busca refúgio no Egito será destruído por espada e fome.

44 Jeremias repreende os judeus no Egito por queimarem incenso à rainha dos céus. Eles insistem em continuar. Jeremias anuncia que perecerão pela espada e fome, só poucos escaparão. Faraó Hofra será entregue a seus inimigos como Zedequias a Nabucodonosor.

45 Deus dá palavra a Baruque: não temas, pois trarei mal sobre toda carne, mas tua vida te darei como despojo. Ele não deve buscar grandezas, mas confiar no Senhor, que preservará sua vida onde quer que vá.

46 Profecia contra o Egito: Nabucodonosor vencerá em Carquemis. O Egito será envergonhado, mas haverá restauração no fim. Israel não deve temer, pois o Senhor o salvará de longe e o fará voltar, embora o discipline com justiça.

47 Profecia contra os filisteus: águas do Norte inundarão, espada devorará até Gaza e Ascalom. O Senhor anunciou destruição completa, e Jeremias lamenta que a espada não se aquiete até cumprir seu mandato contra os filisteus.

48 Profecia contra Moabe: será arrasado, cidades destruídas, orgulho abatido. Moabe será envergonhado como Israel confiou em falsos deuses. O Senhor trará juízo, mas no fim restaurará Moabe nos últimos dias.

49 Profecias contra Amom, Edom, Damasco, Quedar, Hazor e Elão: todos serão destruídos pelo Senhor e espalhados entre as nações. Contudo, Elão será restaurado nos últimos dias. O poder humano não pode resistir ao decreto divino.

50 Profecia contra Babilônia: será tomada do Norte. Israel e Judá buscarão o Senhor juntos. Babilônia será assolada, seus deuses envergonhados. O Senhor suscitará inimigos fortes. Como Babilônia matou, também será desolada.

51 O Senhor anuncia queda da Babilônia: cálice de ouro se tornará vergonha. Reis e guerreiros tremerão. Israel será vingado. Nabucodonosor devorou como monstro. Jeremias ordena ler o livro em Babilônia e lançá-lo no rio, sinal de sua queda eterna.

52 Zedequias reina e se rebela. Nabucodonosor cerca Jerusalém, mata filhos de Zedequias, vaza seus olhos e o leva cativo. O templo é queimado, muros destruídos e povo levado ao exílio. Joaquim é liberto e recebe honra na Babilônia até morrer.

PAUSE E MEDITE

Nova aliança gravada no coração

JEREMIAS 30–52

"MAS ESTA É a aliança que farei com a casa de Israel, depois daqueles dias, diz o Senhor: porei a minha lei no seu interior e a escreverei no seu coração; e eu serei o seu Deus, e eles serão o meu povo" (Jeremias 31:33). Em meio às trevas do juízo, Jeremias vislumbra a aurora da esperança: uma nova aliança baseada na transformação interior.

A antiga aliança foi escrita em tábuas de pedra; a nova seria gravada no coração. A primeira dependia do esforço humano; a segunda seria obra da graça divina. Uma era externa e temporária; a outra seria interna e eterna.

Esta nova aliança incluiria perdão completo: "Porque perdoarei a sua iniquidade e não me lembrarei mais do seu pecado" (Jeremias 31:34). Não seria apenas cobertura do pecado, mas remoção total. Deus não apenas perdoaria, mas esqueceria.

Jeremias comprou um campo em Anatote quando Jerusalém estava sitiada (Jeremias 32:6-15). Era um ato profético de fé no futuro. Mesmo vendo a destruição iminente, cria na restauração prometida. "Porque assim diz o Senhor dos Exércitos, o Deus de Israel: Ainda se comprarão casas, campos e vinhas nesta terra" (Jeremias 32:15).

A nova aliança se cumpriu em Cristo. Ele escreveu a lei de Deus em nossos corações pelo Espírito Santo. Não vivemos mais sob condenação, mas sob graça.

Você já experimentou esta nova aliança? Deus quer transformar seu coração de pedra em coração de carne, gravando nele sua lei de amor.

LAMENTAÇÕES

O LIVRO É COMPOSTO por cinco poemas tristes escritos por Jeremias após a destruição de Jerusalém (586 a.C.), que expressam a dor profunda do povo pela perda de sua cidade e templo. Cada capítulo articula diferentes aspectos do sofrimento nacional. O verso central oferece esperança: "as misericórdias de Deus se renovam a cada manhã". É uma expressão honesta de luto que mostra como processar tragédias coletivas mantendo esperança na bondade de Deus.

1 Jerusalém está solitária como viúva, outrora cheia de povo. Chora amargamente, ninguém a consola. Seus inimigos prosperam, pois o Senhor a afligiu por causa de seus pecados. As ruas gemem, sacerdotes e virgens estão em tristeza, e ela lembra-se dos dias antigos.

2 O Senhor cobriu Sião com nuvem de ira. Destruiu moradas, derrubou fortalezas e rejeitou o altar. Os inimigos triunfam. Filhos e filhas desfalecem nas ruas. Profetas não têm visão. O coração do povo se desfalece, e lágrimas correm sem cessar.

3 Eu sou o homem que viu aflição pela vara da ira. Foi Ele quem me fez andar em trevas, consumiu minha carne e quebrou meus ossos. Contudo, lembro-me: as misericórdias do Senhor são a causa de não sermos consumidos. Grande é a fidelidade. Bom é esperar nele.

4 O ouro perdeu o brilho, pedras sagradas se espalham. Filhos estão famintos, mães cozinham os próprios filhos. Príncipes tornam-se mais negros que carvão. O Senhor cumpriu sua fúria, acendeu fogo em Sião. Nossos olhos se cansaram esperando socorro inútil.

5 Lembra-te, Senhor, do que nos tem sucedido. Nossa herança passou a estranhos, casas a estrangeiros. Somos órfãos sem pai, mães como viúvas. Escravos dominam sobre nós, corremos atrás de pão com risco de vida. Restaura-nos, Senhor, e seremos restaurados.

PAUSE E MEDITE

Grande é a tua fidelidade

LAMENTAÇÕES 1–5

"AS MISERICÓRDIAS DO Senhor são a causa de não sermos consumidos, porque as suas misericórdias não têm fim; renovam-se cada manhã. Grande é a tua fidelidade" (Lamentações 3:22-23). Em meio às ruínas de Jerusalém, Jeremias encontra razão para esperança: a fidelidade inabalável de Deus.

Lamentações é o livro mais triste da Bíblia. Descreve a destruição de Jerusalém em 586 a.C. com detalhes dolorosos. Fome, morte, exílio, desolação — tudo parecia perdido. O templo estava em ruínas, o povo disperso, a nação acabada.

Mas no centro do livro, como diamante brilhando na escuridão, surge esta confissão de fé. Jeremias não nega a dor nem minimiza o sofrimento. Reconhece que Deus disciplinou seu povo, mas afirma que sua fidelidade permanece.

"Bom é o Senhor para os que esperam por ele, para a alma que o busca" (Lamentações 3:25). Mesmo na disciplina, Deus é bom. Mesmo no juízo, Ele é fiel. Suas misericórdias se renovam a cada manhã como o nascer do sol.

A fidelidade de Deus não depende da nossa fidelidade. Quando somos infiéis, Ele permanece fiel, porque não pode negar-se a si mesmo (2Timóteo 2:13). Sua natureza é imutável.

Você está passando por um vale escuro? Lembre-se: as misericórdias de Deus se renovam cada manhã. Sua fidelidade é maior que suas circunstâncias. Ele não o abandonará nem o desamparará.

EZEQUIEL

EZEQUIEL É UM livro escrito para judeus que estavam vivendo como exilados na Babilônia, depois da queda de Jerusalém. O profeta usava visões impressionantes e até ações estranhas para chamar a atenção do povo. Ele anunciou a destruição da cidade e do templo, mas também trouxe esperança: mostrou que Deus restauraria a nação, dando vida nova, como na visão dos ossos secos que se levantaram. O livro termina apontando para um futuro templo renovado.

1 Ezequiel vê visão: vento do Norte, nuvem e fogo resplandecente. Quatro seres com rostos de homem, leão, boi e águia, rodas cheias de olhos, relâmpagos e trovões. Acima, trono de safira e figura de homem em glória. Ezequiel cai e ouve a voz do Senhor.

2 O Senhor envia Ezequiel a Israel, povo rebelde de dura cerviz. Ele deve falar, quer ouçam, quer deixem de ouvir. O Senhor dá rolo escrito de lamentações, prantos e ais. Ezequiel é fortalecido para não temer palavras nem semblantes duros.

3 Ezequiel come o rolo, doce como mel, e é enviado como atalaia para advertir o povo. Se avisar e rejeitarem, morrerão; se não avisar, será culpado. É levado pelo Espírito, vê a glória do Senhor, fica atônito sete dias. É posto como sentinela.

4 Ezequiel deve deitar-se sobre o lado esquerdo trezentos e noventa dias, e quarenta sobre o direito, levando a culpa de Israel e Judá. Come pão de cevada com impureza, símbolo do cerco e fome de Jerusalém. O Senhor reduz ração e água.

5 Ezequiel corta cabelo e barba, divide em três partes: queima, fere com espada e espalha ao vento, sinal do destino do povo. Poucos são preservados. Jerusalém se rebelou mais que nações. Deus envia fome, peste, espada e dispersão como juízo.

6 Profecia contra montes de Israel: altares e ídolos serão destruídos. Muitos cairão pela espada, mas alguns escaparão entre as nações e lembrarão do Senhor. O povo saberá que Ele é o Senhor quando juízos vierem sobre sua idolatria e altares.

7 Vem o fim sobre Israel. O Senhor derrama sua ira: violência, destruição e caos. Não haverá escape por prata ou ouro. O povo será entregue a estranhos, templos profanados e cidades arruinadas. Chegará o dia do juízo, e buscarão paz, mas não haverá.

8 Ezequiel, em visão, é levado a Jerusalém. Vê ídolo de ciúmes, anciãos queimando incenso, mulheres chorando por Tamuz e homens adorando o sol no templo. O Senhor mostra abominações e diz que agirá com furor, não poupará nem terá compaixão.

9 Homens com armas recebem ordem de ferir, mas um marca os que gemem pelas abominações. Os demais são mortos, começando pelo santuário. Ezequiel cai clamando, mas o Senhor declara que sua ira não se desviará até consumir Jerusalém.

10 Ezequiel vê os querubins novamente. O homem vestido de linho pega brasas de entre as rodas e espalha sobre a cidade. Os querubins levantam-se, cheios de olhos nas rodas, e a glória do Senhor se move da casa. Ezequiel contempla a majestade.

11 O Espírito leva Ezequiel à porta do templo, onde príncipes tramam mal. Deus anuncia a morte deles. Pelatias cai morto, e

Ezequiel clama. O Senhor promete tirar coração de pedra e dar de carne, restaurando os fiéis. A glória do Senhor se afasta da cidade.

12 Ezequiel deve agir como exilado, levando bagagem e cavando muro. Sinal do exílio de Zedequias, que será levado à Babilônia sem ver. O povo duvida, mas Deus declara que não haverá mais demora: a palavra se cumprirá, e falsas visões cessarão.

13 Profetas mentirosos seguem seu coração, cobrem a parede com cal e proclamam paz quando não há paz. Deus destruirá suas obras. Profetisas enfeitiçam almas, mas o Senhor libertará seu povo. Não mais verão visões falsas nem adivinhações mentirosas.

14 Anciãos consultam Ezequiel, mas têm ídolos no coração. Deus diz que só Noé, Daniel e Jó salvariam a si mesmos. Jerusalém sofrerá quatro juízos: espada, fome, feras e peste. Contudo, restará um remanescente que testificará entre as nações.

15 Jerusalém é comparada à videira inútil: não serve para madeira, apenas para ser queimada. Assim, Deus a entregará ao fogo. Ela se corrompeu e não produzirá fruto. Saberão que Ele é o Senhor quando for julgada e entregue à desolação.

16 Jerusalém é descrita como criança rejeitada que Deus tomou, adornou e fez rainha. Ela se prostituiu com nações e ídolos. Pior que Sodoma e Samaria, atraiu maior culpa. Deus a entregará, mas lembrará da aliança e firmará pacto eterno.

17 Parábola da grande águia e da videira: Zedequias quebrou aliança com Babilônia e confiou no Egito. Deus o punirá. Contudo, o Senhor plantará um renovo no alto monte, que crescerá em árvore frutífera, sob a qual aves habitarão.

18 O Senhor declara: cada um morrerá por seu pecado. O filho justo não levará culpa do pai, nem o ímpio se beneficiará da justiça paterna. Se o ímpio se converter, viverá. Deus não tem prazer na morte, mas que todos se arrependam e vivam.

19 Lamentação por príncipes de Israel: como leões, foram levados em cadeias. Como videira frutífera, arrancada e lançada ao fogo. Cetro real quebrado, e não há mais poder. Israel é reduzido a lamento e desolação entre as nações.

20 Anciãos consultam Ezequiel. O Senhor relembra a rebeldia de Israel no Egito, no deserto e na terra, profanando seus sábados e buscando ídolos. Promete juízo, mas também restauração. No monte santo, Israel servirá ao Senhor com coração puro.

21 A espada do Senhor está desembainhada contra Jerusalém e os príncipes de Israel. Afia-se para destruir. Nabucodonosor consulta presságios no caminho. O Senhor entrega Zedequias ao juízo: removerá o diadema e a coroa, até que venha Aquele cujo é o direito.

22 Jerusalém é cidade sanguinária: sacerdotes profanam, príncipes exploram, profetas mentem. O Senhor busca alguém que se coloque na brecha, mas não encontra. Espada, fome e dispersão virão. O povo será consumido no fogo da ira por suas abominações.

23 Duas irmãs, Oolá (Samaria) e Oolibá (Jerusalém), se prostituíram com nações estrangeiras. Oolá foi entregue aos assírios. Oolibá multiplicou abominações, confiando nos caldeus. Deus as entregará à vergonha e destruição por sua idolatria e adultério.

24 Jerusalém é comparada a panela cheia de carne sobre fogo. A cidade está imunda e o sangue não é purificado. O Senhor declara juízo e não poupará. No mesmo dia, morre a esposa de Ezequiel, mas ele não deve prantear, sinal da desolação de Jerusalém.

PAUSE E MEDITE

O Senhor que julga e santifica

EZEQUIEL 1–24

"E SABERÃO QUE eu sou o Senhor" - esta frase aparece mais de 60 vezes em Ezequiel. Deus estava determinado a revelar sua santidade através do juízo sobre o pecado. Ezequiel viu a glória de Deus partir do templo porque o povo havia profanado o lugar santo.

Ezequiel era sacerdote e profeta. Conhecia a santidade de Deus e a gravidade do pecado. Sua visão inaugural foi avassaladora: querubins, rodas cheias de olhos, trono de safira, figura humana envolta em fogo (Ezequiel 1). Era uma revelação da majestade divina.

O profeta foi chamado para ser "atalaia da casa de Israel" (Ezequiel 3:17). Sua responsabilidade era avisar sobre o juízo vindouro. Se advertisse, salvaria sua alma; se calasse, seria responsabilizado pelo sangue dos ímpios.

Ezequiel usou dramatizações proféticas para comunicar sua mensagem: deitou-se 390 dias sobre o lado esquerdo e 40 sobre o direito, representando os anos de iniquidade de Israel e Judá (Ezequiel 4:4-6). Cortou seus cabelos com espada, simbolizando a destruição que viria (Ezequiel 5:1-4).

A santidade de Deus exige juízo sobre o pecado. Não é crueldade, mas justiça. Não é vingança, mas retidão. Deus não pode tolerar o mal indefinidamente.

Você reconhece a santidade de Deus? Ela deve produzir reverência, não familiaridade; temor santo, não intimidade presunçosa. Aproxime-se dele com coração puro e mãos limpas.

25 Profecias contra vizinhos: Amom se alegrou da queda e será entregue. Moabe será julgado. Edom se vingou e será destruído.

Filístia se regozijou e será exterminada. O Senhor anuncia que juízos mostrarão que Ele é o Senhor entre as nações.

26 Profecia contra Tiro: muitas nações virão contra ela como ondas. Nabucodonosor a sitiará. Suas muralhas cairão, riquezas saqueadas, cidade arrasada. O som das canções cessará. Tiro se tornará penhasco desnudado, lugar de estender redes de pesca.

27 Lamentação por Tiro, descrita como navio magnífico cheio de riquezas e mercadores de muitas nações. Mas será quebrada no coração dos mares, suas mercadorias afundarão, e os marinheiros chorarão amargamente por sua queda repentina.

28 Profecia contra príncipe de Tiro: exaltou-se como deus, mas será derrubado. Lamentação pelo rei de Tiro: era perfeito até que se achou iniquidade nele. Profecia contra Sidom: cairá pela espada. Israel será reunido e habitará seguro em sua terra.

29 Profecia contra Egito: Faraó é como monstro do Nilo, que será fisgado e lançado ao deserto. O Egito será arruinado quarenta anos, depois restaurado como reino humilde. Israel não confiará mais no Egito, mas saberá que o Senhor é Deus.

30 Dia do Senhor sobre o Egito: espada virá, cidades cairão, aliados perecerão. Deus quebrará o braço de Faraó e fortalecerá o de Nabucodonosor, que trará juízo. O Egito será arruinado, e saberão que o Senhor é o único Deus.

31 O Egito é comparado ao cedro do Líbano, exaltado acima das árvores, mas derrubado pela soberba. Todas as nações se espantam com sua queda. Assim como a Assíria desceu à cova, também o Egito descerá, abatido entre os incircuncisos.

32 Lamentação sobre Faraó: comparado a leão e monstro dos mares, será lançado por terra. O Senhor cobrirá os céus, escurecerá astros e trará medo às nações. O Egito descerá à sepultura com os que caíram pela espada, junto às nações poderosas.

33 Ezequiel é constituído atalaia: se avisar e o ímpio não ouvir, morrerá por sua culpa; se não avisar, o sangue será requerido. O povo em exílio escuta, mas não pratica. Jerusalém cai, e os sobreviventes confirmam as palavras de Ezequiel.

34 Ai dos pastores que se apascentam a si mesmos! O Senhor buscará Suas ovelhas, cuidará delas e levantará Davi como único pastor. Fará aliança de paz e livrará de feras. Israel habitará em segurança, reconhecendo que o Senhor é seu Deus.

35 Profecia contra o monte Seir: Edom será desolado por causa do ódio contra Israel. O Senhor encherá seus montes de mortos e o tornará deserto perpétuo. Quando Israel for restaurado, Edom conhecerá a vingança do Senhor.

36 Montes de Israel receberão fruto, pois o povo voltará. Deus purificará Israel, dará coração novo e espírito novo. Derramará águas limpas, tirará o coração de pedra e porá seu Espírito. As cidades serão reconstruídas e o povo multiplicado.

37 Ezequiel vê vale de ossos secos: ao profetizar, ossos se unem, recebem carne e fôlego, tornando-se exército. Assim será Israel restaurado. Duas tábuas, de Judá e Efraim, tornam-se uma só. O Senhor promete um só rei, Davi, e aliança eterna.

38 Profecia contra Gogue da terra de Magogue: nos últimos dias virá contra Israel. Deus o atrairá, reunirá muitas nações, mas se levantará com ira. Haverá terremoto, espada e chuva de fogo. Assim as nações saberão que Ele é o Senhor.

39 Gogue será derrotado nos montes de Israel. Pássaros e feras comerão cadáveres. A casa de Israel será purificada e restaurada. O Senhor derramará seu Espírito sobre o povo. As nações saberão que Israel foi levado cativo por causa de suas iniquidades.

40 Ezequiel tem uma visão do novo templo, sendo levado a Israel em espírito. Um homem com vara mede portas, átrios e câmaras. Tudo é descrito com detalhes de medidas. O Senhor mostra a estrutura para que Israel se envergonhe e guarde os estatutos.

41 Ezequiel vê o templo: o homem mede portas, átrios, câmaras e o santuário. Há colunas, madeira e ornamentos de querubins e palmeiras. O templo é detalhado em medidas e beleza, mostrando a santidade e a ordem estabelecida pelo Senhor.

42 São medidas das câmaras dos sacerdotes no templo, lugares santos onde comerão as ofertas e guardarão objetos sagrados. O homem mede todo o edifício, confirmando sua perfeição. Tudo é separado entre santo e profano, conforme a ordem do Senhor.

43 A glória do Senhor volta pelo portão oriental, enchendo o templo. Ezequiel cai sobre o rosto. Deus promete habitar para sempre no meio de Israel. Ordena-lhe mostrar a planta para que se envergonhem e guardem leis. O altar é consagrado com sacrifícios.

44 Porta oriental permanecerá fechada, pois o Senhor entrou por ela. Somente o príncipe comerá ali. Levitas infiéis servirão em tarefas menores, mas os filhos de Zadoque ministrarão no altar. Leis do templo são reafirmadas, santidade é exigida.

45 Medidas da terra santa: porção para o santuário, sacerdotes, levitas e cidade. O príncipe terá terras designadas. Ofertas justas são ordenadas: trigo, cevada, azeite e ovelhas. Festas e regulamentos são instituídos para manter a adoração.

46 Leis do culto: o príncipe oferecerá sacrifícios nos sábados e luas novas. Portas orientais abertas nesses dias. O povo adorará.

O príncipe dará herança aos filhos, mas não tomará do povo. Cozinhas separadas são preparadas para sacrifícios.

47 Ezequiel vê rio fluindo do templo, águas que aumentam até se tornarem torrente. Onde passa, traz vida, árvores frutíferas e cura. O mar Morto recebe águas e vive. A terra é repartida por tribos. Estrangeiros terão herança entre Israel.

48 Divisão final da terra entre as doze tribos. Cidade santa tem doze portas com nomes das tribos. O Senhor está ali, e a cidade é chamada 'O Senhor Está Ali'. Assim termina a visão: restauração plena e presença eterna do Senhor em meio ao povo.

PAUSE E MEDITE

O Senhor está ali

EZEQUIEL 25–48

"E O NOME da cidade desde aquele dia será: O Senhor está ali" (Ezequiel 48:35). Após capítulos de juízo e destruição, Ezequiel termina com uma visão gloriosa: um novo templo, uma nova cidade, uma nova era onde Deus habitará para sempre com seu povo.

A visão do novo templo (Ezequiel 40-48) é detalhada e específica. Cada medida, cada porta, cada altar é descrito minuciosamente. Não é apenas arquitetura; é teologia. Deus está mostrando que voltará a habitar no meio de seu povo.

O rio que sai do templo (Ezequiel 47:1-12) simboliza a vida que flui da presença de Deus. Começa como um fio d'água, torna-se ribeiro, depois rio caudaloso onde se pode nadar. Onde passa, traz vida, cura e frutificação.

A divisão da terra entre as tribos (Ezequiel 47:13-48:29) mostra que Deus não esqueceu suas promessas. Cada tribo terá sua herança. A justiça será restaurada, a ordem reestabelecida.

"O Senhor está ali" - esta é a maior promessa que alguém pode receber. Não importa quão escura seja a noite, quão profundo o vale, quão difícil a jornada. Se o Senhor está ali, tudo muda.

Esta promessa se cumpre plenamente em Cristo. Ele é o Emanuel - Deus conosco. E um dia habitará conosco para sempre na Nova Jerusalém.

Você sabe que o Senhor está com você? Sua presença transforma desertos em jardins, lágrimas em alegria, medo em confiança. Ele nunca o deixará nem o desamparará.

DANIEL

O LIVRO NARRA COMO Daniel e seus amigos mantiveram sua fé em ambiente hostil. Daniel interpretou sonhos de reis sobre futuros impérios mundiais. Seus amigos sobreviveram à fornalha ardente, e Daniel à cova dos leões. Inclui visões sobre o futuro reino de Deus. É uma história inspiradora sobre manter integridade e fé mesmo sob pressão para abandonar suas convicções.

1 Daniel e seus amigos são levados cativos à Babilônia. Recusam-se a comer manjares do rei, pedindo legumes e água. Deus lhes dá saúde e sabedoria. Daniel é dez vezes mais sábio que todos os magos e encantadores. O Senhor exalta seus servos fiéis.

2 Nabucodonosor sonha com estátua de ouro, prata, bronze, ferro e barro. Daniel revela que são reinos sucessivos até o fim. Uma pedra destrói a estátua e enche a terra, simbolizando o reino eterno do Senhor. Nabucodonosor honra Daniel e o exalta.

3 Nabucodonosor ergue estátua de ouro e ordena adoração. Sadraque, Mesaque e Abede-Nego recusam e são lançados na fornalha ardente. O Senhor envia um anjo e os livra. O rei se espanta e reconhece o poder do Deus deles, promovendo-os em Babilônia.

4 Nabucodonosor sonha com árvore grande cortada, restando cepo preso. Daniel interpreta: o rei será humilhado e viverá como animal até reconhecer que o Altíssimo governa. O sonho se cumpre. Depois o rei engrandece o Senhor e é restaurado ao trono.

5 Belsazar profana vasos do templo em festa. Uma mão escreve na parede: 'MENE, MENE, TEQUEL, PARSIM'. Daniel interpreta: Deus contou o reino, pesou e o achou em falta, e será dividido. Nessa noite, Belsazar é morto, e Dario, o medo, recebe o reino.

PAUSE E MEDITE

Deus honra quem permanece fiel

DANIEL 1–6

"DANIEL, PORÉM, ASSENTOU no seu coração não se contaminar com as iguarias do rei, nem com o vinho que ele bebia" (Daniel 1:8). Em terra estranha, sob pressão cultural intensa, Daniel tomou uma decisão que definiria toda sua vida: permaneceria fiel a Deus, custasse o que custasse.

Daniel e seus amigos foram levados cativos para Babilônia ainda jovens. Foram selecionados para um programa de aculturação: três anos de educação babilônica para servirem no palácio real. O objetivo era fazê-los esquecer sua identidade e abraçar a cultura pagã.

Mas eles se recusaram a se contaminar. Não era apenas questão de dieta; era questão de lealdade. Comer da mesa do rei significava aceitar sua cosmovisão, seus valores, seus deuses. Daniel preferiu legumes e água a comprometer sua fé.

Deus honrou sua fidelidade. Daniel tornou-se o homem mais sábio do império, conselheiro de reis, intérprete de sonhos. Seus amigos foram promovidos a altos cargos. Quando foram jogados na fornalha ardente por não adorarem a estátua de ouro, Deus os livrou sem nem cheiro de fogo.

Daniel serviu fielmente por mais de 70 anos, atravessando vários reinados. Mesmo aos 80 anos, quando foi jogado na cova dos leões por não parar de orar, Deus o protegeu miraculosamente.

A fidelidade tem seu preço, mas também tem sua recompensa. Deus honra quem o honra. Seja fiel nas pequenas coisas, e Ele o fará fiel nas grandes.

6 Invejosos armam contra Daniel, proibindo oração. Ele continua orando ao Senhor e é lançado na cova dos leões. O anjo do Senhor fecha a boca dos leões. Dario se alegra e decreta temor ao Deus de Daniel. Ele prospera no reinado de Dario e Ciro.

7 Daniel vê quatro animais: leão, urso, leopardo e um terrível com dez chifres. Um pequeno chifre se exalta. O Ancião de Dias se assenta, e o Filho do Homem recebe domínio eterno. Os santos possuirão o reino. Daniel fica perturbado pela visão.

8 Visão do carneiro com dois chifres e do bode com chifre notável. O bode quebra o carneiro, e um pequeno chifre cresce, profanando o santuário. Daniel ouve que será por 2.300 tardes e manhãs. Gabriel explica que são reis e impérios futuros.

9 Daniel ora confessando pecados do povo. O anjo Gabriel anuncia setenta semanas decretadas para expiação e justiça eterna. Do decreto até o Ungido, haverá semanas fixadas. O Ungido será cortado, e virão desolações até o fim do determinado.

10 Daniel vê visão de homem vestido de linho, com rosto como relâmpago. Ele cai sem forças, mas é fortalecido. O anjo revela batalha espiritual contra o príncipe da Pérsia e fala do apoio de Miguel, príncipe do povo de Israel.

11 O anjo descreve guerras entre reis do Norte e do Sul, alianças e traições. Levanta-se rei soberbo, profana o santuário e estabelece abominação desoladora. O povo que conhece ao seu Deus será forte. Muitos cairão, mas receberão purificação.

12 Miguel se levantará no tempo de angústia sem igual. Muitos que dormem ressuscitarão, uns para vida eterna e outros para vergonha. Os sábios resplandecerão como estrelas. Daniel é instruído a selar o livro até o fim. Bem-aventurado quem perseverar.

PAUSE E MEDITE

O reino que não terá fim

DANIEL 7–12

"E O REINO, e o domínio, e a majestade dos reinos debaixo de todo o céu serão dados ao povo dos santos do Altíssimo; o seu reino será um reino eterno, e todos os domínios o servirão e lhe obedecerão" (Daniel 7:27). Daniel viu além dos reinos temporais; ele contemplou o reino eterno de Deus.

As visões proféticas de Daniel revelam o curso da história: quatro impérios mundiais (Babilônia, Medo-Pérsia, Grécia, Roma) seriam seguidos pelo reino de Deus que jamais seria destruído. A pedra cortada sem auxílio de mãos esmiuçaria todos os reinos humanos (Daniel 2:34-35).

Daniel viu "um como o Filho do Homem" vindo com as nuvens do céu, recebendo domínio eterno (Daniel 7:13-14). Esta é uma das mais claras profecias messiânicas do Antigo Testamento. Jesus aplicou este título a si mesmo mais de 80 vezes nos Evangelhos.

As 70 semanas de Daniel (Daniel 9:24-27) revelam o cronograma da redenção: desde a ordem para reconstruir Jerusalém até a vinda do Messias, sua morte expiatória e a consumação final. É profecia de precisão matemática.

Daniel foi chamado "homem muito amado" (Daniel 10:11). Mesmo em terra estranha, longe do templo, ele manteve comunhão íntima com Deus através da oração e do estudo das Escrituras.

Os reinos deste mundo passarão, mas o reino de Deus permanecerá para sempre. Você é cidadão deste Reino eterno? Cristo é seu Rei? Viva hoje à luz da eternidade.

OSEIAS

A HISTÓRIA GIRA EM torno do casamento do profeta Oseias com uma prostituta, usado como símbolo para mostrar como Israel havia se afastado de Deus. Oseias viveu essa experiência para que seu povo entendesse a gravidade da idolatria e da injustiça. Ainda assim, seu amor persistente revelava o coração de Deus, que, mesmo diante da traição, continuava disposto a restaurar e renovar a relação com aqueles que o abandonaram.

1 O Senhor manda Oseias casar-se com uma mulher adúltera, símbolo da infidelidade de Israel. Os filhos recebem nomes proféticos: Jezreel, Lo-Ruama e Lo-Ami. Mas Deus promete que Israel será numeroso e o povo chamado de filhos do Deus vivo, reunindo Judá e Israel.

2 Israel é comparado à esposa infiel, que segue amantes e ídolos. O Senhor a castigará, mas depois a atrairá ao deserto e falará ao coração. Nova aliança será firmada: Deus será esposo fiel, e o povo chamará o Senhor de 'meu marido'.

3 O Senhor manda Oseias amar novamente uma mulher adúltera, como Deus ama Israel. Ele a redime e ordena que fique com ele em fidelidade. Israel ficará muitos dias sem rei nem sacrifício, mas buscará o Senhor e Davi seu rei nos últimos dias.

4 O Senhor acusa Israel de não ter verdade, amor e conhecimento. Há maldição: sangue, adultério e idolatria. Sacerdotes rejeitaram conhecimento e tropeçaram. O povo consulta ídolos de madeira. O Senhor rejeita Israel e Judá por sua corrupção.

5 Oseias anuncia juízo sobre sacerdotes, reis e povo, pois buscaram ídolos. Efraim será devastado, Judá tropeçará. Leões devorarão, e o Senhor se retirará ate que busquem sua face na angústia. O povo sofrerá por sua infidelidade.

6 O povo diz: 'Venhamos ao Senhor, Ele nos sarará'. Mas seu amor é passageiro como orvalho. O Senhor deseja misericórdia e não sacrifícios, conhecimento de Deus mais que holocaustos. Israel transgrediu, Judá colheu também corrupção.

7 Efraim é como forno ardente de adultério e conspiração. Reis caem, e ninguém clama ao Senhor. Efraim é como pomba enganada, que voa para Egito e Assíria. Seu coração é falso. O Senhor deseja redimi-los, mas eles falam mentiras contra Ele.

8 Israel semeou vento e colherá tempestade. Fez ídolos de prata e ouro, rejeitando o bem. Subiu à Assíria como jumento selvagem. O Senhor rejeitará sacrifícios, lembrará iniquidades e entregará Israel às nações. Samaria será destruída.

9 Israel se alegrou em idolatria, mas será levado ao exílio. O Egito os receberá. Não habitarão na terra do Senhor, comerão pão imundo. Oseias chora pelos dias de castigo. Efraim será como ave sem filhos. Gilgal se tornou lugar de maldade.

10 Israel é videira frondosa que multiplica ídolos. O Senhor derrubará altares e reis. O povo clama sem temor. Vira jugo pesado. Betel será destruído. O Senhor chama a lavrar novo campo, pois é tempo de buscar ao Senhor até que venha e chova justiça.

11 Quando Israel era menino, o Senhor o amou e chamou do Egito seu filho. Mas eles se voltaram a ídolos. Meu coração se comove, não

executarei todo furor. Eles voltarão do Egito e da Assíria, e andarão após o Senhor, que os guardará.

12 Efraim cerca o Senhor com mentiras, Judá ainda vacila. Jacó lutou com o anjo e prevaleceu. O Senhor é o Deus dos exércitos, cujo nome é Senhor. Efraim multiplicou altares e riquezas injustas. Deus trará juízo por seus pecados.

13 Quando Efraim falava, havia temor, mas se exaltou em Baal e morreu. O Senhor será como leão e leopardo, devorando. O povo pediu rei, mas será destruído. A iniquidade está guardada. A morte será vencida, mas Efraim será árido e expulso.

14 Israel é chamado ao arrependimento: 'Perdoa toda iniquidade'. O Senhor promete curar a infidelidade, ser como orvalho, e Israel florescerá como lírio e cedro. Os ídolos serão rejeitados. O sábio entenderá que os caminhos do Senhor são retos.

PAUSE E MEDITE

O amor incomparável de Deus

OSEIAS 1–14

O LIVRO DE OSEIAS revela um amor que ultrapassa nossa compreensão. O profeta foi chamado não apenas para falar, mas para encarnar a mensagem divina. Seu casamento com Gômer, uma mulher infiel, tornou-se retrato vivo da relação entre Deus e Israel. Assim como Gômer abandonou Oseias, Israel virou as costas para o Senhor, entregando-se à idolatria. A dor do profeta refletia a dor de Deus diante da traição de seu povo.

Entretanto, o coração divino não se fecha na ira. O Senhor declara: "Como te deixaria, ó Efraim? Como te entregaria, ó Israel?" (Oseias 11:8). Há um amor que não consegue desistir, que insiste em restaurar. Esse amor incomparável se expressa em ações concretas: "Portanto, eis que eu a atrairei, e a levarei para o deserto, e lhe falarei ao coração" (Oseias 2:14).

Oseias comprou sua esposa de volta, prefigurando o resgate que Cristo faria na cruz. Assim, vemos que o amor de Deus não é mero sentimento, mas entrega sacrificial. Ele paga o preço da nossa liberdade.

Tal mensagem toca profundamente nossa vida. Talvez você já tenha experimentado quedas, distâncias e infidelidades espirituais. Ainda assim, o amor incomparável de Deus continua a buscá-lo. Ele não ama porque você é fiel, mas apesar da sua infidelidade. Hoje Ele o chama de volta. Nos braços do Pai há perdão, restauração e vida nova.

JOEL

O LIVRO USA UMA praga devastadora de gafanhotos como símbolo de julgamento vindouro da parte de Deus. Chama o povo ao arrependimento através de jejum e oração, prometendo que Deus derramará seu Espírito sobre todas as pessoas. Esta promessa se cumpriu parcialmente no Pentecostes. É uma mensagem sobre como calamidades podem ser chamadas ao arrependimento e sobre a democratização da experiência espiritual.

1 Joel anuncia praga de gafanhotos que devastou a terra, símbolo do juízo. Anciãos, sacerdotes e lavradores lamentam. O templo fica sem ofertas, o campo desolado. O profeta conclama ao jejum e clamor, pois o Dia do Senhor está próximo com destruição.

2 Joel chama ao arrependimento, pois vem o Dia do Senhor com exército de fogo e trevas. Rasgai o coração, não as vestes. O Senhor é misericordioso. Ele promete restauração, abundância e derramar seu Espírito sobre toda carne. Quem invocar será salvo.

3 O Senhor reunirá nações no vale de Josafá para juízo, porque espalharam Israel. As nações são convocadas para batalha. O Senhor rugirá de Sião e será refúgio de seu povo. Judá será habitada para sempre, e Jerusalém será santa e purificada.

PAUSE E MEDITE

Derramarei o meu Espírito sobre toda carne

JOEL 1–3

O LIVRO DE JOEL aponta para um tempo em que o juízo e a graça se encontram. As pragas e calamidades que assolavam Judá eram sinais de que o povo havia se afastado de Deus. No entanto, a mensagem não termina em condenação, mas em promessa: "E acontecerá, depois, que derramarei o meu Espírito sobre toda a carne" (Joel 2:28).

Essa promessa é grandiosa porque não se limita a um grupo específico, mas alcança a todos: filhos e filhas, jovens e velhos, servos e servas. O Espírito Santo não é privilégio de poucos, mas dádiva abundante para todos os que invocarem o nome do Senhor. No Pentecostes, essa palavra se cumpriu, quando homens e mulheres foram cheios do Espírito e saíram a anunciar as maravilhas de Deus com ousadia.

Essa promessa continua atual. O mesmo Espírito que veio sobre a igreja primitiva é derramado ainda hoje sobre aqueles que se rendem ao Senhor. Ele quebra barreiras de gênero, idade e posição social, unindo todos em um só corpo.

Você tem buscado viver cheio do Espírito? Não se contente em viver uma fé apenas ritual ou superficial. O Senhor deseja derramar sobre sua vida o Espírito que traz poder, coragem, consolo e direção. Abra o coração, clame pela presença dele e contemple o Espírito transformar cada área de sua vida.

AMÓS

O LIVRO DENUNCIA A injustiça social no próspero reino do Norte. Seu famoso clamor "corra a justiça como águas" critica a religiosidade vazia da elite que oprimia os pobres. Predisse destruição através do exílio, mas prometeu restauração futura. É uma mensagem poderosa sobre como a verdadeira religião deve resultar em justiça social, não apenas em rituais.

1 O Senhor ruge de Sião contra Damasco, Gaza, Tiro, Edom e Amom por suas transgressões. Cada nação é julgada por crueldade e violência. Deus anuncia que enviará fogo e destruição sobre seus palácios, mostrando que ninguém escapará de seu juízo.

2 Juizo sobre Moabe, Judá e Israel. Moabe queimou ossos do rei de Edom. Judá rejeitou a lei do Senhor. Israel oprimiu pobres e praticou imoralidade. O Senhor lembra seus atos de libertação e levanta profetas, mas o povo recusa ouvir.

3 O Senhor chama Israel a ouvir: só a quem muito foi dado será cobrado. O leão rugiu, quem não temerá? Profetas anunciam o segredo do Senhor. Virá juízo: palácios destruídos, altares de Betel quebrados, e a confiança do povo será abalada.

4 O Senhor denuncia vacas de Basa que oprimem pobres. Fala de fomes, secas, pestes e pragas, mas Israel não se voltou a Ele. 'Prepara-te para te encontrares com teu Deus'. Ele formou montes, cria ventos e anuncia pensamentos humanos.

5 O Senhor lamenta a queda de Israel: buscai a Ele e vivereis, não a Betel. Ai dos que transformam juízo em alosna. O Senhor criou as Plêiades e o Orion. Rejeita festas e sacrifícios sem justiça. 'Corra o juízo como as águas e a justiça como ribeiro.'

6 Ai dos que estão à vontade em Sião, confiantes em Samaria. Deitam-se em camas de marfim, banqueteiam, mas não se afligem pela ruína de José. O Senhor jurou: vira exílio. Grandes casas serão destruídas, e a soberba será abatida.

7 O Senhor mostra a Amós visões: gafanhotos e fogo, mas ele intercede, e o Senhor se arrepende. Vê o prumo do juízo: Israel não se levantará. Amazias acusa Amós diante do rei. Amós responde que não é profeta por profissão, mas chamado por Deus.

8 Amós vê cesto de frutos maduros: chegou o fim de Israel. O Senhor rejeita cânticos e festas. Vira fome, não de pão, mas de ouvir a palavra do Senhor. Jovens desfalecerão buscando, mas não acharão. O juízo é certo e irreversível.

9 O Senhor está sobre o altar: ninguém escapará. O juízo cairá até nas profundezas. Israel será peneirado entre as nações, mas não se perderá um grão fiel. Deus restaurará o tabernáculo caído de Davi, e haverá abundância e restauração final.

PAUSE E MEDITE

A fé que Deus rejeita e a vida que Ele aprova

AMÓS 1–9

O PROFETA AMÓS ERGUEU a voz como uma trombeta contra uma sociedade mergulhada na corrupção e na injustiça. Enquanto os ricos viviam em palácios luxuosos e multiplicavam rituais religiosos, os pobres eram esmagados, e a justiça era vendida nos tribunais. Diante desse cenário, Deus declarou: "Corra, porém, a justiça como as águas, e a retidão, como ribeiro perene" (Amós 5:24).

A mensagem de Amós é clara: não há verdadeira adoração sem justiça. Deus não se agrada de cânticos, dízimos e festas quando o coração está longe dele e os fracos são esquecidos. O culto vazio, divorciado da vida prática, torna-se afronta ao Senhor. Ele chama o seu povo a viver em retidão, a socorrer o oprimido, a cuidar do necessitado, a tratar o próximo com dignidade.

Esse chamado perdura ainda hoje. Vivemos em um mundo marcado pela desigualdade, pela exploração e pela indiferença. A palavra de Amós nos convida a examinar nossa vida: será que temos usado a fé apenas como ritual ou temos buscado viver em integridade diante de Deus e dos homens?

O Senhor deseja que a justiça seja parte do nosso cotidiano: em casa, no trabalho, na igreja, na sociedade. Que nossas palavras e ações sejam rios de vida para os que sofrem. E que, ao nos aproximarmos de Deus, não apenas levantemos mãos em oração, mas também estendamos mãos em serviço.

OBADIAS

O MENOR LIVRO DA Bíblia condena Edom por trair Judá durante a invasão babilônica. Enquanto Jerusalém era destruída, os edomitas se alegraram e participaram da pilhagem. Promete que "como fizeste, assim te farão" e que "o reino será do Senhor". É uma mensagem sobre justiça divina e como Deus defende os oprimidos contra seus opressores.

1 Visão de Obadias: juízo contra Edom por causa do orgulho e violência contra Jacó. Edom será humilhado e destruído. O Dia do Senhor se aproxima contra todas as nações. Mas em Sião haverá livramento, e o reino será do Senhor.

PAUSE E MEDITE

O orgulho precede a queda

OBADIAS 1

OBADIAS LEVANTA SUA voz contra o pecado de Edom, descendente de Esaú, que se exaltava em sua posição geográfica privilegiada, acreditando-se invencível. Orgulho e crueldade marcaram sua história. Quando Jerusalém caiu, Edom não apenas se alegrou com a desgraça do irmão, mas colaborou com os inimigos, entregando fugitivos e saqueando os bens do povo de Deus.

A mensagem do profeta é clara: a soberba engana, ilude e conduz à ruína. "A soberba precede a ruína, e a altivez de espírito, a queda" (Provérbios 16:18). Edom se achava protegido em suas fortalezas rochosas, mas Deus declarou que, ainda que colocasse o ninho entre as estrelas, de lá seria derrubado (Obadias 4). O Senhor resiste ao soberbo e não permite que a arrogância prevaleça.

Essa advertência reverbera para nós. Quantas vezes depositamos nossa segurança em recursos, talentos, posição ou conquistas? Quantas vezes nos sentimos autossuficientes e esquecemos que tudo vem de Deus? O orgulho continua sendo armadilha para o coração humano. Ele nos cega para nossa dependência do Senhor e nos afasta da humildade que atrai a graça dele.

A queda de Edom nos lembra que ninguém pode zombar de Deus. Aquilo que o homem semeia, isso também colherá (Gálatas 6:7). Se semearmos soberba, colheremos vergonha. Mas se andarmos em humildade, encontraremos honra. O caminho da vida abundante não está no orgulho, mas em render-se ao Senhor, reconhecendo que dele, por Ele e para Ele são todas as coisas.

JONAS

HISTÓRIA SOBRE UM profeta relutante que fugiu da missão de pregar em Nínive, foi engolido por um grande peixe, e finalmente obedeceu. Ironicamente, ficou irritado quando a cidade se arrependeu e Deus a perdoou. É uma história sobre segundas chances, compaixão universal e como Deus se importa com todos os povos, não apenas com um grupo específico.

1 O Senhor manda Jonas a Nínive, mas ele foge para Társis. Uma tempestade ameaça o navio. Jonas confessa sua fuga, é lançado ao mar e o mar se acalma. Um grande peixe o engole, e Jonas permanece três dias e três noites em seu ventre.

2 Do ventre do peixe, Jonas ora ao Senhor, reconhece sua salvação e promete cumprir votos. O Senhor ordena ao peixe que vomite Jonas em terra. Sua oração é ouvida, e ele experimenta livramento mesmo em meio à angústia e disciplina divina.

3 O Senhor envia Jonas novamente a Nínive. Ele prega: "Ainda quarenta dias, e Nínive será destruída". O povo crê, jejua e se humilha. O rei decreta arrependimento, clamando por misericórdia. Deus vê e desvia o mal, poupando a cidade do juízo.

4 Jonas se ira porque Deus poupou Nínive. Ele deseja morrer. O Senhor faz crescer uma planta para dar sombra, depois a seca. Jonas se entristece mais pela planta que pela cidade. O Senhor mostra sua compaixão por Nínive e seus muitos habitantes.

PAUSE E MEDITE

O Deus da segunda chance

JONAS 1–4

O LIVRO DE JONAS nos apresenta o Deus que não desiste de nós. O profeta tentou fugir, preferiu desobedecer, escolheu o caminho oposto ao chamado divino. Ainda assim, Deus foi atrás dele. Enviou a tempestade, preparou o peixe e, no ventre do abismo, deu-lhe nova oportunidade de recomeçar.

Jonas recebeu a missão de proclamar o juízo sobre Nínive, mas seu coração resistia. Queria ver os inimigos destruídos, não salvos. Porém, quando a cidade se arrependeu, Deus revelou sua graça. O mesmo profeta que havia provado a misericórdia divina, agora se irritava porque os ninivitas também a receberam.

Esse contraste revela a grandeza de Deus: Ele é justo, mas também compassivo; corrige, mas perdoa; disciplina, mas restaura. Jonas foi usado apesar de sua teimosia, mostrando que a obra de Deus não depende da perfeição humana, mas da fidelidade dele.

Assim é conosco. Quantas vezes fugimos do chamado, escolhemos a nossa vontade e nos rebelamos contra o cuidado do Senhor? Ainda assim, Ele nos alcança. O Deus da segunda chance continua a nos levantar, a nos usar e a derramar graça sobre nós.

Talvez você esteja vivendo como Jonas, distante do propósito de Deus. Hoje Ele lhe oferece uma nova oportunidade. Volte-se para Ele. Nos braços do Pai há sempre perdão e uma nova chance de recomeçar.

MIQUEIAS

O LIVRO DENUNCIA A injustiça social e a corrupção do povo de Israel e de Judá, anunciando que ambos seriam destruídos por causa de sua rebeldia contra Deus. Ao mesmo tempo, oferece esperança ao revelar que o Messias viria, nascendo em Belém. Seu verso mais conhecido resume a verdadeira fé: "praticar a justiça, amar a misericórdia e andar humildemente com Deus". É uma mensagem que une advertência e promessa, mostrando o que Deus realmente deseja do ser humano.

1 O Senhor vem de seu templo para julgar Samaria e Jerusalém. Samaria será desfeita em ruínas, e seus ídolos quebrados. Judá também sofrerá. Miqueias lamenta e anuncia que cidades vizinhas chorarão ao ver a devastação do juízo divino.

2 Ai dos que planejam iniquidade e tomam casas pela força. O Senhor prepara mal contra eles. Profetas mentirosos prometem vinho e fartura. Deus reunirá Jacó como rebanho, e o Senhor à frente abrirá caminho, guiando seu povo à libertação.

3 Príncipes e juízes devoram o povo, profetas pregam por suborno. O Senhor não responderá. Miqueias anuncia que Sião será lavrada como campo e Jerusalém se tornará ruína. Contudo, ele está cheio do espírito para proclamar juízo e justiça.

4 Nos últimos dias, a montanha do Senhor será exaltada, e nações virão aprender seus caminhos. O Senhor trará paz, e cada um se assentará seguro. Mas antes haverá dor e exílio. Depois, Sião será resgatada, e o Senhor reinará sobre seu povo.

5 De Belém sairá o governante de Israel, cujas origens são antigas. Ele apascentará o povo na força do Senhor. Israel será livrado de inimigos, mas juízos virão contra nações hostis. O Senhor eliminará ídolos, fortalezas e feitiçarias da terra.

6 O Senhor contende com seu povo: libertou-os do Egito, mas eles o esqueceram. 'O que o Senhor pede? Que pratiques a justiça, ames a misericórdia e andes humildemente com teu Deus.' A cidade está cheia de violência, e o juízo se aproxima.

7 Miqueias lamenta a corrupção: não há justo, cada um arma cilada. Mas ele confia no Senhor, que o ouvirá. O povo será restaurado, e as nações verão e se envergonharão. Deus lançará os pecados nas profundezas do mar e manterá sua aliança.

PAUSE E MEDITE

Quando a fé se torna prática

MIQUEIAS 1–7

O PROFETA MIQUEIAS ERGUEU sua voz em dias de corrupção política, injustiça social e religiosidade vazia. Reis, sacerdotes e profetas haviam se vendido por dinheiro, e os pobres eram esmagados pelos poderosos. No entanto, em meio ao juízo, surge a palavra que resume a vontade de Deus: "Ele te mostrou, ó homem, o que é bom; e o que o Senhor pede de ti? Que pratiques a justiça, ames a misericórdia e andes humildemente com o teu Deus" (Miqueias 6:8).

Essa declaração simples e profunda revela o coração de Deus. Ele não busca rituais vazios, mas vida transformada. Não se agrada de sacrifícios pomposos, mas de corações que vivem em retidão, que estendem a mão ao necessitado e que caminham em humildade diante dele

A mensagem de Miqueias continua atual. Em tempos de corrupção, desigualdade e religião comercializada, Deus nos chama a uma fé prática. Justiça, misericórdia e humildade não são conceitos abstratos, mas atitudes que devem moldar nosso cotidiano.

Talvez você se pergunte o que Deus espera de sua vida. A resposta não está em façanhas grandiosas, mas em escolhas diárias: agir com justiça, amar com compaixão e andar em humildade diante dele. Quando vivemos assim, refletimos o caráter de Cristo e mostramos ao mundo que ainda há esperança.

NAUM

O LIVRO PREDIZ A queda de Nínive, capital da cruel Assíria, cerca de 150 anos após seu arrependimento relatado no livro de Jonas. Descreve vividamente a destruição da cidade que aterrorizou o mundo antigo. Consola Judá mostrando que Deus julga opressores. É uma mensagem sobre como a paciência divina tem limites e que arrependimento superficial sem mudança real não evita julgamento.

1 O Senhor é Deus zeloso e vingador, tardio em irar-se, mas grande em poder. Ele repreende o mar e abala montes. Refúgio para os que confiam, destruição para inimigos. Judá receberá boas-novas, pois a Assíria será quebrada e o opressor não passará mais.

2 O destruidor avança contra Nínive. Escudos vermelhos, carros flamejantes, guerreiros valentes. O rio abre caminho, o palácio desmorona. Nínive é saqueada, seu povo foge. Onde está a cova dos leões? O Senhor está contra ti, cidade sanguinária.

3 Ai da cidade sanguinária, cheia de mentiras e roubo. Multidão de mortos, feitiçarias e prostituições. Nínive será envergonhada e exposta. Quem terá compaixão dela? Sua ferida é incurável. Todos que ouvirem baterão palmas, pois sua maldade foi grande.

PAUSE E MEDITE

O Senhor é vingador e justo

NAUM 1–3

NAUM ERGUE SUA voz contra a poderosa Nínive, capital da Assíria, conhecida por sua crueldade e arrogância. Um século antes, pela pregação de Jonas, a cidade se arrependeu, mas logo voltou ao pecado. Agora, o cálice da ira de Deus transbordou: "O Senhor é Deus zeloso e vingador" (Naum 1:2). Ele não deixa o culpado impune.

Enquanto para os inimigos de Deus a mensagem era de juízo, para Judá era de consolo. O Senhor é refúgio no dia da angústia e conhece os que confiam nele (Naum 1:7). A mesma mão que derruba impérios levanta o seu povo. Essa verdade mostra que a justiça divina é perfeita: Ele resiste ao soberbo e dá graça ao humilde.

A mensagem de Naum é atual. Vivemos em um mundo em que a maldade parece prosperar e a injustiça permanecer impune. Porém, Deus não perdeu o controle. Ele é o justo juiz que vê, pesa e age no tempo certo.

Talvez você esteja sofrendo diante da violência ou da arrogância dos que se levantam contra você. Lembre-se: o Senhor é vingador e justo. A maldade não prevalecerá para sempre. Confie nele. Nos braços do Pai há justiça, consolo e vitória para os que esperam no seu nome.

HABACUQUE

O LIVRO APRESENTA UM diálogo único onde o profeta Habacuque questiona por que Deus usa babilônios ímpios para julgar Judá. Deus responde que também julgará a Babilônia. A famosa frase "o justo viverá pela fé" se tornou fundamental no cristianismo. Termina com hino de confiança apesar das circunstâncias. É sobre manter fé quando os caminhos de Deus parecem incompreensíveis.

1 Habacuque clama: até quando violência e injustiça? O Senhor responde: suscitará os caldeus, nação feroz. O profeta questiona: como usar ímpios para punir mais justos? O Senhor mostra que os ímpios serão julgados, e o justo viverá pela fé.

2 O Senhor ordena escrever a visão: ainda que demore, cumprirá. Ai dos que ajuntam o que não é seu, exploram, edificam com sangue e confiam em ídolos mudos. Mas o Senhor está em seu santo templo; cale-se diante dele toda a terra.

3 O profeta ora, lembrando atos do Senhor no passado. Ele vem com poder, treme a terra, montes se abalam. Mesmo que a figueira não floresça, nem haja fruto, ainda me alegrarei no Senhor. Ele é minha força, faz meus pés como os da corça.

PAUSE E MEDITE

O justo viverá pela fé

HABACUQUE 1–3

O PROFETA HABACUQUE VIVEU tempos de crise, quando a violência e a injustiça pareciam triunfar. Diante do silêncio de Deus, ele questionou: "Até quando, Senhor, clamarei eu, e tu não me escutarás?" (Habacuque 1:2). A resposta divina surpreendeu: os caldeus, ainda mais ímpios, seriam usados como instrumento de juízo.

Esse dilema abalou o coração do profeta, mas Deus lhe revelou uma verdade eterna: "O justo viverá pela sua fé" (Habacuque 2:4). A esperança não está nas circunstâncias, mas em confiar no caráter do Senhor. Assim, Habacuque passou da angústia ao louvor, declarando: "Ainda que a figueira não floresça [...] todavia me alegrarei no Senhor" (Habacuque 3:17-18).

Essa mensagem é vital hoje. Quando a maldade se multiplica e as respostas parecem tardar, somos chamados a viver pela fé. Não é fé em nós mesmos nem na estabilidade do mundo, mas no Deus soberano que governa a história.

Talvez você também esteja enfrentando silêncio, dor ou injustiça. Lembre-se: o justo não vive pelo que vê, mas pelo que crê. Confie no Senhor, ainda que tudo pareça contrário. Ele é a sua força e o seu cântico.

SOFONIAS

O LIVRO FALA SOBRE um tempo de julgamento, quando o mal e a injustiça seriam corrigidos. Mas também traz uma promessa cheia de esperança: um grupo humilde e fiel seria preservado. No final, aparece uma das imagens mais bonitas da Bíblia, a de Deus cantando de alegria por causa do seu povo restaurado. A mensagem mostra que, mesmo após a disciplina, o amor de Deus continua e Ele encontra prazer em abençoar.

1 O Senhor anuncia juízo universal: consumirá homens, animais e ídolos. Estende-se contra Judá por causa da idolatria e da violência. O Dia do Senhor está próximo: dia de ira, angústia e ruína. A prata e o ouro não livrarão no dia do furor divino.

2 Buscai ao Senhor, humildes da terra. Antes do dia da ira, arrependei-vos. Oráculos contra nações: Filístia será desolada; Moabe e Amom sofrerão como Sodoma; Etiópia e Assíria cairão. Nínive será devastada e se tornará habitação de animais.

3 Ai da cidade rebelde, Jerusalém, que não obedece ao Senhor. Seus príncipes são leões, juízes lobos, profetas levianos. Mas o Senhor purificará os povos para que invoquem seu nome. Ele habitará em Sião, e exultará com cânticos sobre seu povo.

PAUSE E MEDITE

O Senhor está no meio de nós

SOFONIAS 1–3

O PROFETA SOFONIAS ANUNCIOU o Dia do Senhor, tempo de juízo contra Judá e as nações. O pecado do povo era grave: adoravam ídolos, praticavam injustiça e viviam em rebeldia. O juízo era inevitável. Contudo, em meio à disciplina, surge a promessa: "O Senhor, teu Deus, está no meio de ti, poderoso para salvar; Ele se deleitará em ti com alegria" (Sofonias 3:17).

Essa tensão entre juízo e esperança marca toda a profecia. Deus purifica o seu povo para que seja santo e separado. Ele não apenas remove a maldade, mas restaura o remanescente com amor e paz. O Senhor não abandona os que o buscam.

Hoje também enfrentamos tempos de incerteza e crises. Muitas vezes sentimos o peso do pecado e das consequências dele. Porém, a mensagem de Sofonias nos lembra que Deus não é apenas juiz, mas também Salvador. Ele está no meio de nós.

Talvez você se sinta só ou sobrecarregado. Lembre-se: o Senhor poderoso está presente. Ele não apenas julga, mas também acolhe, perdoa e restaura. Nos braços do Pai, há segurança, alegria e salvação.

AGEU

O LIVRO ENCORAJA JUDEUS que voltaram do exílio a terminar a reconstrução do templo que estava parada havia dezesseis anos. Critica prioridades erradas: casas luxuosas enquanto a casa de Deus permanecia em ruínas. Promete que a glória do segundo templo será maior que a do primeiro. É sobre colocar prioridades espirituais em primeiro lugar e como isso afeta até a prosperidade material.

1 O Senhor, por meio de Ageu, repreende o povo que mora em casas luxuosas enquanto o templo está em ruínas. Exorta-os a subir ao monte, trazer madeira e reconstruir. Zorobabel e Josué obedecem, e o Senhor desperta o ânimo do povo para trabalhar.

2 O Senhor promete que a glória do novo templo será maior que a do primeiro, e nele dará paz. Exorta à santidade e lembra as pragas passadas. Daqui em diante abençoará. A Zorobabel é prometido que será como anel de selar, escolhido pelo Senhor.

PAUSE E MEDITE

Primeiro o templo, depois o resto

AGEU 1–2

O PROFETA AGEU FALOU a um povo que havia voltado do cativeiro, mas que se acomodou em buscar apenas os próprios interesses. Enquanto construíam casas luxuosas, a casa de Deus permanecia em ruínas. Essa inversão de prioridades trouxe esterilidade ao trabalho e frustração às colheitas (Ageu 1:6). O Senhor os chamou à reflexão: "Considerai o vosso passado" (Ageu 1:5).

Deus não aceita ser colocado em segundo plano. Ele não é Deus de sobras, mas de primícias. Quando o povo voltou a edificar o templo, experimentou o favor divino. O Senhor encheu de glória a sua casa e prometeu estar com eles, fortalecendo-os para a obra.

A mensagem de Ageu continua atual. Vivemos em tempos em que muitas vezes corremos atrás de conquistas pessoais, mas negligenciamos o culto, a comunhão e o serviço no reino. Por isso, experimentamos cansaço e vazio. O Senhor nos chama a reorganizar as prioridades: primeiro o templo, depois o resto. Quando Ele ocupa o primeiro lugar, todas as demais coisas encontram seu devido lugar.

O coração que busca a presença de Deus torna-se morada do Espírito. Quando o honramos em primeiro lugar, experimentamos restauração, provisão e propósito. A verdadeira abundância não está em possuir muito, mas em viver centrado nele, sabendo que a sua glória enche toda a casa.

ZACARIAS

O LIVRO ENCORAJA O povo a reconstruir o templo de Jerusalém depois do exílio, mostrando que essa tarefa não dependia apenas de esforço humano. Por meio de oito visões cheias de símbolos, o profeta fala também sobre o futuro Messias: um Rei humilde que entraria montado em um jumento, o Pastor que seria ferido e o Rei que governaria toda a terra. A frase "Não por força nem por poder, mas pelo meu Espírito" ensina que a obra de Deus acontece pela ação sobrenatural dele. É uma mensagem que une ânimo para o presente e esperança para o futuro.

1 Zacarias relata que, no oitavo mês do segundo ano do reinado de Dario, a palavra do Senhor veio a ele. O Senhor relembra os erros dos antepassados e chama o povo ao arrependimento. Eles reconhecem que foram castigados como o Senhor havia dito.

2 Zacarias recebe uma visão: um homem montado num cavalo vermelho entre murtas, com cavalos atrás dele. O anjo explica que eles patrulharam a terra e a encontraram tranquila. O Senhor promete consolar Sião e reconstruir Jerusalém.

3 Ele vê quatro chifres que representam as nações que dispersaram Israel. Em seguida, quatro artesãos aparecem para destruí-los.

4 O profeta vê um homem com um cordel de medir. Ele vai medir Jerusalém, mas o Senhor diz que ela será habitada sem muros, pois Ele será sua proteção e glória. O povo é chamado a voltar de Babilônia, pois o Senhor protegerá Sião.

5 Zacarias tem uma visão do sumo sacerdote Josué diante do anjo do Senhor, com Satanás à sua direita para acusá-lo. O Senhor repreende Satanás e ordena que Josué seja purificado de suas roupas sujas, recebendo roupas novas. O Senhor promete que trará o Renovo.

6 Ele vê um candelabro de ouro com sete lâmpadas e duas oliveiras ao lado. O anjo explica: “Não por força nem por poder, mas pelo meu Espírito”. As oliveiras representam os dois ungidos que servem diante do Senhor.

7 Zacarias vê um rolo voando, que representa a maldição contra os ladrões e os que juram falsamente. Depois, vê uma mulher chamada Impiedade dentro de um cesto, levada para Sinear.

8 Quatro carros puxados por cavalos de cores diferentes saem entre dois montes de bronze. São os quatro ventos do céu que percorrem a terra. O Senhor ordena coroar o sumo sacerdote Josué, simbolizando o Renovo que edificará o templo e reinará.

9 O Senhor fala sobre o jejum: não foi por Ele que o povo jejuou, mas por si mesmos. Ele pede que pratiquem a justiça, misericórdia e compaixão, mas seus pais endureceram o coração e sofreram juízo.

10 O Senhor promete restaurar Sião e transformar os jejuns em festas alegres. Nações virão buscar o Senhor em Jerusalém.

11 Zacarias profetiza a entrada humilde do rei justo, montado num jumento. O Senhor destruirá carros e cavalos de guerra, trazendo paz. Ele libertará os prisioneiros e fortalecerá Judá e Efraim.

12 O Senhor fará Jerusalém um cálice de vertigem para os povos ao redor e uma pedra pesada para as nações. Ele promete dar vitória a Judá. O povo olhará para aquele que traspassaram e pranteará.

13 Naquele dia, uma fonte será aberta para a purificação de pecado e impureza. Idólatras e falsos profetas serão eliminados. O Senhor

fala sobre ferir o pastor e dispersar as ovelhas, mas promete restaurar o restante.

14 O Dia do Senhor é descrito: Ele lutará contra as nações reunidas contra Jerusalém, colocando os pés no monte das Oliveiras. Haverá mudanças cósmicas e o Senhor será rei sobre toda a terra. Jerusalém será habitada em segurança e as nações que restarem subirão anualmente para adorar o Rei.

PAUSE E MEDITE

Não por força, nem por poder, mas pelo meu Espírito

ZACARIAS 1–14

O LIVRO DE ZACARIAS é chamado de "Apocalipse do Antigo Testamento", cheio de visões e promessas que apontam para Cristo e para a consumação da história. Em meio a um povo desanimado e cercado de inimigos, Deus declara: "Não por força, nem por poder, mas pelo meu Espírito" (Zacarias 4:6). Essa mensagem ecoava no coração de Zorobabel, líder da reconstrução do templo, e continua a falar conosco hoje.

O povo havia voltado do exílio com grandes expectativas, mas logo se viu preso ao medo, à pobreza e à apatia. Humanamente, a obra parecia impossível. Mas o Senhor mostrou que não é pela capacidade humana, nem pela influência política, que os seus planos se cumprem. É pelo agir poderoso do Espírito.

Essa verdade é fundamental também para a nossa vida. Quantas vezes enfrentamos desafios maiores que nossas forças? Quantas vezes sentimos que não temos recursos ou condições de seguir adiante? A Palavra nos lembra: o sucesso da obra de Deus não depende de nossa habilidade, mas da presença dele em nós.

O mesmo Espírito que sustentou Zorobabel é o que nos fortalece hoje. Ele derruba montes, abre caminhos e capacita para cumprir o chamado divino. O segredo não está em confiar em nossa força, mas em nos render ao Espírito Santo.

Talvez você esteja diante de algo que parece impossível. Lembre-se: o Espírito de Deus é suficiente. Quando tudo parece frágil, Ele mostra o seu poder.

MALAQUIAS

ESCRITO PELO ÚLTIMO profeta do Antigo Testamento, o livro fala a um povo que havia se tornado frio e desanimado em sua fé. Usando seis perguntas diretas, o profeta mostra como os sacerdotes estavam oferecendo sacrifícios de má qualidade e como o povo desobedecia, retendo dízimos e tratando o casamento de forma leviana. Ainda assim, aponta para a esperança: anuncia a chegada do "Sol da Justiça", que viria depois de Elias. O livro encerra o Antigo Testamento com um alerta sério e, ao mesmo tempo, com uma promessa que mantém viva a expectativa até a vinda de Jesus no Novo Testamento.

1 O Senhor declara seu amor a Israel, mas o povo pergunta: "Em que nos amaste?". Ele lembra da escolha de Jacó e da rejeição de Esaú. O Senhor repreende os sacerdotes por oferecerem sacrifícios impuros, mostrando desprezo pelo seu nome.

2 A repreensão continua contra os sacerdotes que não guardaram a aliança de Levi e fizeram tropeçar muitos. O Senhor também condena a infidelidade conjugal e afirma que odeia o divórcio. Ele chama o povo a ser fiel.

3 O Senhor anuncia que enviará o mensageiro para preparar o caminho, e depois virá ao seu templo o Senhor a quem buscam. Ele purificará os levitas para que ofereçam ofertas em justiça. O povo é chamado a retornar ao Senhor, trazendo os dízimos, para que haja bênção abundante.

4 O dia do Senhor será de juízo para os arrogantes e malfeitores, que serão como palha, mas para os que temem o seu nome nascerá o sol da justiça. O Senhor promete enviar o profeta Elias antes do grande e terrível dia, para converter o coração dos pais aos filhos e dos filhos aos pais.

PAUSE E MEDITE

O sol da justiça nascerá

MALAQUIAS 1–4

O LIVRO DE MALAQUIAS encerra o Antigo Testamento com uma mensagem de confronto e esperança. O profeta denuncia a frieza espiritual, o culto sem vida e a ingratidão de um povo que, mesmo alvo do amor de Deus, o desprezou com sacrifícios indignos e coração distante. Contudo, em meio ao juízo, surge a promessa: "Mas para vós que temeis o meu nome nascerá o sol da justiça, trazendo salvação debaixo das suas asas" (Malaquias 4:2).

Essa imagem poderosa aponta para Cristo, a luz que rompe as trevas e traz cura. O povo vivia em apatia, mas Deus não desistiu de sua aliança. Ele preparava o caminho para a vinda de Jesus, o Salvador que traria restauração não apenas a Israel, mas a todas as nações. O sol da justiça é a resposta divina à noite do pecado, é a certeza de que a graça triunfa sobre a culpa.

Essa mensagem continua viva hoje. Quantos de nós vivemos a fé como mera rotina, sem paixão, oferecendo ao Senhor sobras em vez de primícias? Ainda assim, Deus nos chama ao arrependimento e nos aponta para Cristo, a luz que transforma.

Talvez você esteja em meio a trevas espirituais, desânimo ou frieza. O sol da justiça já nasceu, e sua luz pode aquecer e renovar sua vida. Abra o coração, deixe-se iluminar por Ele e viva debaixo das asas da sua salvação.

NOVO TESTAMENTO

MATEUS

DIRECIONADO PRINCIPALMENTE A judeus cristãos, esse Evangelho apresenta Jesus como o Messias prometido através de genealogia real e cumprimento de profecias antigas. Inclui o famoso Sermão da Montanha, parábolas sobre o reino dos céus, e a Grande Comissão para fazer discípulos de todas as nações. Organiza os ensinos de Jesus de forma sistemática. É uma ponte entre o judaísmo e o cristianismo, mostrando como Jesus cumpriu as expectativas messiânicas.

1 Genealogia de Jesus, desde Abraão até José, marido de Maria. Maria concebe do Espírito Santo, e José, instruído em sonho por um anjo do Senhor, aceita recebê-la. O menino nasce e é chamado Jesus, porque salvará o seu povo dos pecados.

2 Magos do Oriente, guiados por uma estrela, encontram o menino em Belém e o adoram com presentes. Herodes manda matar crianças, mas José foge com Maria e Jesus para o Egito. Após a morte de Herodes, retornam e se estabelecem em Nazaré.

3 João Batista prega no deserto, chamando ao arrependimento e batizando no Jordão. Ele anuncia aquele que virá, maior que ele, que batizará com o Espírito Santo e fogo. Jesus é batizado, e a voz do céu declara: "Este é meu Filho amado."

4 Jesus é tentado pelo diabo no deserto, respondendo com a Palavra. Depois, começa a pregar na Galileia: "Arrependam-se, pois o reino dos céus está próximo." Ele chama discípulos, cura enfermos e multidões passam a segui-lo por toda a região.

PAUSE E MEDITE

Emanuel: Deus conosco

MATEUS 1–4

"EIS QUE A virgem conceberá e dará à luz um filho, e ele será chamado pelo nome de Emanuel" (Mateus 1:23). Desde o início do evangelho, somos lembrados de que Jesus é mais do que um mestre ou profeta: Ele é Deus presente conosco. O Criador não permaneceu distante, mas entrou em nossa história, assumindo carne e sangue, partilhando dores e esperanças humanas.

Nos primeiros capítulos, vemos a genealogia que revela sua ligação com Davi e Abraão, a confirmação de seu nascimento virginal e a proteção divina em meio às ameaças de Herodes. No batismo, o céu se abre e o Pai declara: "Este é o meu Filho amado, em quem me comprazo" (Mateus 3:17). No deserto, Jesus enfrenta a tentação, mas permanece fiel, vencendo onde Adão e Israel falharam.

Tudo isso mostra que Ele é Emanuel: presente no nascimento, na aprovação do Pai, nas lutas e vitórias. Se Ele esteve conosco em tudo, também estará em sua caminhada hoje. Você pode enfrentar crises, tentações e desertos, mas nunca estará só. O Emanuel permanece ao seu lado.

Descansar nessa promessa é viver com confiança. O mesmo Jesus que venceu a tentação e proclamou o reino está presente em sua vida. Ele não abandona, não se afasta, não falha. Ele é Emanuel: Deus conosco, agora e para sempre.

5 Jesus ensina no monte: bem-aventuranças, sal e luz, cumprimento da Lei. Ele aprofunda mandamentos, tratando da ira, adultério, divórcio, juramentos e vingança. Encerra chamando ao amor até mesmo aos inimigos, mostrando o padrão do reino de Deus.

6 Jesus ensina sobre esmolas, oração e jejum em segredo, advertindo contra a hipocrisia. Ensina a oração do Pai-Nosso. Fala sobre tesouros no céu, sobre o coração estar onde está o tesouro e sobre confiar em Deus em vez de viver ansioso.

7 Jesus adverte contra julgar, ensina a pedir, buscar e bater, apresenta a regra de ouro e alerta sobre falsos profetas. Conclui com a parábola das casas, mostrando que ouvir e praticar suas palavras é construir sobre a rocha, com firmeza.

PAUSE E MEDITE

As bem-aventuranças de um novo reino

MATEUS 5–7

"BEM-AVENTURADOS OS POBRES em espírito, porque deles é o reino dos céus" (Mateus 5:3). Assim começa o sermão do monte, a mensagem mais conhecida e transformadora de Jesus. Ele não fala de riquezas, títulos ou conquistas, mas de corações quebrantados que dependem totalmente da graça de Deus.

As bem-aventuranças revelam que a verdadeira felicidade não se encontra nas circunstâncias, mas em viver debaixo do governo de Cristo. Ele proclama bem-aventurados os que choram, porque serão consolados; os mansos, porque herdarão a terra; os misericordiosos, porque alcançarão misericórdia. Esse é o retrato de uma vida que o mundo não compreende, mas que o céu reconhece.

Jesus também nos chama a ser sal da terra e luz do mundo. Isso significa viver de tal forma que a presença de Deus transborde em palavras, atitudes e relacionamentos. A oração, o jejum e a generosidade não são para os olhos humanos, mas para o Pai que vê em secreto. A espiritualidade verdadeira nasce da intimidade e não da aparência.

Por fim, Ele nos lembra que não precisamos viver escravizados pela ansiedade. Se o Pai cuida das aves do céu e veste os lírios do campo, quanto mais cuidará de você! Construir a vida sobre a rocha é obedecer a essa palavra e experimentar a alegria de pertencer ao reino eterno.

8 Jesus cura leproso, servo do centurião, sogra de Pedro e outros enfermos. Acalma a tempestade no mar e expulsa demônios em Gadara, libertando dois homens. As multidões se maravilham com seu poder e autoridade sobre doenças e forças do mal.

9 Jesus cura paralítico e chama Mateus para segui-lo. Ensina sobre jejum, ressuscita filha de um chefe, cura mulher com fluxo de sangue e dois cegos. Liberta um mudo possesso e declara que a seara é grande, mas poucos são os trabalhadores.

10 Jesus envia os doze discípulos com autoridade sobre doenças e espíritos imundos. Instrui sobre perseguições, necessidade de coragem e fidelidade. Afirma que quem os recebe, recebe a Ele. Promete recompensa até mesmo por um copo de água dado.

11 João Batista, preso, envia discípulos para perguntar se Jesus é o Messias. Ele responde com seus milagres e anuncia que João é o maior profeta. Denuncia as cidades que não se arrependeram e convida os cansados e sobrecarregados a encontrarem descanso nele.

12 Jesus permite que os discípulos colham espigas no sábado e ensina que a misericórdia é mais importante que o sacrifício. Cura no sábado, expulsa demônios e fala que a árvore é conhecida pelos frutos. Diz que sua verdadeira família é quem faz a vontade de Deus.

13 Jesus ensina parábolas do reino: semeador, joio, grão de mostarda, fermento, tesouro escondido, pérola e rede. Explica algumas aos discípulos. Em Nazaré, é rejeitado. Ele mostra que o reino cresce em meio a desafios, mas revela tesouros eternos a quem o recebe com fé.

14 Herodes manda matar João Batista. Jesus multiplica pães e peixes para mais de cinco mil. Anda sobre o mar até os discípulos e é adorado como Filho de Deus. Em Genesaré, muitos são curados apenas tocando suas vestes, reconhecendo seu poder e autoridade divinos.

15 Jesus ensina que não é o que entra pela boca que contamina, mas o que sai do coração. Cura a filha da cananeia e multiplica pães e peixes para quatro mil homens, além de mulheres e crianças. O povo reconhece nele o poder de Deus para restaurar e salvar.

16 Fariseus pedem um sinal, mas Jesus os alerta sobre o fermento deles. Pedro declara: "Tu és o Cristo, o Filho do Deus vivo". Jesus anuncia sua morte e ressurreição, repreende Pedro por resistir e ensina que seguir a Ele exige tomar a cruz e entregar a própria vida.

17 Jesus é transfigurado diante de Pedro, Tiago e João, que veem Moisés e Elias. Cura um menino possesso que os discípulos não conseguiram ajudar. Fala novamente de sua morte e ressurreição. Ensina sobre humildade e fé, lembrando que até a fé pequena realiza grandes coisas.

18 Os discípulos perguntam quem é o maior no reino, e Jesus chama uma criança como exemplo. Adverte contra escandalizar os pequenos, fala da ovelha perdida e da disciplina na comunidade. Ensina a perdoar ilimitadamente, revelando que a grandeza está no amor e no perdão.

19 Jesus ensina sobre o casamento, reafirmando o plano original de Deus para união de homem e mulher. Fala com o jovem rico sobre desprendimento e diz que é difícil um rico entrar no reino. Promete cem vezes mais e a vida eterna a quem deixa tudo por Ele.

20 Na parábola dos trabalhadores da vinha, mostra a generosidade de Deus. Anuncia novamente sua morte. Tiago e João pedem destaque, mas Jesus ensina que a grandeza está em servir. Cura dois cegos em Jericó, que o seguem após receberem visão, proclamando sua fé nele.

21 Jesus entra em Jerusalém montado num jumento, cumprindo a profecia, e é aclamado pelo povo. Expulsa os cambistas do templo, amaldiçoa a figueira estéril e conta parábolas dos dois filhos, dos lavradores maus e das bodas, denunciando a rejeição dos líderes religiosos.

22 Fariseus e saduceus tentam pegá-lo em palavras, mas Ele responde com sabedoria. Ensina que o maior mandamento é amar a Deus e ao próximo. Pergunta sobre o Messias, mostrando que é mais que filho de Davi. Muitos se maravilham, mas os líderes não ousam mais interrogá-lo.

23 Jesus denuncia a hipocrisia dos fariseus e escribas, pronunciando sete ais contra eles. Lamenta sobre Jerusalém, que mata os profetas e rejeita a mensagem de Deus. Diz que a cidade ficará desolada até que reconheça: "Bendito o que vem em nome do Senhor."

24 Jesus fala sobre sinais do fim: falsos cristos, guerras, perseguições e a grande tribulação. Prediz a destruição do templo e anuncia sua vinda em glória. Encoraja a vigilância, pois ninguém sabe o dia nem a hora. Ensina a perseverar até o fim para ser salvo.

PAUSE E MEDITE

A autoridade daquele que ensina e cura

MATEUS 8–25

"PORQUE ELE AS ensinava como quem tem autoridade e não como os escribas" (Mateus 7:29). A autoridade de Jesus não se limitava a palavras, mas se manifestava em atos de poder e compaixão. Ele curou leprosos, libertou endemoninhados, acalmou tempestades e multiplicou pães. Cada gesto confirmava que sua palavra não era teoria, mas vida transformadora.

Diante de sua autoridade, os enfermos eram restaurados, os pecadores recebiam perdão e os humildes encontravam esperança. Ao mesmo tempo, os hipócritas eram confrontados. Ele denunciava a religiosidade vazia e apontava para um coração rendido a Deus. Seu ensino não buscava agradar plateias, mas revelar a verdade que liberta.

Jesus também falou do reino como tesouro escondido e pérola de grande valor. Segui-lo é reconhecer que nada se compara a Ele. Sua autoridade não oprime, mas conduz à liberdade. Ela exige rendição, mas oferece descanso.

Essa mesma voz continua a ecoar hoje. Sua palavra é lâmpada para os pés, sua presença é paz em meio às tempestades. Submeter-se a Ele não é perder autonomia, mas encontrar o verdadeiro sentido da vida. A autoridade de Cristo é segura, santa e amorosa. Quando você obedece, experimenta vitória e vida abundante.

25 Conta as parábolas das dez virgens e dos talentos, mostrando a importância da preparação e da fidelidade. Descreve o juízo final, quando o Filho do Homem separará ovelhas e bodes, recompensando os que praticaram obras de amor ao próximo e condenando os indiferentes.

26 Os líderes conspiram contra Jesus. Ele é ungido em Betânia, celebra a Páscoa com os discípulos e institui a Ceia do Senhor. No Getsêmani, ora em angústia e é preso. Pedro o nega três vezes. Jesus é levado ao Sinédrio e acusado injustamente pelos líderes religiosos.

27 Jesus é entregue a Pilatos, zombado e crucificado. Morre clamando e o véu do templo se rasga. É sepultado no túmulo de José de Arimateia, com guardas vigiando a entrada. Mesmo em sua morte, revela o poder de Deus e cumpre as Escrituras anunciadas pelos profetas.

28 No primeiro dia da semana, mulheres encontram o túmulo vazio e ouvem do anjo que Jesus ressuscitou. Ele aparece a elas e aos discípulos, confirmando sua vitória sobre a morte. Antes de subir ao céu, dá a grande comissão: fazer discípulos de todas as nações, batizando e ensinando.

PAUSE E MEDITE

Ele vive: a vitória da cruz

MATEUS 26–28

"ELE NÃO ESTÁ aqui; ressuscitou, como tinha dito" (Mateus 28:6). Estas palavras mudaram a história e enchem de esperança cada coração que crê. Jesus, traído e negado, suportou a cruz voluntariamente. Ali carregou nossos pecados, rasgou o véu que nos separava de Deus e conquistou perdão eterno para todos os que nele confiam.

No Getsêmani, Ele orou em agonia, mas se rendeu à vontade do Pai. No Calvário, suportou a zombaria e a dor, intercedendo até mesmo por seus inimigos. Quando entregou o espírito, parecia o fim. Porém, o túmulo não pôde deter o Autor da vida. O silêncio do sábado foi vencido pela manhã da ressurreição.

O Cristo ressurreto encontrou mulheres aflitas e discípulos temerosos, enchendo-os de coragem e alegria. Sua promessa se cumpriu: "E eis que estou convosco todos os dias até à consumação do século" (Mateus 28:20). Ele não é apenas lembrança do passado, mas presença viva no presente e garantia de futuro glorioso.

A vitória da cruz significa que não há culpa que resista à sua graça, nem medo que permaneça diante de sua presença. Ele vive, e porque Ele vive, você pode enfrentar o hoje com coragem e o amanhã com esperança. A ressurreição é o selo de que sua fé não é vã, mas certa, firme e triunfante.

MARCOS

ESCRITO COM BASE no testemunho de Pedro, esse Evangelho é direcionado a cristãos não judeus. É o evangelho mais curto e dinâmico, focando nas ações de Jesus mais que em seus ensinos. Enfatiza milagres que demonstram seu poder divino. Os discípulos lutam para entender quem Jesus realmente é. Termina abruptamente com mulheres no túmulo vazio. É uma narrativa de ação que apresenta Jesus como servo poderoso que veio para servir e dar sua vida.

1 João Batista prepara o caminho, pregando arrependimento e batizando. Jesus é batizado, o Espírito vem sobre Ele e o Pai declara seu Filho amado. No deserto, é tentado. Inicia o ministério na Galileia, chama discípulos, expulsa demônios e cura muitos enfermos.

2 Jesus perdoa e cura um paralítico, mostrando autoridade sobre pecados. Chama Levi e come com pecadores. Ensina sobre o jejum e declara que o Filho do Homem é Senhor do sábado, após permitir que os discípulos colham espigas e curar um homem na sinagoga.

3 Jesus cura no sábado, e os fariseus tramam contra Ele. Multidões O seguem, e Ele escolhe os doze apóstolos. Enfrenta acusações de expulsar demônios por Belzebu, mas afirma que o Espírito Santo não pode ser blasfemado. Declara que sua família é quem faz a vontade de Deus.

4 Jesus ensina às multidões em parábolas: o semeador, a candeia, a semente que cresce e o grão de mostarda. Explica aos discípulos o mistério do reino. À noite, acalma a tempestade no mar, revelando poder sobre a natureza, e os discípulos se enchem de temor.

5 Jesus liberta um homem possesso por legião de demônios, que são lançados em porcos. Cura uma mulher com fluxo de sangue ao ser tocado e ressuscita a filha de Jairo, mostrando compaixão e poder sobre enfermidade, morte e forças espirituais. Multidões se maravilham com Ele.

6 Jesus é rejeitado em Nazaré. Envia os doze em missão, dando-lhes autoridade. Herodes manda matar João Batista. Jesus multiplica pães para cinco mil homens, anda sobre as águas até os discípulos e cura muitos enfermos que tocam sua roupa, reconhecendo seu poder.

7 Jesus ensina que a impureza vem do coração, não de rituais externos. Cura a filha de uma siro-fenícia e abre os ouvidos de um surdo, solta sua língua. Suas ações revelam que o reino alcança também os gentios e que Ele é Senhor sobre todas as limitações humanas.

8 Jesus multiplica pães para quatro mil. Os fariseus pedem sinal, mas Ele os adverte. Cura um cego em Betsaida. Pedro declara que Ele é o Cristo, mas repreende Jesus ao ouvir sobre sua morte. Jesus ensina sobre negar-se a si mesmo, tomar a cruz e segui-lo com fidelidade.

9 Jesus é transfigurado diante de Pedro, Tiago e João, que veem Moisés e Elias. Cura um menino possesso, ensina novamente sobre sua morte e ressurreição. Fala de humildade, alerta contra o escândalo e ensina que todos devem conservar a paz uns com os outros.

10 Jesus fala sobre casamento e divórcio, acolhe crianças e ensina sobre o reino. Um jovem rico não consegue desapegar-se das riquezas. Ele promete recompensa a quem deixar tudo por Ele. Anuncia sua morte pela terceira vez. Cura o cego Bartimeu, que passa a segui-lo.

PAUSE E MEDITE

O Filho do Homem veio para servir

MARCOS 1–10

"POIS O PRÓPRIO Filho do Homem não veio para ser servido, mas para servir e dar a sua vida em resgate por muitos" (Marcos 10:45). O Evangelho de Marcos retrata Jesus em constante movimento, servindo, curando e pregando. Ele não buscava aplausos, mas corações transformados. Sua grandeza não estava em dominar, mas em abaixar-se para levantar os caídos.

Nesse evangelho, vemos Cristo tocando leprosos, abrindo os olhos dos cegos, fazendo paralíticos andarem e acolhendo crianças em seus braços. Cada milagre apontava para a chegada do reino e revelava sua compaixão por pessoas esquecidas e desprezadas. Sua autoridade não se impunha pelo medo, mas pelo amor.

Os discípulos discutiam sobre quem seria o maior. Jesus respondeu mostrando que a verdadeira grandeza está em servir. Ele nos lembra que o reino não se mede por títulos, mas pela disposição de lavar os pés do próximo. O serviço é a marca do seguidor de Cristo.

Essa verdade confronta a busca por reconhecimento. Sua vida ganha sentido quando você aprende a viver para os outros. Seguir Jesus é assumir o estilo de vida do Mestre: servir com amor. Quem caminha nesse caminho experimenta o propósito e a alegria que ninguém pode roubar.

11 Jesus entra em Jerusalém montado num jumento, é aclamado com ramos e purifica o templo. Amaldiçoa a figueira estéril, ensina sobre fé e oração. Líderes questionam sua autoridade. Conta a parábola dos lavradores maus, mostrando a rejeição do Filho amado.

12 Jesus ensina com sabedoria diante de fariseus, herodianos e saduceus, respondendo sobre impostos, ressurreição e o maior mandamento: amar a Deus e ao próximo. Adverte contra escribas hipócritas e elogia a oferta da viúva pobre, que deu tudo o que possuía.

13 No monte das Oliveiras, Jesus fala sobre sinais do fim: perseguições, falsos cristos, guerras e tribulações. Anuncia a destruição do templo e sua vinda em glória. Exorta os discípulos à vigilância, pois ninguém sabe o dia nem a hora do retorno do Filho do Homem.

14 Os líderes tramam a morte de Jesus. Ele é ungido em Betânia, celebra a Páscoa e institui a Ceia. No Getsêmani, ora angustiado e é preso. Pedro o nega. No Sinédrio, é acusado de blasfêmia. Judas trai o Mestre e depois se desespera. O processo avança com falsas acusações.

15 Jesus é levado a Pilatos, zombado, açoitado e crucificado entre dois criminosos. Morre clamando a Deus e o véu do templo se rasga. José de Arimateia pede o corpo e o sepulta em um túmulo novo. Mulheres observam onde foi colocado, aguardando para servi-lo depois.

16 No primeiro dia da semana, mulheres encontram o túmulo vazio e ouvem do anjo que Jesus ressuscitou. Ele aparece a Maria Madalena, a discípulos e depois aos onze, enviando-os a pregar a todas as nações. Promete sinais que acompanharão os que crerem. É exaltado à direita de Deus.

PAUSE E MEDITE

A cruz que revela o Rei

MARCOS 11–16

"E O CENTURIÃO que estava em frente dele, vendo que assim expirara, disse: Verdadeiramente, este homem era o Filho de Deus!" (Marcos 15:39). Ao morrer, Jesus revelou que seu reinado não era deste mundo. A cruz, vista como vergonha pelos homens, tornou-se o trono da vitória eterna.

Ele entrou em Jerusalém montado num jumentinho, cumprindo a profecia de um Rei humilde. Foi recebido com hosanas, mas logo seria rejeitado. Traído, julgado injustamente e crucificado, entregou-se sem resistência, porque sabia que seu sangue traria redenção. A salvação nasceu do sacrifício do Justo pelos injustos.

No terceiro dia, a notícia ecoou: "Ele ressuscitou! Não está aqui" (Marcos 16:6). A ressurreição selou a vitória da cruz. A morte foi derrotada, e a esperança triunfou. O túmulo vazio é prova de que Cristo vive e reina para sempre.

A cruz revela a grandeza de um Rei que reina pelo amor e não pela espada. Ele entregou sua vida para salvar a sua. Hoje, você pode viver sem medo do futuro, porque o Cristo vivo está no trono. Sua vitória é também a sua vitória. Nele, há perdão, vida e esperança.

LUCAS

ESSE EVANGELHO APRESENTA Jesus como o Salvador para todas as pessoas, sem distinção, e mostra a compaixão dele pelos pobres, marginalizados e pecadores, revelando um amor que acolhe quem a sociedade rejeita. Traz parábolas exclusivas que ensinam sobre fé, oração e discipulado, destacando que o reino de Deus é para todos. O Filho do Homem veio buscar e salvar os que estavam perdidos.

1 O anjo Gabriel anuncia o nascimento de João a Zacarias e de Jesus a Maria. Maria visita Isabel e entoa um cântico. João nasce e Zacarias profetiza sobre a salvação. O capítulo mostra o início da realização das promessas divinas ao seu povo.

2 Jesus nasce em Belém, é visitado por pastores e apresentado no templo, onde Simeão e Ana o reconhecem como o Messias. Ele cresce em sabedoria. Aos doze anos, é encontrado no templo entre os mestres, surpreendendo a todos com sua sabedoria e entendimento.

3 João Batista prega arrependimento e batiza no Jordão. Anuncia aquele que batizará com o Espírito Santo e fogo. Jesus é batizado, o céu se abre e o Pai declara ser Ele seu Filho amado. O capítulo traz a genealogia de Jesus até Adão, filho de Deus.

4 Jesus, cheio do Espírito, é tentado no deserto pelo diabo e vence citando a Palavra. Em Nazaré, anuncia sua missão, mas é rejeitado. Em Cafarnaum, expulsa demônios, cura enfermos e ensina com autoridade, revelando o poder do reino em ação sobre toda a criação.

PAUSE E MEDITE

Boa-nova para os pobres e aflitos

LUCAS 1–4

"NÃO TEMAIS; EIS aqui vos trago boa-nova de grande alegria, que o será para todo o povo: é que vos nasceu, hoje, na cidade de Davi, o Salvador, que é Cristo, o Senhor" (Lucas 2:10-11). O Evangelho de Lucas apresenta o Messias como aquele que veio ao encontro dos simples e dos aflitos. Seu nascimento não foi em palácios, mas numa manjedoura, revelando que a glória de Deus se manifesta na humildade.

Quando iniciou seu ministério, em Nazaré, Jesus leu as palavras do profeta Isaías: "O Espírito do Senhor está sobre mim, pelo que me ungiu para evangelizar os pobres" (Lucas 4:18). Ele se fez próximo dos marginalizados, trouxe esperança aos desesperançados e abriu portas para os que estavam presos.

Esse Cristo conhece a dor da rejeição, da pobreza e da tentação. Viveu como homem e venceu onde todos fracassaram. Sua vitória no deserto nos lembra de que, nele, também há vitória para os que confiam.

A boa-nova de Lucas continua viva. O Salvador nasceu para estar com você em cada momento, iluminando seus passos e enchendo sua vida de esperança. O Emanuel caminha ao seu lado. Essa é a alegria que ninguém pode roubar.

5 Jesus chama Pedro, Tiago e João após a pesca milagrosa. Cura um leproso e um paralítico, perdoando pecados. Chama Levi e come com pecadores, provocando críticas. Ensina sobre jejum e declara que o vinho novo deve ser colocado em odres novos, simbolizando o reino.

6 Jesus colhe espigas no sábado e cura na sinagoga, mostrando ser Senhor do sábado. Escolhe os doze apóstolos. Ensina as bem-aventuranças e o amor aos inimigos, fala sobre julgar, sobre a árvore e seus frutos e conclui com a parábola da casa edificada sobre a rocha.

7 Jesus cura o servo de um centurião, ressuscita o filho da viúva de Naim e responde a João Batista por meio de seus milagres. Perdoa os pecados de uma mulher pecadora que o unge com lágrimas. Multidões o reconhecem como profeta poderoso em obras e palavras.

8 Jesus ensina a parábola do semeador e explica o mistério do reino. Acalma a tempestade, liberta um possesso em Gerasa, cura uma mulher doente há doze anos e ressuscita a filha de Jairo. Mostra poder sobre a natureza, demônios, doenças e a própria morte.

9 Jesus envia os doze em missão. Alimenta cinco mil homens com cinco pães e dois peixes. Pedro declara que Ele é o Cristo. Jesus fala de sua morte e ressurreição, é transfigurado diante de três discípulos e ensina sobre humildade e o preço do discipulado.

10 Jesus envia setenta e dois discípulos em missão. Conta a parábola do bom samaritano, ensinando amor ao próximo. Na casa de Marta e Maria, elogia Maria por ouvir sua palavra. Ensina que a colheita é grande, mas os trabalhadores são poucos, chamando à oração.

11 Jesus ensina a oração do Pai-Nosso e fala sobre pedir, buscar e bater. Expulsa um demônio e é acusado de agir por Belzebu, mas mostra que um reino dividido não subsiste. Adverte contra a hipocrisia e chama à obediência à palavra como verdadeira bem-aventurança.

12 Jesus ensina a confiar em Deus e não temer os homens. Conta a parábola do rico insensato, exorta a vigiar, fala sobre o servo fiel e prudente, alerta sobre divisão e sobre interpretar os sinais. Chama à vigilância e fidelidade diante da vinda inesperada do Filho do Homem.

13 Jesus fala da necessidade de arrependimento e conta a parábola da figueira estéril. Cura uma mulher encurvada no sábado, ensina sobre o reino como grão de mostarda e fermento. Lamenta sobre Jerusalém, que mata os profetas, e afirma que não a verá até que o receba como bendito.

14 Jesus cura no sábado e ensina sobre humildade e generosidade. Conta parábolas do grande banquete, chamando marginalizados, e da necessidade de calcular o custo do discipulado. A multidão é exortada a renunciar a tudo para segui-lo, mostrando a radicalidade do chamado.

15 Jesus conta parábolas da ovelha perdida, da dracma perdida e do filho pródigo, mostrando o amor do Pai que busca e recebe com alegria os pecadores arrependidos. Ensina que há festa no céu por cada pecador que se arrepende, revelando a graça abundante do reino.

16 Jesus conta a parábola do administrador infiel e fala sobre fidelidade no uso das riquezas. Adverte contra a avareza e narra a parábola do rico e Lázaro, mostrando a realidade do juízo e a impossibilidade de mudar o destino após a morte. Chama à fidelidade já nesta vida.

17 Jesus ensina sobre perdão, fé e serviço. Cura dez leprosos, mas só um, samaritano, volta para agradecer. Fala da vinda do reino e adverte sobre os dias do Filho do Homem, comparando-os com os de Noé e Ló. Exorta à vigilância e à perseverança na fé diante da vinda.

18 Jesus conta a parábola do juiz injusto e da viúva persistente, e a do fariseu e do publicano. Acolhe crianças, chama o jovem rico a vender bens e seguir. Prediz sua morte e ressurreição. Cura um cego em Jericó, que passa a segui-lo, glorificando a Deus.

19 Jesus visita Zaqueu, que se arrepende e recebe salvação. Conta a parábola das minas, sobre responsabilidade. Entra triunfalmente em Jerusalém montado num jumento e chora pela cidade. Purifica o templo, expulsando os vendedores, e ensina diariamente no templo diante do povo.

20 Jesus é questionado sobre autoridade e responde com sabedoria. Conta a parábola dos lavradores maus. Responde sobre impostos e ressurreição. Ensina que o maior mandamento é amar a Deus e cita o Salmo para mostrar que o Messias é Senhor de Davi. Adverte contra escribas hipócritas.

21 Jesus anuncia sinais do fim: falsos cristos, guerras, perseguições e destruição de Jerusalém. Fala da vinda do Filho do Homem com poder e glória. Exorta os discípulos à vigilância e oração para permanecerem firmes diante dos acontecimentos e serem achados dignos.

PAUSE E MEDITE

O médico dos enfermos e o amigo dos pecadores

LUCAS 5–21

"RESPONDEU-LHES JESUS: OS sãos não precisam de médico, e sim os doentes; eu não vim chamar justos, e sim pecadores, ao arrependimento" (Lucas 5:31-32). Lucas mostra um Cristo compassivo, que cura doenças do corpo e feridas da alma. Ele toca leprosos, devolve a visão a cegos e chama pecadores para segui-lo.

As parábolas desse evangelho revelam a ternura de seu coração. O Pai corre ao encontro do filho pródigo. O bom samaritano socorre o caído. O pastor busca a ovelha perdida até encontrá-la. Em cada gesto, vemos a graça de um Deus que não abandona os fracos, mas os levanta em amor.

Jesus se assentou à mesa com publicanos e pecadores, transformando exclusão em comunhão. Ele mostrou que não há vida tão quebrada que não possa ser restaurada, nem coração tão ferido que não possa ser curado. Seu amor é maior que qualquer barreira.

Essa esperança alcança você hoje. O mesmo Cristo que curou e perdoou está vivo, pronto a acolher sua dor e a dar novo começo. Ele é médico fiel e amigo verdadeiro. Em sua presença, há restauração, perdão e vida abundante.

22 Os líderes tramam contra Jesus. Judas combina a traição. Ele celebra a Páscoa com os discípulos e institui a Ceia. No Getsêmani, ora em agonia, é preso e negado por Pedro. No Sinédrio, é acusado de ser o Cristo. O capítulo mostra a traição, a oração e a prisão.

23 Jesus é levado a Pilatos e Herodes, que o devolvem. É condenado, crucificado entre criminosos e perdoa quem o crucifica. Morre e é sepultado por José de Arimateia. O centurião o reconhece como justo. Mulheres observam onde o corpo foi colocado, preparando-se para servi-lo.

24 No primeiro dia da semana, mulheres encontram o túmulo vazio e anjos anunciam a ressurreição. Jesus aparece a discípulos no caminho de Emaús, depois aos onze, mostrando as Escrituras e comendo com eles. Despede-se em Betânia e é elevado ao céu.

PAUSE E MEDITE

O Cristo que ressuscitou

LUCAS 22–24

"POR QUE BUSCAIS entre os mortos ao que vive? Ele não está aqui, mas ressuscitou" (Lucas 24:5-6). O Evangelho de Lucas mostra o triunfo da vida sobre a morte. O Jesus que suou sangue no Getsêmani e pediu perdão por seus inimigos na cruz é o mesmo que venceu o túmulo no terceiro dia.

As mulheres foram ao sepulcro com o coração aflito, mas encontraram anjos que anunciaram esperança. Dois discípulos, a caminho de Emaús, sentiram o coração arder ao ouvir suas palavras. Depois, reconheceram o Ressuscitado ao partir do pão. Ele continua a caminhar ao lado dos que se sentem desanimados, mesmo quando não percebem sua presença.

A ressurreição é a base da fé cristã. Ela garante perdão, paz e vida eterna. Cristo vivo não é lembrança de um passado glorioso, mas realidade presente que transforma cada dia. Ele prometeu estar conosco até o fim, e sua palavra não falha.

Se o túmulo não pôde detê-lo, nada poderá separar você do seu amor. Essa é a vitória do evangelho: Cristo ressuscitou, e por isso você pode viver em esperança, paz e alegria.

JOÃO

DIRECIONADO A JUDEUS convertidos e gentios cristãos, esse Evangelho apresenta Jesus como o Verbo eterno que se fez carne. Através de sete sinais miraculosos, revela sua identidade como Filho de Deus e Salvador. A narrativa combina encontros transformadores com discursos teológicos sobre luz, trevas, vida eterna e amor divino. Seu propósito declarado é conduzir os leitores à fé em Jesus Cristo para que tenham vida em seu nome.

1 No princípio era o Verbo, e o Verbo estava com Deus, e o Verbo era Deus. João Batista testemunha sobre a luz. Jesus chama discípulos como André, Pedro, Filipe e Natanael. O capítulo mostra a encarnação do Filho, que habitou entre nós cheio de graça e verdade.

2 Jesus transforma água em vinho nas bodas de Caná, revelando sua glória. Vai a Jerusalém e expulsa os cambistas do templo, mostrando zelo pela casa do Pai. Muitos creem em seus sinais, mas Ele não se entrega a eles, pois conhece o coração de todas as pessoas.

3 Jesus ensina Nicodemos sobre nascer de novo para ver o reino de Deus. Afirma que Deus amou o mundo e enviou seu Filho para salvar. João Batista declara que Jesus é o noivo, e que convém que Ele cresça e ele diminua. Quem crê no Filho tem vida eterna.

4 Jesus conversa com a samaritana junto ao poço e revela ser o Messias. Muitos samaritanos creem. Cura o filho de um oficial em Cafarnaum apenas com uma palavra. O capítulo mostra que a salvação é universal, ultrapassando barreiras de etnia, gênero e tradição religiosa.

5 Em Jerusalém, Jesus cura um paralítico no tanque de Betesda em dia de sábado, provocando perseguição. Ele afirma que o Filho faz o que vê o Pai fazer e que receberá honra no juízo. As Escrituras testificam dele, mas muitos não creem em sua autoridade e missão.

6 Jesus multiplica cinco pães e dois peixes para cinco mil homens. Anda sobre o mar e ensina que Ele é o pão da vida. Muitos discípulos o deixam, mas Pedro declara: "Senhor, para quem iremos? Tu tens as palavras de vida eterna". Judas é apontado como traidor.

7 Durante a festa dos tabernáculos, Jesus ensina no templo, causando divisão entre o povo. Afirma que sua doutrina vem do Pai. Fala da água viva para quem nele crer. Guardas são enviados para prendê-lo, mas ninguém o toca, e a controvérsia sobre sua identidade aumenta.

8 Jesus perdoa a mulher apanhada em adultério, dizendo: "Quem não tiver pecado atire a primeira pedra". Afirma ser a luz do mundo e confronta os fariseus, revelando que a verdade liberta. Declara existir antes de Abraão, o que provoca indignação e tentativas de apedrejá-lo.

9 Jesus cura um cego de nascença, gerando discussão entre fariseus sobre a origem de seu poder. O homem testemunha que antes era cego e agora vê. Jesus ensina que veio para dar visão espiritual aos que creem e revelar a cegueira dos que confiam em sua própria justiça.

10 Jesus se apresenta como o bom pastor que dá a vida pelas ovelhas. Fala da porta do aprisco, do cuidado pessoal e da segurança eterna de seus seguidores. Declara ser um com o Pai, e líderes religiosos tentam apedrejá-lo por considerar suas palavras blasfêmia.

11 Lázaro adoece e morre em Betânia. Jesus o ressuscita após quatro dias, revelando ser a ressurreição e a vida. Muitos creem, mas

líderes decidem matá-lo. O capítulo mostra o maior sinal antes da cruz, confirmando sua autoridade sobre a morte e o poder da vida eterna.

12 Maria unge Jesus em Betânia. Ele entra em Jerusalém montado num jumento, cumprindo a profecia. Fala de sua morte como grão de trigo que precisa morrer para dar fruto. Uma voz do céu o confirma. Muitos não creem, mas Ele declara ser a luz que veio salvar.

PAUSE E MEDITE

Eu sou o pão da vida

JOÃO 1–12

"DECLAROU-LHES, POIS, JESUS: Eu sou o pão da vida; o que vem a mim jamais terá fome; e o que crê em mim jamais terá sede" (João 6:35). No Evangelho de João, encontramos um Cristo que não apenas realiza sinais, mas se apresenta como resposta para a fome mais profunda da alma.

Ele é o Verbo eterno que se fez carne e habitou entre nós, cheio de graça e verdade. É a luz que dissipa as trevas e o Cordeiro que tira o pecado do mundo. João mostra seus milagres não apenas como atos de poder, mas como sinais que apontam para sua identidade como Filho de Deus.

Jesus multiplicou pães, curou enfermos e ressuscitou mortos, mas deixou claro que o maior milagre é a vida eterna dada a quem nele crê. Muitos o buscavam por causa do pão que perece, mas Ele os chamava a desejar o alimento que não se corrompe.

Esse pão da vida continua disponível hoje. Quando você se sente vazio ou inquieto, Cristo é suficiente. Ele satisfaz a alma, renova a esperança e enche de paz. Alimentar-se dele é viver em comunhão com Deus, experimentando a plenitude da vida eterna já no presente.

13 Jesus lava os pés dos discípulos como exemplo de humildade. Prediz a traição de Judas e a negação de Pedro. Dá o novo mandamento: amar uns aos outros como Ele os amou. O capítulo mostra o coração de servo e a entrega do Mestre até o fim pelos seus.

14 Jesus conforta os discípulos dizendo que vai preparar lugar. Declara ser o caminho, a verdade e a vida. Promete o Espírito Santo como Consolador, que os ensinará e lembrará de tudo. Dá sua paz e pede que não se perturbem, pois vencerá o mundo.

15 Jesus se apresenta como a videira verdadeira, e os discípulos são os ramos. Ensina sobre permanecer nele para dar fruto e sobre o amor que leva ao sacrifício. Fala da amizade com Ele e alerta sobre o ódio do mundo, mas promete o Espírito como testemunha.

16 Jesus fala da perseguição que os discípulos sofrerão, mas promete alegria futura. Ensina que o Espírito os guiará em toda a verdade. Anuncia sua morte e ressurreição. Conclui com a promessa de vitória: "No mundo vocês terão aflições, mas tenham ânimo! Eu venci o mundo".

17 Jesus ora ao Pai, pedindo por sua glorificação, pelos discípulos e por todos os que crerão nele. Pede unidade, santificação e amor entre eles. O capítulo revela a oração sacerdotal, mostrando o cuidado do Filho pelos seus e seu desejo de que vejam sua glória.

18 Jesus é preso no Getsêmani, levado a Anás, Caifás e depois a Pilatos. Pedro o nega três vezes. Pilatos não encontra culpa, mas o entrega para ser crucificado. O capítulo mostra a traição, o julgamento e a fidelidade do Filho que se entrega conforme as Escrituras.

19 Jesus é açoitado, coroado de espinhos e condenado. É crucificado no Gólgota, entrega o espírito e declara: "Está consumado." Seu lado é traspassado, cumprindo profecias. José de Arimateia e Nicodemos sepultam seu corpo. O capítulo mostra a entrega do Cordeiro de Deus.

20 No primeiro dia da semana, Maria Madalena encontra o túmulo vazio. Jesus aparece a ela e depois aos discípulos, mostrando as mãos e o lado. Dá-lhes o Espírito. Tomé vê e crê. João declara que estes sinais foram escritos para que creiam e tenham vida em seu nome.

21 Jesus aparece no mar da Galileia, realiza pesca milagrosa e restaura Pedro, perguntando três vezes se o amava. Prediz seu futuro e lembra que João permaneceria até o fim. O capítulo encerra com testemunho da veracidade do relato, ainda que não caiba tudo nos livros.

PAUSE E MEDITE

O amor até o fim

JOÃO 13–21

"TENDO AMADO OS seus que estavam no mundo, amou-os até ao fim" (João 13:1). João nos leva ao coração de Cristo, mostrando a profundidade de seu amor. Na última ceia, Ele lavou os pés dos discípulos, ensinando que a grandeza está em servir.

Mesmo prestes a enfrentar a cruz, Jesus consolou seus discípulos: "Não se turbe o vosso coração; credes em Deus, crede também em mim" (João 14:1). Prometeu-lhes lugar na casa do Pai, a presença do Espírito Santo e declarou: "Eu sou o caminho, e a verdade, e a vida; ninguém vem ao Pai senão por mim" (João 14:6).

Na cruz, seu amor alcançou o clímax. Ele tomou sobre si a culpa humana e abriu o caminho para a reconciliação. Mas o amor não terminou no madeiro.

O túmulo vazio revelou que esse amor é mais forte que a morte. Diante do Ressuscitado, Tomé declarou: "Senhor meu e Deus meu!" (João 20:28).

Esse amor continua até hoje. Cristo não desiste de você, não se afasta quando falha, não abandona quando duvida. Seu amor restaura, perdoa e renova. Viver nesse amor é ter paz no presente e esperança no futuro eterno.

ATOS DOS APÓSTOLOS

O LIVRO NARRA A continuação da obra de Jesus por meio do Espírito Santo na vida dos apóstolos. Descreve a expansão da igreja desde Jerusalém até os confins da terra, destacando a pregação de Pedro e Paulo, o avanço do evangelho e a formação da comunidade cristã.

1 Jesus ressurreto instrui os discípulos por quarenta dias e promete o Espírito Santo. É elevado aos céus, e dois anjos anunciam que voltará. Matias é escolhido para ocupar o lugar de Judas entre os doze, e os discípulos permanecem unânimes em oração em Jerusalém.

2 No Pentecostes, o Espírito Santo enche os discípulos, que falam em línguas. Pedro prega e três mil se convertem. A comunidade vive em comunhão, partindo o pão, orando e compartilhando bens. O capítulo mostra o início da Igreja, marcado por poder e unidade.

3 Pedro e João curam um coxo à porta do templo. O povo se admira, e Pedro prega arrependimento em nome de Jesus, o autor da vida, que foi rejeitado. O milagre confirma a autoridade do nome de Jesus e abre caminho para a perseguição dos líderes religiosos.

4 Pedro e João são presos, mas declaram ousadamente que a salvação está em Jesus. São libertos e a comunidade ora, sendo cheia do Espírito. Os discípulos repartem tudo em comum. Barnabé se destaca pela generosidade. A Igreja cresce, mesmo em meio à oposição.

5 Ananias e Safira mentem sobre a oferta e morrem, causando temor na Igreja. Muitos sinais são feitos pelos apóstolos, e mais crentes se unem. Eles são presos, mas libertos por anjo. Pedro afirma que importa obedecer a Deus. Gamaliel aconselha cautela, e os apóstolos são soltos.

6 Sete homens são escolhidos para servir, entre eles Estêvão, cheio de fé e poder. Ele faz grandes sinais e é acusado falsamente de blasfêmia contra a Lei e o templo. O capítulo mostra a organização da Igreja, que cresce em número e em testemunho diante da sociedade.

7 Estêvão faz discurso diante do Sinédrio, lembrando a história de Israel e acusando-os de resistirem ao Espírito Santo. É apedrejado, tornando-se o primeiro mártir cristão, orando por seus algozes. Saulo aprova sua morte. A perseguição aumenta e a Igreja se espalha.

8 A perseguição dispersa os crentes. Filipe prega em Samaria, muitos creem e recebem o Espírito. Simão, o mágico, tenta comprar poder e é repreendido. Filipe anuncia Jesus ao eunuco etíope, que crê e é batizado. O evangelho começa a alcançar além das fronteiras de Israel.

9 Saulo, indo a Damasco para perseguir cristãos, encontra Jesus e é transformado. Torna-se Paulo, pregador do evangelho. Ananias ora por ele, que recupera a visão e é batizado. Pedro cura Eneias e ressuscita Tabita em Jope, mostrando o poder de Deus através dos apóstolos.

10 Cornélio, centurião romano, recebe visão para chamar Pedro. Pedro também tem visão de animais puros e impuros, aprendendo que Deus não faz acepção de pessoas. Ele prega em Cesareia, o Espírito Santo desce sobre gentios, e eles são batizados, marcando a expansão do evangelho.

11 Pedro relata em Jerusalém a conversão dos gentios, mostrando que Deus concedeu arrependimento para todos. A Igreja em Antioquia cresce, e discípulos são pela primeira vez chamados cristãos. Barnabé e Saulo são enviados com oferta para os irmãos da Judeia.

12 Herodes manda matar Tiago e prender Pedro, mas um anjo o liberta. Herodes, exaltado como deus, é ferido por um anjo e morre. A palavra continua crescendo. Barnabé e Saulo retornam a Antioquia com João Marcos, preparando o início da primeira viagem missionária.

PAUSE E MEDITE

Recebereis poder ao descer sobre vós o Espírito Santo

ATOS 1–12

"MAS RECEBEREIS PODER, ao descer sobre vós o Espírito Santo, e sereis minhas testemunhas tanto em Jerusalém como em toda a Judeia e Samaria e até aos confins da terra" (Atos 1:8). Essa promessa define a identidade e a missão da igreja. O Espírito não foi derramado apenas para consolo, mas para capacitar o povo de Deus a viver e anunciar o evangelho com ousadia.

No Pentecostes, o Espírito encheu a todos e três mil foram salvos. Pedro, antes covarde, tornou-se corajoso pregador. A igreja perseverava na doutrina, na comunhão e nas orações, vivendo em unidade e poder. Os apóstolos curavam enfermos, repartiam o pão e pregavam mesmo sob perseguição.

Quando ameaçados, não pediram livramento, mas intrepidez. O lugar tremeu, e todos ficaram cheios do Espírito. A perseguição espalhou os discípulos, mas essa dispersão levou a Palavra ainda mais longe. O evangelho não pode ser contido.

Essa mesma promessa é atual. O Espírito que desceu em Jerusalém habita em você. Ele fortalece sua fé, consola em meio à dor e dá ousadia para testemunhar de Cristo. Não confie em suas forças. Viva cheio do Espírito e experimente o poder que transforma vidas.

13 O Espírito Santo envia Barnabé e Saulo para missões. Em Chipre, Paulo repreende Elimas, o mágico. Em Antioquia da Pisídia, Paulo prega, mostrando Jesus como cumprimento das promessas. Muitos creem, mas judeus se opõem. O evangelho se espalha entre gentios com poder.

14 Paulo e Barnabé pregam em Icônio, Listra e Derbe, enfrentando perseguição. Em Listra, curam um coxo e são confundidos com deuses, mas rejeitam adoração. Paulo é apedrejado, mas sobrevive.

Fortalecem discípulos e estabelecem presbíteros em cada igreja antes de retornar.

15 Em Jerusalém, apóstolos e anciãos decidem que os gentios não precisam guardar a Lei para serem salvos, mas devem evitar idolatria, sangue e imoralidade. Paulo e Barnabé se separam, e Paulo segue com Silas. O capítulo mostra a unidade da Igreja diante das diferenças culturais.

16 Paulo circuncida Timóteo e recebe a visão do chamado da Macedônia. Em Filipos, Lídia crê e é batizada. Paulo e Silas são presos, mas um terremoto abre as portas; o carcereiro crê e toda sua casa é salva. O evangelho se estabelece com poder e sinais em meio à perseguição.

17 Em Tessalônica, alguns creem, mas judeus perseguem Paulo. Em Bereia, os judeus examinam as Escrituras e muitos creem. Em Atenas, Paulo prega no Areópago, falando do "Deus desconhecido" e chamando ao arrependimento, pois Deus julgará o mundo por meio de Jesus.

18 Paulo prega em Corinto, onde muitos creem, incluindo Crispo, chefe da sinagoga. O Senhor o encoraja em visão. Trabalha com Áquila e Priscila. É acusado pelos judeus, mas absolvido. Depois, parte em nova viagem. Apolo, eloquente, aprende com Priscila e Áquila sobre o evangelho.

19 Em Éfeso, Paulo encontra discípulos que recebem o Espírito Santo. Deus faz milagres extraordinários por suas mãos. Exorcistas judeus fracassam ao tentar usar o nome de Jesus. Um motim de ourives, liderado por Demétrio, mostra a oposição contra a pregação do evangelho.

20 Paulo visita várias cidades, encorajando os discípulos. Em Troas, Êutico adormece e cai da janela, mas é ressuscitado. Em Mileto, despede-se dos presbíteros de Éfeso com lágrimas, lembrando seu serviço e alertando sobre falsos mestres. Entrega-os a Deus e à sua graça.

21 Paulo viaja a Jerusalém, é advertido sobre prisões, mas segue decidido. No templo, é acusado injustamente e quase morto, mas soldados romanos o prendem. Ele pede para falar ao povo e começa a testemunhar, mostrando sua fé e chamado de Jesus para os gentios.

22 Paulo testemunha diante da multidão, relatando sua conversão no caminho de Damasco. Ao mencionar sua missão aos gentios, o povo se revolta. Ele é levado à fortaleza, e, ao revelar ser cidadão romano, evita ser açoitado. O caso é encaminhado ao Sinédrio para julgamento.

23 Diante do Sinédrio, Paulo divide fariseus e saduceus, causando dissensão. O Senhor aparece a ele, dizendo que também testemunhará em Roma. Um grupo conspira para matá-lo, mas seu sobrinho revela o plano. Paulo é enviado sob escolta a Cesareia para ser julgado por Félix.

24 Em Cesareia, Paulo se defende diante de Félix, afirmando crer nas Escrituras e na ressurreição. Félix o mantém preso esperando suborno, mas ouve atentamente sua mensagem. Paulo permanece dois anos preso, até que Festo sucede Félix no governo da província.

25 Diante de Festo, Paulo apela a César. O rei Agripa visita Cesareia e ouve sobre o caso. Festo comenta que Paulo poderia ser solto, mas como apelou a César, será enviado a Roma. O capítulo mostra a providência de Deus conduzindo Paulo até a capital do império.

26 Paulo testemunha diante de Agripa, relatando sua perseguição aos cristãos e sua conversão. Fala da missão de anunciar luz a judeus e gentios. Agripa reconhece que quase se convence. Todos concordam que ele não merecia prisão, mas o apelo a César deve ser cumprido.

27 Paulo é levado a Roma de navio. Uma tempestade ameaça a viagem, mas ele assegura que ninguém morrerá. O navio naufraga em Malta, mas todos se salvam. O capítulo mostra a fidelidade de Deus, protegendo Paulo e cumprindo sua promessa de levá-lo a Roma para testemunhar.

28 Em Malta, Paulo sobrevive a uma picada de cobra e cura enfermos. Ao chegar a Roma, encontra irmãos e é colocado em prisão domiciliar. Prega livremente sobre o reino de Deus e sobre Jesus Cristo a todos que o visitam, encerrando Atos com a palavra de Deus em expansão.

PAUSE E MEDITE

Até os confins da terra

ATOS 13–28

"SEPARAI-ME, AGORA, BARNABÉ e Saulo para a obra a que os tenho chamado" (Atos 13:2). Assim começou a missão que levaria o evangelho além das fronteiras judaicas. O Espírito Santo dirigiu cada passo, abrindo portas e sustentando seus servos em meio a lutas.

Paulo enfrentou prisões, açoites, naufrágios e perseguições, mas não desistiu. Em cada cidade, ele anunciava Cristo com ousadia. Em Filipos, cantou louvores na prisão. Em Atenas, falou do Deus desconhecido. Em Corinto, plantou uma igreja vibrante. Em Éfeso, confrontou a idolatria. Sua vida era prova de que nada pode deter a Palavra.

Atos termina com Paulo em Roma, pregando "com toda a intrepidez, sem impedimento algum" (Atos 28:31). O evangelho alcançava o coração do império, mostrando que a mensagem de Cristo é imparável. O livro termina em aberto para lembrar que a missão continua.

Essa missão é também sua. O evangelho deve chegar aos confins da terra por meio da sua vida, de suas palavras e de seu testemunho. O mesmo Espírito que guiou Paulo guia você. Viva como testemunha fiel e seja parte dessa obra que não pode ser detida.

ROMANOS

PAULO APRESENTA O evangelho como poder de Deus para salvação. Explica que todos pecaram e carecem da graça, mas a justificação vem pela fé em Jesus. Destaca a vida no Espírito, a soberania de Deus e a prática da fé. É a exposição mais profunda da doutrina cristã.

1 Paulo saúda os crentes em Roma e afirma que o evangelho é poder de Deus para salvação. Mostra que a ira de Deus se revela contra toda impiedade. Os homens trocaram a glória divina por ídolos e se entregaram a paixões vergonhosas, tornando-se réus do juízo.

2 Paulo ensina que todos serão julgados conforme suas obras, judeus e gentios. Deus não faz acepção de pessoas. A lei escrita no coração condena os gentios, e a lei escrita condena os judeus. O verdadeiro judeu é aquele que tem circuncisão no coração, pelo Espírito.

3 Paulo afirma que todos pecaram e estão destituídos da glória de Deus. A justificação vem gratuitamente pela graça, mediante a redenção em Cristo. A lei mostra o pecado, mas a fé estabelece a justiça. Deus é justo e justificador daquele que crê em Jesus.

4 Abraão é exemplo de fé: foi justificado antes da circuncisão, mostrando que a promessa é pela fé e não pela lei. Sua fé não vacilou diante da impossibilidade, mas se fortaleceu em Deus. Assim, a justificação é pela fé para todos os que creem em Jesus.

5 Justificados pela fé, temos paz com Deus por meio de Jesus. O amor divino foi derramado pelo Espírito. Por um só homem, Adão, entrou o pecado; por um só, Cristo, veio a justificação. Onde abundou o pecado, superabundou a graça, trazendo vida eterna por Jesus.

6 Quem morreu com Cristo não deve viver no pecado. O batismo simboliza a morte e ressurreição com Ele. Devemos apresentar nossos membros como instrumentos de justiça. O pecado não terá domínio, pois não estamos debaixo da lei, mas da graça que gera nova vida.

7 Paulo fala da luta interior: a lei é santa, mas revela o pecado. O homem deseja o bem, mas encontra o mal em si. Reconhece sua incapacidade e clama por libertação. A resposta está em Jesus, que nos liberta da condenação e nos conduz a uma vida no Espírito.

8 Não há condenação para os que estão em Cristo. O Espírito dá vida e testifica que somos filhos de Deus. As aflições não se comparam com a glória futura. Nada pode nos separar do amor divino em Cristo, nem morte, nem vida, nem poderes ou circunstâncias.

9 Paulo fala da soberania de Deus na eleição. Nem todos os descendentes de Israel são verdadeiramente Israel. Deus tem misericórdia de quem quer. Os gentios alcançaram a justiça pela fé, mas muitos judeus tropeçaram na pedra, que é Cristo, rejeitando a justiça de Deus.

10 Paulo deseja a salvação de Israel, mas muitos buscam justiça pela lei, não pela fé. A salvação é para quem confessa Jesus como Senhor e crê na ressurreição. A fé vem pelo ouvir a palavra de Cristo. Deus estendeu as mãos a um povo rebelde, mas oferece graça.

11 Paulo explica que Deus não rejeitou Israel; sempre houve um remanescente fiel. Os gentios foram enxertados na oliveira, mas não devem se orgulhar. No fim, todo Israel será salvo. Os caminhos do Senhor são insondáveis, e dele, por Ele e para Ele são todas as coisas.

12 Paulo exorta a apresentar o corpo como sacrifício vivo e a não se conformar com o mundo. Enfatiza o amor sincero, o serviço com os dons e a prática do bem. Devemos vencer o mal com o bem, alegrar-nos na esperança e viver em paz com todos, quando possível.

13 Paulo ensina a sujeição às autoridades, pois são estabelecidas por Deus. O amor cumpre a lei, e o tempo é breve: devemos viver despertos, rejeitando as obras das trevas e revestindo-nos de Cristo. O capítulo chama à obediência civil e à santidade na conduta.

14 Paulo fala sobre não julgar opiniões pessoais. Quem come ou não come, quem guarda ou não guarda dias, deve fazer para o Senhor. Cada um prestará contas a Deus. O Reino não é comida nem bebida, mas justiça, paz e alegria no Espírito. Devemos buscar a edificação mútua.

15 Paulo exorta a suportar os fracos e seguir o exemplo de Cristo. Fala do seu ministério aos gentios e do desejo de visitar Roma. Envia saudações de irmãos de várias igrejas. O capítulo destaca a unidade do povo de Deus e o propósito universal do evangelho.

16 Paulo recomenda Febe, saúda muitos irmãos e adverte contra os que causam divisões. Louva a obediência dos crentes e encerra com uma expressão de louvor: Deus, que pode confirmar pelo evangelho revelado em Cristo, seja dada glória para sempre. Amém.

PAUSE E MEDITE

Justificados pela fé, vivemos em Cristo

ROMANOS 1–16

"VISTO QUE A justiça de Deus se revela no evangelho, de fé em fé, como está escrito: o justo viverá por fé" (Romanos 1:17). A carta aos Romanos é o coração do evangelho. Paulo mostra que todos pecaram e carecem da glória de Deus, mas que há esperança: a justificação pela fé em Cristo.

Essa justificação não é conquista humana, mas dádiva divina. Como Abraão, que "creu em Deus, e isso lhe foi imputado para justiça" (Romanos 4:3), também somos aceitos não pelas obras, mas pela fé. É essa fé que nos abre as portas da graça, trazendo paz com Deus e esperança que não decepciona.

Paulo declara: "Agora, pois, já nenhuma condenação há para os que estão em Cristo Jesus" (Romanos 8:1). O evangelho liberta da culpa e do poder do pecado.

A graça que salva também capacita para viver em novidade de vida, de modo que não mais nos conformemos com este século, mas sejamos transformados pela renovação da mente.

Romanos nos lembra que a salvação é obra da graça, mas também chamado à entrega. Você é convidado a oferecer sua vida como sacrifício vivo, santo e agradável a Deus (Romanos 12:1). Essa entrega não é peso, mas expressão de gratidão. Em Cristo, você encontra perdão, liberdade e certeza da glória eterna.

1CORÍNTIOS

PAULO ESCREVE À igreja em Corinto para corrigir divisões, imoralidade e abusos, ensinando sobre santidade, amor e ordem no culto. Destaca a centralidade da cruz, a ressurreição e a vida no Espírito. O evangelho deve transformar a comunidade em unidade e testemunho fiel.

1 Paulo saúda a igreja de Corinto, agradece pela graça recebida e exorta contra divisões. Aponta que Cristo não está dividido e que a cruz é poder de Deus. A sabedoria do mundo é loucura, mas a mensagem do evangelho revela o poder e a sabedoria divinos.

2 Paulo afirma que pregou Cristo crucificado em fraqueza, mas no poder do Espírito. A verdadeira sabedoria vem de Deus, revelada pelo Espírito Santo. O homem natural não a entende, mas o espiritual discerne todas as coisas, pois tem a mente de Cristo para compreender.

3 Paulo chama os coríntios de carnais por causa das divisões. Afirma que ele plantou, Apolo regou, mas Deus deu o crescimento. A igreja é edifício de Deus e deve ser edificada com obras que resistam ao fogo. Os servos de Cristo são apenas cooperadores da obra divina.

4 Paulo lembra que apóstolos são servos de Cristo e despenseiros dos mistérios de Deus. Sofrem perseguições, mas perseveram com humildade. Ele adverte a igreja contra orgulho e promete visitá-los em breve, não com palavras, mas com poder e disciplina do Espírito Santo.

5 Paulo repreende a tolerância com a imoralidade sexual na igreja. Ordena remover o homem que se deitava com a mulher de seu pai. Ensina que um pouco de fermento leveda toda a massa e chama a viver em santidade, separados do pecado, como massa nova em Cristo.

6 Paulo censura os crentes por recorrerem a tribunais seculares em disputas. Recorda que os injustos não herdarão o reino. Adverte contra imoralidade sexual, lembrando que o corpo é templo do Espírito Santo. Fomos comprados por preço e devemos glorificar a Deus no corpo.

7 Paulo ensina sobre casamento e celibato. Exorta que cada um permaneça no estado em que foi chamado. O casamento é válido e santo, mas quem permanece solteiro pode servir mais ao Senhor. Destaca que tudo deve ser vivido em fidelidade e consagração a Deus.

8 Paulo trata das comidas sacrificadas a ídolos. Afirma que só há um Deus e um Senhor, mas ensina que o amor deve guiar a liberdade cristã. Mesmo que algo seja lícito, se escandalizar o irmão, deve-se renunciar. O conhecimento ensoberbece, mas o amor edifica a todos.

9 Paulo defende seu direito como apóstolo, mas renuncia por amor ao evangelho. Faz-se servo de todos para ganhar a muitos. Corre como quem busca o prêmio incorruptível, disciplinando seu corpo para não ser reprovado. O capítulo mostra entrega total à causa de Cristo.

10 Paulo alerta contra a idolatria, lembrando os exemplos de Israel no deserto. Ensina que tudo foi escrito como advertência. Não podemos beber do cálice do Senhor e da mesa dos demônios. Tudo é permitido, mas nem tudo edifica. Devemos buscar a glória de Deus em tudo.

11 Paulo ensina sobre a conduta no culto, destacando a cobertura da cabeça e a ordem entre homem e mulher. Repreende abusos na Ceia do Senhor, lembrando que é proclamação da morte de Cristo. Adverte a examinar-se antes de participar, para não comer indignamente.

12 Paulo fala dos dons espirituais, distribuídos pelo mesmo Espírito. O corpo tem muitos membros, mas todos formam um só corpo em Cristo. Cada dom é dado para edificação comum. Deus organizou a igreja, concedendo dons diversos, para que haja unidade na diversidade.

13 Paulo exalta o amor como o caminho mais excelente. Ainda que alguém tenha dons e fé, sem amor nada é. O amor é paciente, bondoso e não busca seus próprios interesses. Permanece para sempre, enquanto os dons cessarão. Fé, esperança e amor permanecem, mas o maior é o amor.

14 Paulo ensina sobre o uso dos dons no culto, dando ênfase à profecia sobre línguas, pois edifica a igreja. Exorta à ordem e edificação mútua. Deus não é de confusão, mas de paz. Todos devem exercer os dons com decência, buscando a edificação do corpo de Cristo.

15 Paulo afirma a centralidade da ressurreição de Cristo. Sem ela, a fé é vã. Cristo ressuscitou como primícias dos que dormem. No fim, a morte será vencida. O corpo ressurreto será incorruptível. Graças a Deus que nos dá vitória por meio de Jesus Cristo.

16 Paulo orienta sobre a coleta para os santos, planeja visitas e dá recomendações pessoais. Exorta a permanecer firmes, a agir com coragem e a tudo fazer com amor. Saúda em Cristo e encerra com bênção: "A graça do Senhor esteja com vocês. Meu amor esteja com todos vocês."

PAUSE E MEDITE

A cruz é poder de Deus

1CORÍNTIOS 1—16

"CERTAMENTE, A PALAVRA da cruz é loucura para os que se perdem, mas para nós, que somos salvos, poder de Deus" (1Coríntios 1:18). A igreja de Corinto se orgulhava de dons e de sabedoria humana, mas Paulo recorda que o evangelho não se apoia em prestígio ou retórica, e sim no poder da cruz.

A cruz revela a inversão do reino. O que o mundo chama fraqueza é força diante de Deus; o que o mundo considera vergonha é glória eterna. Paulo mostrou que Cristo é a base da fé, e não líderes ou sistemas humanos. Ele nos lembra que a vida cristã só tem sentido quando centralizada na obra redentora do Calvário.

No capítulo 13, o apóstolo exalta o amor como o caminho mais excelente. Dons e talentos podem cessar, mas o amor jamais acaba. "Ainda que eu fale as línguas dos homens e dos anjos, se não tiver amor, serei como o bronze que soa ou como o címbalo que retine" (1Coríntios 13:1). O amor é a marca visível de quem foi transformado pela cruz.

No capítulo 15, Paulo anuncia a vitória da ressurreição. Se Cristo venceu a morte, a esperança é certa para todos os que nele confiam. Essa é a segurança que sustenta a caminhada: a cruz é poder de Deus, e a ressurreição é a garantia da vida eterna.

2CORÍNTIOS

PAULO ESCREVE PARA defender seu apostolado e consolar a igreja. Destaca o ministério da reconciliação, a glória do evangelho, a generosidade e a força de Deus na fraqueza humana. A carta revela seu coração pastoral, sua dor e sua alegria em servir a Cristo.

1 Paulo consola os coríntios com o Deus de toda consolação, que conforta em tribulações. Relata aflições na Ásia, mas mostra confiança em Deus que ressuscita os mortos. Exorta à fidelidade e lembra que todas as promessas têm o sim em Cristo, que nos ungiu e selou com o Espírito.

2 Paulo fala de sua preocupação com a igreja e da alegria ao ver arrependimento. Exorta a perdoar e confortar o ofensor. Afirma que sua vida é como cheiro de Cristo: para uns, aroma de vida; para outros, de morte. A suficiência vem de Deus, que capacita para o ministério.

3 Paulo contrasta a antiga aliança, escrita em tábuas de pedra, com a nova, do Espírito. Onde está o Espírito, aí há liberdade. A glória da nova aliança supera a antiga. Somos transformados de glória em glória na imagem de Cristo, que dá vida e nos torna ministros da justiça.

4 O evangelho é tesouro em vasos de barro, mostrando que o poder é de Deus, não nosso. Paulo descreve aflições, mas afirma que a leve tribulação produz eterno peso de glória. O homem exterior se desgasta, mas o interior se renova, pois olhamos para o invisível e eterno.

5 Paulo ensina que, se a casa terrestre se desfizer, temos habitação eterna em Deus. Cristo morreu por todos, e agora vivemos para Ele. Somos embaixadores da reconciliação: Deus em Cristo reconciliou o mundo consigo. Aquele que não conheceu pecado foi feito pecado por nós.

6 Paulo fala de seu ministério marcado por paciência em tribulações, pureza e amor no Espírito. Conclama a não receber a graça em vão. Exorta a não se prender a jugo desigual com incrédulos. Somos templo de Deus e devemos nos separar da impureza, vivendo em santidade.

7 Paulo expressa alegria pelo arrependimento dos coríntios. A tristeza segundo Deus produz arrependimento para a salvação, mas a tristeza do mundo gera morte. Ele se alegra pela obediência da igreja e pelo consolo que Tito trouxe, fortalecendo a comunhão entre eles.

8 Paulo exorta à generosidade, citando o exemplo das igrejas da Macedônia. Cristo, sendo rico, se fez pobre para nos enriquecer. Cada um deve contribuir de boa vontade, conforme puder. A generosidade demonstra graça, cooperação e amor, fortalecendo a unidade do corpo de Cristo.

9 Paulo reforça a importância da contribuição voluntária. Deus ama quem dá com alegria e supre abundantemente. A generosidade multiplica ações de graças e glorifica a Deus. O capítulo mostra que dar não é obrigação, mas expressão de fé, amor e fruto da graça divina.

10 Paulo defende seu ministério contra críticas. Afirma que as armas da nossa luta não são carnais, mas poderosas em Deus. Exorta a levar todo pensamento cativo a Cristo. Não busca glória própria, mas edificar a igreja, gloriando-se apenas no Senhor que o comissionou.

11 Paulo relata perigos e sofrimentos enfrentados como apóstolo: prisões, açoites, naufrágios e perseguições. Refuta falsos apóstolos que enganavam a igreja. Exalta sua fraqueza, pois nela o poder de Cristo se manifesta. Seu zelo pela igreja é comparado ao cuidado de um pai.

12 Paulo fala de visões e revela ter um espinho na carne. Pede três vezes a Deus que o tire, mas recebe a resposta: "Minha graça te basta, porque o poder se aperfeiçoa na fraqueza." Ele se gloria nas fraquezas para que o poder de Cristo repouse sobre ele.

13 Paulo conclui exortando os coríntios à disciplina e à fidelidade. Pede que se examinem para ver se estão na fé. Deseja restauração, união e paz. Encerra com a bênção apostólica: a graça de Jesus Cristo, o amor de Deus e a comunhão do Espírito Santo estejam com todos.

PAUSE E MEDITE

O poder se aperfeiçoa na fraqueza

2CORÍNTIOS 1–13

"ENTÃO, ELE ME disse: A minha graça te basta, porque o poder se aperfeiçoa na fraqueza" (2Coríntios 12:9). A segunda carta aos Coríntios abre o coração de Paulo. Ele fala de lágrimas, tribulações e consolações, mostrando que a vida cristã não está isenta de dor, mas é sustentada pela graça de Deus.

Deus é "o Pai de misericórdias e Deus de toda consolação, que nos conforta em toda a nossa tribulação" (2Coríntios 1:3-4). O apóstolo experimentou perseguições e angústias, mas também provou que o Senhor renova as forças quando o fardo parece insuportável.

Ele descreve os cristãos como vasos de barro que carregam um tesouro precioso: "para que a excelência do poder seja de Deus e não de nós" (2Coríntios 4:7). Somos frágeis, mas habitados por Cristo, cuja presença torna a fraqueza palco de manifestação do seu poder.

Essa carta mostra que triunfo não significa ausência de lutas, mas confiança em Deus no meio delas. A graça que sustentou Paulo é a mesma que sustenta você hoje. Quando a fraqueza expõe seus limites, a força de Cristo se aperfeiçoa em sua vida. A glória não é do vaso, mas do tesouro que está nele.

GÁLATAS

PAULO ESCREVE PARA corrigir distorções do evangelho, combatendo a imposição da lei mosaica aos gentios. Destaca que a justificação é pela fé, não pelas obras. Ressalta a liberdade em Cristo, a vida no Espírito e o chamado a viver no amor, frutificando para a glória de Deus.

1 Paulo se apresenta como apóstolo enviado por Jesus Cristo e denuncia falsos evangelhos. Conta sua conversão e chamado, mostrando que recebeu o evangelho por revelação de Cristo. Repreende os gálatas por se desviarem tão depressa para outro ensino.

2 Paulo relata encontro com apóstolos em Jerusalém, confirmando que o evangelho aos gentios lhe foi confiado. Repreende Pedro em Antioquia por hipocrisia. Afirma que não somos justificados pelas obras da lei, mas pela fé em Jesus Cristo, que vive em nós.

3 Paulo pergunta quem iludiu os gálatas, lembrando que receberam o Espírito pela fé e não pela lei. Cita Abraão como exemplo de justificação pela fé. A lei foi tutora até Cristo, mas agora somos filhos de Deus pela fé e herdeiros da promessa em Cristo.

4 Paulo compara a lei à escravidão e a fé à adoção como filhos. Lembra que Deus enviou seu Filho para nos redimir e dar o Espírito em nossos corações. Usa a alegoria de Sara e Agar para mostrar que somos filhos da promessa, livres, e não escravos da lei.

5 Paulo exorta a permanecer firmes na liberdade em Cristo. A circuncisão nada vale sem fé que atua pelo amor. Fala das obras da carne e do fruto do Espírito. Quem vive pelo Espírito crucificou a carne. Devemos andar em amor e servir uns aos outros com humildade.

6 Paulo ensina a restaurar o caído com mansidão e a semear no Espírito para colher vida eterna. Incentiva a não desanimar de fazer o bem. Gloriar-se apenas na cruz de Cristo, que nos trouxe nova criação. A graça de Jesus esteja com todos os irmãos.

PAUSE E MEDITE

Para a liberdade Cristo nos libertou

GÁLATAS 1–6

"PARA A LIBERDADE foi que Cristo nos libertou. Permanecei, pois, firmes e não vos submetais, de novo, a jugo de escravidão" (Gálatas 5:1). A carta aos Gálatas é um clamor pela pureza do evangelho. A igreja estava sendo ameaçada por falsos mestres que queriam acrescentar obras da lei à fé, anulando a graça de Cristo.

Paulo recorda que a salvação não é mérito humano, mas dádiva divina. Ele cita Abraão como exemplo de que a justificação sempre foi pela fé: "É o caso de Abraão, que creu em Deus, e isso lhe foi imputado para justiça" (Gálatas 3:6). A cruz de Cristo é suficiente; nada pode ser acrescentado à sua obra.

A liberdade conquistada por Jesus, porém, não é licença para pecar. Pelo contrário, é chamado para servir em amor. "Vós, irmãos, fostes chamados à liberdade; porém não useis da liberdade para dar ocasião à carne; sede, antes, servos uns dos outros, pelo amor" (Gálatas 5:13). O verdadeiro sinal da fé é o fruto do Espírito, que gera vida santa e relacionamentos restaurados.

Essa carta desafia você a rejeitar qualquer forma de escravidão espiritual. Em Cristo, não há condenação, apenas liberdade. Essa liberdade se expressa em amor, serviço e alegria no Espírito. Viver pela graça é descansar na suficiência de Cristo e caminhar com confiança rumo à glória eterna.

EFÉSIOS

PAULO ESCREVE PARA fortalecer a igreja na fé e na unidade em Cristo. Mostra que fomos escolhidos em Jesus, salvos pela graça e feitos um só corpo. Ensina sobre vida nova, santidade, família e batalha espiritual. A carta revela a riqueza do plano eterno de Deus.

1 Paulo bendiz a Deus pelas bênçãos espirituais em Cristo: eleição, redenção e herança. Ora para que os crentes conheçam a esperança, a riqueza e o poder de Deus. Cristo, exaltado acima de todo governo, é a cabeça da igreja, que é o seu corpo.

2 Estávamos mortos em pecados, mas fomos vivificados com Cristo. Somos salvos pela graça mediante a fé, não por obras. Judeus e gentios foram reconciliados em Cristo, que é nossa paz. Somos edificados como templo de Deus, habitação do Espírito Santo.

3 Paulo fala do mistério revelado: os gentios são coerdeiros em Cristo. Ele ora para que a igreja seja fortalecida no íntimo pelo Espírito, conheça o amor de Cristo e seja cheia da plenitude de Deus. A Ele seja a glória na igreja por todas as gerações.

4 Paulo exorta à unidade do corpo, com um só Senhor, fé e batismo. Cristo concedeu dons para edificação da igreja. Devemos abandonar a velha vida e nos revestir do novo homem. Ensina sobre falar a verdade, perdoar e viver em amor, como filhos de Deus.

5 Paulo ensina a viver como filhos da luz, com sabedoria e cheios do Espírito. Dá orientações para o casamento: maridos devem amar como Cristo amou a igreja, e esposas respeitar. O casamento aponta para a união de Cristo e da igreja, revelando mistério profundo.

6 Paulo instrui filhos e pais, servos e senhores. Encerra falando da armadura de Deus: verdade, justiça, evangelho, fé, salvação, Palavra e oração. Exorta à perseverança na batalha espiritual. Conclui com bênçãos de paz, amor, fé e graça para os que amam Jesus.

PAUSE E MEDITE

Unidos em Cristo como um só corpo

EFÉSIOS 1–6

"BENDITO O DEUS e Pai de nosso Senhor Jesus Cristo, que nos tenha abençoado com toda sorte de bênção espiritual nas regiões celestiais em Cristo" (Efésios 1:3). Efésios abre nossos olhos para as riquezas espirituais que temos em Cristo. Fomos escolhidos antes da fundação do mundo, adotados como filhos e selados com o Espírito Santo, penhor da nossa herança.

Paulo lembra que estávamos mortos em nossos delitos, mas Deus nos deu vida juntamente com Cristo. "E, estando nós mortos em nossos delitos, nos deu vida juntamente com Cristo, - pela graça sois salvos" (Efésios 2:5). Não fomos salvos por méritos, mas pela graça mediante a fé. Essa salvação nos une em um só corpo, derrubando muros que dividem povos e aproximando todos do Pai.

Essa união se reflete em uma nova forma de viver. Paulo nos chama a andar em amor, a perdoar como fomos perdoados e a cultivar relacionamentos marcados pela humildade e pelo serviço. No lar, no trabalho e na igreja, o cristão é chamado a refletir Cristo em tudo.

Por fim, o apóstolo nos exorta a vestir a armadura de Deus. A vida cristã é luta espiritual, mas a vitória é certa porque estamos firmados no Senhor. Unidos em Cristo, somos fortalecidos para viver em santidade, unidade e poder.

FILIPENSES

PAULO ESCREVE DA prisão com tom de alegria e gratidão. Exorta os crentes a viverem em humildade, unidade e contentamento. Mostra Cristo como exemplo de entrega e obediência. A carta ensina a viver com alegria e serenidade em todas as circunstâncias, firmados no Senhor.

1 Paulo agradece pela parceria dos filipenses no evangelho e ora por eles. Mesmo preso, vê o avanço da palavra. Exorta a viver de modo digno do evangelho, firmes em um só espírito e sem se deixarem intimidar pelos adversários.

2 Paulo chama à unidade e humildade, tendo em Cristo o maior exemplo: Ele se humilhou, tornando-se servo até a morte de cruz, sendo exaltado por Deus. Recomenda Timóteo e Epafrodito como modelos de serviço fiel. Tudo deve ser feito sem murmurações.

3 Paulo alerta contra os falsos mestres da circuncisão. Afirma que considera tudo perda por causa de Cristo. Busca conhecer o poder da ressurreição e prossegue para o alvo. Exorta a imitar seu exemplo e a viver como cidadãos do céu, aguardando o Salvador.

4 Paulo exorta à alegria no Senhor, à mansidão e à oração com gratidão, que traz paz de Deus. Incentiva a pensar no que é bom. Agradece o apoio dos filipenses e ensina o contentamento em todas as situações. Encerra com bênção de graça em Cristo.

PAUSE E MEDITE

A alegria que ninguém pode roubar

FILIPENSES 1–4

"ALEGRAI-VOS SEMPRE NO Senhor; outra vez digo: alegrai-vos" (Filipenses 4:4). A carta aos Filipenses foi escrita da prisão, mas é marcada pela alegria. Paulo mostra que a verdadeira felicidade não depende das circunstâncias, mas da presença constante de Cristo. Mesmo em correntes, ele vivia cheio de esperança, porque sua vida estava centrada no Senhor.

Para o apóstolo, "porquanto, para mim, o viver é Cristo, e o morrer é lucro" (Filipenses 1:21). Essa é a chave de uma vida plena: Cristo como razão da existência. Nada neste mundo pode oferecer segurança maior do que estar unido a Ele. Por isso, Paulo podia enfrentar tanto a escassez como a abundância, sabendo que "tudo posso naquele que me fortalece" (Filipenses 4:13).

A carta também ressalta a importância da unidade e da humildade. Paulo chama os cristãos a considerarem os outros superiores a si mesmos, lembrando que Jesus "a si mesmo se esvaziou, assumindo a forma de servo" (Filipenses 2:7). A humildade de Cristo é o modelo para todo seguidor seu.

Por fim, Paulo aponta para a paz que excede o entendimento. Quando a ansiedade ameaça, a oração abre espaço para que o coração seja guardado em Cristo. Essa paz, unida à alegria, é um testemunho poderoso ao mundo de que Jesus é suficiente.

COLOSSENSES

PAULO EXALTA A supremacia de Cristo sobre toda criação e a igreja como seu corpo. Ensina que em Cristo habitam todos os tesouros da sabedoria e que nele estamos completos. Exorta a abandonar práticas mundanas e a viver em santidade, amor e submissão ao Senhor.

1 Paulo agradece pela fé dos colossenses e ora por sabedoria espiritual. Exalta Cristo como imagem de Deus invisível, criador e cabeça da igreja. Ele reconciliou todas as coisas pela cruz. Paulo sofre pelo evangelho e serve como ministro para revelar o mistério de Cristo.

2 Paulo exorta a permanecer firmes em Cristo, em quem habita toda a plenitude. Adverte contra filosofias humanas e práticas legalistas. Afirma que fomos sepultados e ressuscitados com Cristo. Ele triunfou sobre principados e potestades, cravando nossas dívidas na cruz.

3 Paulo ensina a buscar as coisas do alto, mortificando os desejos terrenos. Exorta a revestir-se de compaixão, humildade e amor. Dá instruções às famílias e servos, chamando todos a viver para o Senhor. A palavra de Cristo deve habitar ricamente, com gratidão e louvor.

4 Paulo pede oração para que a palavra seja proclamada com ousadia. Dá orientações sobre sabedoria no trato com os de fora e sobre a fala agradável. Envia saudações pessoais e recomenda Arquipo a cumprir fielmente o ministério. Conclui com graça para os irmãos.

PAUSE E MEDITE

Cristo em vós, esperança da glória

COLOSSENSES 1–4

"ESTE É A imagem do Deus invisível, o primogênito de toda a criação; pois, nele, foram criadas todas as coisas, nos céus e sobre a terra... tudo foi criado por meio dele e para ele. Ele é antes de todas as coisas. Nele, tudo subsiste" (Colossenses 1:15-17). Paulo exalta a supremacia de Cristo sobre toda a criação e sobre a igreja.

A comunidade de Colossos sofria com falsos ensinos que diminuíam a suficiência de Cristo. Paulo responde mostrando que "nele, habita, corporalmente, toda a plenitude da Divindade. Também, nele, estais aperfeiçoados" (Colossenses 2:9-10). Não há necessidade de buscar em tradições humanas aquilo que já está plenamente em Cristo.

Essa união com Ele muda a vida. "Porque morrestes, e a vossa vida está oculta juntamente com Cristo, em Deus" (Colossenses 3:3). O velho homem fica para trás e surge uma nova existência marcada pelo amor, pela gratidão e pelo perdão. Essa transformação alcança cada esfera: o lar, o trabalho e a comunidade.

Cristo é tudo em todos. Essa é a esperança que sustenta a fé: Ele habita em você e garante a glória futura. Não permita que nada roube essa certeza. Viva firmado na suficiência de Cristo, desfrutando de sua presença e refletindo sua vida em cada passo.

1 TESSALONICENSES

PAULO ESCREVE PARA encorajar os crentes em sua fé, lembrando sua conversão e testemunho. Destaca a esperança na vinda de Cristo, a santidade e o amor fraternal. Exorta-os a permanecer firmes diante das perseguições, vivendo em vigilância e pureza até a volta do Senhor.

1 Paulo agradece pela fé, amor e esperança dos tessalonicenses, que se tornaram exemplo para outros. Abandonaram ídolos para servir ao Deus vivo e esperar a volta de Jesus. O evangelho foi recebido em poder, trazendo transformação e testemunho em toda a região.

2 Paulo lembra de seu ministério entre eles com sinceridade e amor, trabalhando para não ser pesado. Eles receberam a palavra como vinda de Deus. Recorda perseguições, mas exalta a firmeza dos crentes. Ele deseja revê-los, pois são sua glória e alegria no Senhor.

3 Paulo envia Timóteo para fortalecer os crentes na fé. Alegra-se ao receber boas notícias sobre sua firmeza e amor. Ora para que cresçam em amor e santidade diante de Deus. O capítulo mostra a preocupação pastoral de Paulo e seu consolo ao ver a fé viva dos irmãos.

4 Paulo exorta à santidade, especialmente na pureza sexual. Encoraja a viver em amor fraternal, trabalhar com as próprias mãos e ter bom testemunho. Ensina sobre a volta do Senhor: os mortos em Cristo ressuscitarão primeiro, e os vivos serão arrebatados para estar sempre com Ele.

5 Paulo fala sobre o dia do Senhor, que virá como ladrão à noite. Exorta à vigilância, sobriedade e esperança da salvação. Dá instruções práticas: alegrar-se sempre, orar sem cessar, dar graças em tudo. Encerra com bênção de paz e a promessa da fidelidade de Deus.

PAUSE E MEDITE

Aguardando o Filho que virá

1TESSALONICENSES 1–5

"E ESPERAR DOS céus o seu Filho, a quem ele ressuscitou dentre os mortos, a saber, Jesus, que nos livra da ira vindoura" (1Tessalonicenses 1:10). A primeira carta aos tessalonicenses é um hino de fé, amor e esperança. Nascida em meio a perseguições, essa igreja tornou-se exemplo para todos os crentes, pois aguardava a volta do Senhor com fervor e santidade.

Paulo recorda que o evangelho não chegou apenas em palavras, mas "também em poder, no Espírito Santo e em plena convicção" (1Tessalonicenses 1:5). Essa obra transformadora os levou a abandonar ídolos e servir ao Deus vivo e verdadeiro. A esperança da segunda vinda de Cristo sustentava sua paciência e coragem diante da hostilidade.

A carta ensina que a santidade é inseparável da esperança. "Pois esta é a vontade de Deus: a vossa santificação" (1Tessalonicenses 4:3). O cristão que aguarda o Senhor não se entrega à impureza, mas busca agradar a Deus em cada aspecto da vida.

No clímax, Paulo consola os que sofriam com a morte de seus queridos, lembrando que "o Senhor mesmo... descerá dos céus" (1Tessalonicenses 4:16). Essa certeza nos chama a viver vigilantes, encorajando-nos uns aos outros. Aguardamos não sinais, mas o Salvador que virá para nos receber em glória.

2TESSALONICENSES

PAULO ESCREVE PARA confortar os crentes em meio às perseguições e corrigir equívocos sobre a volta de Cristo. Ensina sobre a manifestação do homem da iniquidade antes do fim, exorta à firmeza na fé e ao trabalho diligente, advertindo contra a ociosidade na comunidade.

1 Paulo agradece pela fé e perseverança dos tessalonicenses em meio às perseguições. Afirma que Deus é justo e trará juízo sobre os opressores e descanso aos aflitos. Jesus virá em glória com seus anjos para punir os que não obedecem ao evangelho. Ora por fortalecimento.

2 Paulo alerta que o dia do Senhor não chegou ainda, pois antes virá a apostasia e o homem da iniquidade, que se opõe e se exalta contra Deus. O Senhor o destruirá com o sopro de sua boca. Exorta os crentes a permanecerem firmes na tradição recebida.

3 Paulo pede oração por seu ministério e exorta os crentes à disciplina. Adverte contra os ociosos que não trabalham, mas vivem às custas dos outros. Ordena que esses se ocupem em seu próprio labor. Conclui com bênção de paz e a graça do Senhor Jesus Cristo.

PAUSE E MEDITE

Firmeza até a volta de Cristo

2TESSALONICENSES 1–3

"FIEL É O Senhor; ele vos confirmará e guardará do Maligno" (2Tessalonicenses 3:3). Essa promessa traz segurança em dias de incerteza. A igreja de Tessalônica sofria perseguições, mas Paulo os lembrava de que não estavam desamparados: o Senhor seria seu protetor.

Talvez você também viva pressões, medos e tribulações. A carta nos mostra que a esperança não se apoia no que vemos, mas na fidelidade de Cristo. Ele é justo, e no tempo certo trará alívio aos que creem (2Tessalonicenses 1:6-7). Essa certeza renova a coragem e sustenta a fé.

Paulo também alerta: antes da volta de Cristo, surgirá o engano, mas não há motivo para pavor. O homem da iniquidade será revelado, porém a vitória já está garantida: "o Senhor Jesus o matará com o sopro de sua boca e o destruirá pela manifestação de sua vinda" (2Tessalonicenses 2:8). O mal tem prazo, mas Cristo reina para sempre.

Enquanto aguardamos, não podemos viver na inércia. É tempo de oração, de perseverança e de trabalho fiel. A esperança da volta de Cristo nos leva a viver em santidade hoje. Firmado nessa promessa, você pode caminhar com confiança até o grande dia.

1 TIMÓTEO

PAULO ESCREVE A Timóteo, seu cooperador, para instruí-lo sobre liderança, doutrina e vida cristã. Destaca a importância da oração, da santidade e da boa administração da igreja. Enfatiza a piedade, o cuidado pastoral e a fidelidade à sã doutrina como fundamentos do ministério.

1 Paulo adverte contra falsos mestres que promovem controvérsias. A lei é boa quando usada corretamente, mas o evangelho é graça. Paulo testemunha sua conversão como exemplo da paciência de Cristo. Encarrega Timóteo de combater o erro com fé e boa consciência.

2 Paulo exorta à oração por todos, inclusive autoridades, para vivermos em paz. Afirma que há um só Deus e um só mediador, Jesus Cristo. Dá instruções sobre a conduta de homens e mulheres no culto, destacando decoro, submissão e o papel do ensino autorizado.

3 Paulo apresenta requisitos para bispos e diáconos: irrepreensíveis, hospitaleiros, moderados, bons administradores da família. A igreja é coluna e fundamento da verdade. Paulo resume o mistério da piedade: Cristo manifestado em carne, justificado no Espírito e recebido na glória.

4 Paulo alerta sobre apostasias nos últimos tempos. Timóteo deve rejeitar fábulas e exercitar-se na piedade, que tem valor para tudo. Encoraja-o a não desprezar sua juventude, mas a ser exemplo em amor, fé e pureza. A leitura e ensino da Escritura devem ser prioridade.

5 Paulo orienta no trato com idosos, jovens, viúvas e presbíteros. Ensina sobre honra e cuidado, especialmente com as viúvas verdadeiramente necessitadas. Presbíteros que governam bem são dignos de honra dobrada. Timóteo deve agir sem parcialidade, com pureza e prudência.

6 Paulo adverte contra falsos mestres gananciosos. A piedade com contentamento é grande lucro. O amor ao dinheiro é raiz de males. Exorta Timóteo a fugir disso e seguir justiça, fé e amor. Ordena aos ricos que sejam generosos. Conclui com exortação à fidelidade.

PAUSE E MEDITE

Combate o bom combate da fé

1TIMÓTEO 1–6

"COMBATE O BOM combate da fé; toma posse da vida eterna, para a qual também foste chamado" (1Timóteo 6:12). Essas palavras não foram escritas apenas para Timóteo, mas para todos os que seguem a Cristo. A vida cristã é um campo de batalha. Não lutamos contra carne e sangue, mas contra tentações, enganos e forças espirituais.

Paulo lembra que esse combate começa com a sã doutrina. É preciso guardar o coração contra heresias e enganos que desviam da simplicidade do evangelho. A fé se alimenta da Palavra e se fortalece na oração. Uma vida de devoção sustenta o guerreiro de Cristo em meio às lutas.

O apóstolo também aponta para a piedade como riqueza verdadeira. O contentamento em Deus liberta o coração da avareza, lembrando que nada trouxemos para o mundo e nada levaremos dele. O amor ao dinheiro é raiz de males, mas o amor a Cristo é fonte de paz.

Esse chamado é para você. Não fuja da batalha nem se conforme com uma fé superficial. Permaneça firme, vista a armadura de Deus, viva em integridade. O Senhor que o chamou o sustentará. Combater o bom combate é perseverar até o fim, confiando naquele que já conquistou a vitória.

2TIMÓTEO

CRONOLOGICAMENTE, ESSA É última carta de Paulo, escrita pouco antes de sua morte. Ele encoraja Timóteo a permanecer firme no evangelho, suportando sofrimentos e transmitindo fielmente a palavra. Ressalta a centralidade das Escrituras, a fidelidade a Cristo e a esperança da coroa da justiça.

1 Paulo agradece pela fé de Timóteo e o exorta a reavivar o dom de Deus. Afirma que Deus não nos deu espírito de covardia, mas de poder, amor e equilíbrio. Testemunha que Cristo trouxe vida e imortalidade. Conclama a guardar o bom depósito pelo Espírito Santo.

2 Paulo compara o ministério à disciplina de um soldado, atleta e lavrador. Ensina que, se morremos com Cristo, com Ele viveremos. Exorta a evitar contendas e a manejar bem a palavra. Afirma que o Senhor conhece os seus. O servo do Senhor deve ser manso e paciente.

3 Paulo alerta sobre tempos difíceis, com homens amantes de si mesmos e afastados da verdade. Recorda o exemplo de sua vida e perseguições. Afirma que toda Escritura é inspirada por Deus e útil para ensinar, corrigir e instruir em justiça, preparando para toda boa obra.

4 Paulo ordena a pregar a palavra, a tempo e fora de tempo. Prevê sua morte próxima, declarando ter combatido o bom combate e aguardando a coroa da justiça. Pede a presença de Timóteo e menciona companheiros de ministério. Encerra com bênção do Senhor Jesus.

PAUSE E MEDITE

Guarda o depósito até o fim

2TIMÓTEO 1–4

"COMBATI O BOM combate, completei a carreira, guardei a fé" (2Timóteo 4:7). Essas palavras encerram não apenas a trajetória de Paulo, mas inspiram todo aquele que segue a Cristo a permanecer firme até o fim. A carta é um testamento de fé escrito na antessala do martírio, quando o apóstolo estava numa masmorra fria, consciente de que sua hora havia chegado.

Ele sabia que o evangelho era maior do que sua própria vida. Chamou Timóteo a não se envergonhar do Senhor nem de suas algemas, mas a reavivar o dom recebido e a sofrer pelo evangelho (2Timóteo 1:6-8). O evangelho precisa ser guardado com zelo e transmitido a outros fiéis (2Timóteo 2:2). Essa herança não pode ser diluída nem silenciada.

A carta também lembra que o fim dos tempos seria marcado por corrupção e apostasia (2Timóteo 3:1-5). Nesse cenário, a única âncora segura é a Palavra inspirada por Deus, suficiente para ensinar, corrigir e preparar para toda boa obra (2Timóteo 3:16-17). Paulo chama Timóteo a pregar a Palavra com urgência, em tempo e fora de tempo, sem se calar diante da pressão (2Timóteo 4:2).

A mesma voz que sustentou Paulo convida você a lutar com coragem, a correr com perseverança e a guardar a fé até o último suspiro. Há uma coroa reservada para todos os que amam a vinda do Senhor (2Timóteo 4:8).

TITO

PAULO ESCREVE A Tito para instruí-lo na organização das igrejas em Creta. Dá orientações sobre liderança, ensino saudável e conduta cristã. Destaca a graça de Deus que salva e nos ensina a viver em santidade. A carta une doutrina e prática, mostrando fé que gera boas obras.

1 Paulo orienta Tito a estabelecer presbíteros irrepreensíveis, fiéis à família e à doutrina. Líderes devem refutar falsos mestres, especialmente os que causam confusão por ganância. A verdade deve gerar fé e esperança na vida eterna prometida por Deus.

2 Paulo ensina sobre conduta de idosos, jovens, mulheres e servos, destacando a sobriedade e o exemplo de boas obras. A graça de Deus se manifestou trazendo salvação e nos educando a viver com justiça e piedade, aguardando a bendita esperança da volta de Cristo.

3 Paulo exorta a obedecer a autoridades, ser pacífico e mostrar mansidão. Lembra que fomos salvos não por obras, mas pela misericórdia de Deus, mediante o Espírito Santo. Ensina a praticar boas obras e evitar discussões inúteis. Conclui com saudações e bênção.

PAUSE E MEDITE

Graça que nos ensina a viver

TITO 1–3

"A GRAÇA DE Deus se manifestou, trazendo salvação a todos os homens, educando-nos para que, renegadas a impiedade e as paixões mundanas, vivamos, no presente século, sensata, justa e piedosamente" (Tito 2:11-12). A carta a Tito une doutrina e vida, mostrando que a graça que salva também transforma.

Os cretenses eram conhecidos pela mentira e pela corrupção. Paulo lembra que a resposta não está em filosofias ou leis humanas, mas na graça revelada em Cristo. Essa graça não apenas perdoa o passado, mas treina o coração para uma vida santa no presente e enche de esperança para o futuro.

O evangelho não se limita ao culto, mas invade a família, o trabalho e a sociedade. Pastores devem ser íntegros, famílias devem refletir piedade, e todos os crentes devem ser zelosos de boas obras (Tito 2:14; 3:8). A fé autêntica não é estéril; ela floresce em atitudes que glorificam a Deus diante do mundo.

Essa mensagem é para você. A mesma graça que o alcançou o chama a dizer não ao pecado e sim à vida piedosa. Essa graça é força para obedecer, coragem para servir e esperança para esperar a vinda gloriosa de Cristo. Viva hoje como quem já tem a eternidade no coração.

FILEMOM

PAULO ESCREVE A Filemom, irmão em Cristo, intercedendo por Onésimo, escravo que havia fugido, mas se converteu. A carta mostra o poder do evangelho para transformar relações, chamando à reconciliação em amor. Destaca a fraternidade cristã acima das barreiras sociais.

1 Paulo agradece a Filemom por seu amor e fé. Pede que receba Onésimo não mais como escravo, mas como irmão amado no Senhor. Oferece-se para pagar qualquer dívida que ele tenha causado. Encerra com saudações e a bênção da graça de Cristo.

PAUSE E MEDITE

O perdão que reconcilia irmãos

FILEMOM 1

"NÃO JÁ COMO escravo; antes, muito acima de escravo, como irmão caríssimo" (Filemom 1:16). Esta breve carta revela o poder do evangelho para restaurar relacionamentos quebrados. Onésimo, escravo fugitivo, retorna não apenas perdoado, mas recebido como irmão em Cristo.

A graça de Deus não muda apenas destinos eternos; muda também as relações mais difíceis. O evangelho derruba barreiras sociais, culturais e econômicas, colocando todos sob a mesma cruz. Paulo intercede por Onésimo, lembrando que quem foi reconciliado com Deus deve também reconciliar-se com o próximo.

Quantos relacionamentos hoje estão feridos por mágoas, injustiças ou palavras duras! O evangelho mostra que não há coração irrecuperável. A mesma graça que perdoa pecados abre caminho para perdoar ofensas. A cruz não apenas nos reconcilia com Deus, mas nos ensina a perdoar de todo o coração.

Você também é chamado a viver esse evangelho nas relações diárias. Perdoar não é sinal de fraqueza, mas prova de que Cristo vive em você. A reconciliação é fruto do amor que supera a ofensa e testemunha ao mundo a realidade da fé. Como Filemom, abra o coração: o irmão que falhou pode ser recebido como família em Cristo.

HEBREUS

CARTA QUE EXALTA a supremacia de Cristo sobre anjos, Moisés, sacerdócio levítico e sacrifícios. Mostra que Ele é o sumo sacerdote perfeito, mediador da nova aliança, e seu sacrifício é definitivo. Exorta à perseverança na fé, lembrando exemplos e chamando à fidelidade até o fim.

1 Deus falou pelos profetas, mas agora falou pelo Filho, herdeiro de tudo. Cristo é superior aos anjos, sustentando todas as coisas pela palavra. Ele se assentou à direita da Majestade, tendo nome mais excelente, sendo adorado como Filho eterno.

2 Devemos atentar à salvação anunciada pelo Senhor. Jesus, feito menor que os anjos, participou da carne e do sangue para destruir o diabo e libertar os que viviam com medo da morte. Tornou-se sumo sacerdote misericordioso para expiar os pecados do povo.

3 Jesus é superior a Moisés, como Filho sobre a casa de Deus. Os crentes são exortados a não endurecer o coração como Israel no deserto. O capítulo adverte sobre a incredulidade e chama a perseverar firmes até o fim, para participar da herança prometida.

4 Resta ainda um descanso para o povo de Deus. A palavra é viva e eficaz, penetrando no íntimo do ser humano. Temos um grande sumo sacerdote, Jesus, que foi tentado em tudo, mas sem pecado. Por isso, podemos nos aproximar com confiança do trono da graça.

5 Cristo é chamado sumo sacerdote segundo a ordem de Melquisedeque. Ele ofereceu orações em lágrimas e foi aperfeiçoado pelo sofrimento. Os leitores são exortados a avançar no ensino, saindo da infância espiritual e caminhando para a maturidade na fé.

6 O autor adverte contra a apostasia: é impossível restaurar quem rejeita deliberadamente. Mas anima os crentes, lembrando que Deus não é injusto para esquecer sua obra. Temos esperança como âncora firme, baseada na promessa e no juramento de Deus.

7 Melquisedeque é apresentado como figura superior, abençoando Abraão. Cristo, sacerdote segundo essa ordem, é eterno e perfeito. O sacerdócio levítico era limitado, mas Jesus pode salvar totalmente, intercedendo sempre pelos que se aproximam de Deus por Ele.

8 Jesus é mediador de superior aliança, baseada em melhores promessas. A antiga, quebrada por Israel, foi substituída pela nova, escrita nos corações. Deus promete perdão completo dos pecados. Cristo ministra no verdadeiro tabernáculo celestial.

9 O tabernáculo terrestre era figura do celestial. Cristo entrou no santo dos santos com seu próprio sangue, obtendo eterna redenção. Seu sacrifício purifica a consciência para servir ao Deus vivo. A nova aliança foi inaugurada com sangue melhor que o de animais.

10 Cristo ofereceu sacrifício único e perfeito, tirando o pecado de uma vez por todas. Temos ousadia para entrar no Santo dos Santos. Exorta à perseverança, à fé e à comunhão. Aquele que retrocede não agrada a Deus, mas o justo viverá pela fé até o fim.

11 A fé é a certeza do que se espera. O capítulo apresenta a galeria dos heróis da fé: Abel, Noé, Abraão, Moisés e outros. Todos aguardavam

promessa superior. Eles não alcançaram a plenitude sem nós, mas deram testemunho fiel da confiança em Deus.

12 Devemos correr com perseverança, olhando para Jesus, autor e consumador da fé. O Senhor disciplina os que ama. Somos chamados a santidade e a ouvir a voz de Deus. O reino que recebemos é inabalável, por isso devemos servir a Ele com reverência e gratidão.

13 Exortações finais: amor fraternal, hospitalidade, pureza no casamento, contentamento. Jesus é o mesmo ontem, hoje e eternamente. Devemos oferecer sacrifícios de louvor a Deus. O autor pede oração e encerra com bênção de paz e graça em Cristo.

PAUSE E MEDITE

Fixemos os olhos em Jesus, autor e consumador da fé

HEBREUS 1–13

"OLHANDO FIRMEMENTE PARA o Autor e Consumador da fé, Jesus, o qual, em troca da alegria que lhe estava proposta, suportou a cruz, não fazendo caso da ignomínia, e está assentado à destra do trono de Deus" (Hebreus 12:2). Essa é a mensagem central da carta: Cristo é superior a tudo e a todos. Ele é o profeta definitivo, o sacerdote perfeito e o Rei eterno.

Aos crentes tentados a retroceder ao judaísmo, Hebreus lembra que voltar às sombras seria desprezar a realidade. O sangue de bodes e novilhos nunca poderia remover pecados, mas o sangue de Cristo purifica de toda iniquidade (Hebreus 9:12). Ele é o mediador de uma nova aliança, estabelecida sobre melhores promessas.

Essa carta também nos exorta contra a incredulidade e a negligência. É perigoso começar bem e terminar afastado. Por isso, o autor insiste: "Hoje, se ouvirdes a sua voz, não endureçais o vosso coração" (Hebreus 3:15). O caminho da perseverança é sustentado pela fé que olha para Cristo, e não para as circunstâncias.

Você também é chamado a correr a carreira, não em suas forças, mas com os olhos fixos em Jesus. Ele já venceu, abriu o caminho e garante a chegada. Levante-se, não desista: há uma coroa de vitória reservada para todos os que permanecem firmes até o fim.

TIAGO

CARTA PRÁTICA QUE enfatiza a coerência entre fé e obras. Ensina sobre perseverança nas provações, domínio da língua, sabedoria do alto, cuidado com os necessitados e oração eficaz. Mostra que a fé verdadeira se manifesta em ações, revelando maturidade cristã.

1 Tiago exorta a considerar motivo de alegria as provações, pois produzem perseverança. A sabedoria deve ser pedida a Deus com fé. Ouvintes da palavra devem praticá-la. A religião pura é visitar órfãos e viúvas e guardar-se incontaminado do mundo.

2 Não se deve fazer acepção de pessoas. A fé sem obras é morta. Abraão e Raabe são exemplos de fé atuante. A verdadeira fé se comprova em ações práticas de amor e obediência, não apenas em palavras ou crença intelectual.

3 A língua é pequena, mas pode incendiar uma floresta. Ela pode tanto abençoar quanto amaldiçoar. A sabedoria terrena gera confusão, mas a do alto é pura, pacífica e cheia de misericórdia. O capítulo alerta para responsabilidade no falar e na liderança.

4 Tiago adverte contra paixões que geram guerras. A amizade com o mundo é inimizade contra Deus. Exorta à humildade, sujeição a Deus e resistência ao diabo. A vida é breve como neblina; devemos dizer: "Se o Senhor quiser, viveremos e faremos isto ou aquilo".

5 Tiago denuncia os ricos opressores e exorta à paciência até a vinda do Senhor. Destaca o poder da oração, citando Elias como exemplo. Chama à confissão mútua e ao cuidado com os que se desviam da fé, restaurando-os para salvar sua alma da morte.

PAUSE E MEDITE

A fé que se prova nas obras

TIAGO 1–5

"ASSIM, TAMBÉM A fé, se não tiver obras, por si só está morta" (Tiago 2:17). Tiago nos lembra que a fé genuína não se esconde atrás de palavras bonitas, mas se revela no viver diário. A carta não é um tratado teórico; é um apelo para que a vida corresponda à confissão.

Tiago fala das provações como instrumentos de Deus para maturidade. Ele ensina que devemos recebê-las com alegria, certos de que o Senhor as usa para moldar o caráter (Tiago 1:2-4). Essa perseverança leva à maturidade espiritual, mostrando que a fé não é um abrigo contra tempestades, mas uma força para atravessá-las.

Ao longo da carta, ele denuncia o engano de uma religião apenas de palavras. A língua precisa ser domada, o coração precisa ser purificado, as mãos precisam ser estendidas aos necessitados (Tiago 1:26-27). Fé sem obras é um corpo sem vida. O verdadeiro cristianismo se reconhece na prática do amor, no domínio próprio, na humildade diante de Deus e no cuidado com o próximo.

Essa mensagem é para você. Talvez sua fé tenha se tornado apenas discurso. Hoje o Senhor chama a demonstrar na prática aquilo que se crê. A fé que salva é a fé que transforma. Que sua vida seja testemunho vivo da graça de Cristo, para que o mundo veja em você a realidade do evangelho.

1PEDRO

PEDRO ESCREVE PARA encorajar cristãos perseguidos a permanecerem firmes na fé. Ressalta a esperança viva pela ressurreição, a santidade, o sacerdócio real e o exemplo de Cristo no sofrimento. A carta chama os crentes a viverem como estrangeiros, em esperança e fidelidade.

1 Pedro louva a Deus pela viva esperança em Cristo. Os crentes, ainda que provados, recebem salvação revelada pelos profetas. São chamados à santidade e ao amor fraternal sincero, pois nasceram de novo pela palavra de Deus, que é viva e permanente.

2 Cristãos devem rejeitar a maldade e desejar o leite espiritual. São pedras vivas edificadas sobre Cristo, a pedra angular. Devem sujeitar-se às autoridades e viver como servos de Deus. Cristo sofreu injustamente, deixando exemplo de submissão e paciência.

3 Pedro instrui esposas e maridos na conduta conjugal e exorta à harmonia. Os crentes devem retribuir o mal com o bem e estar prontos a responder com mansidão. Cristo morreu pelos pecados e foi vivificado no Espírito. O batismo é sinal de boa consciência diante de Deus.

4 Pedro exorta a viver conforme a vontade de Deus, não as paixões humanas. Devem servir uns aos outros com seus dons e não se surpreender com as provações. Alegrem-se em participar dos sofrimentos de Cristo, pois, em sua revelação, terão alegria e glória.

5 Pedro orienta presbíteros a pastorear de boa vontade, sendo exemplos. Jovens devem ser submissos e todos revestidos de humildade. O diabo anda em derredor, mas os crentes devem resistir firmes na fé. Encerra com bênção de paz e graça em Cristo Jesus.

PAUSE E MEDITE

Vivendo como peregrinos com esperança

1PEDRO 1–5

"BENDITO O DEUS e Pai de nosso Senhor Jesus Cristo que, segundo a sua muita misericórdia, nos regenerou para uma viva esperança, mediante a ressurreição de Jesus Cristo dentre os mortos" (1Pedro 1:3). A carta de Pedro foi escrita a cristãos perseguidos, desterrados e aflitos. No entanto, o apóstolo não inicia falando de perdas ou dores, mas da viva esperança que nasce da ressurreição de Cristo.

Pedro lembra que os filhos de Deus são forasteiros neste mundo. Não temos aqui cidade permanente; somos peregrinos a caminho da pátria celestial. Essa consciência nos guarda da ilusão de viver como se tudo terminasse aqui. A cruz precede a coroa, e o sofrimento é apenas prelúdio da glória.

No entanto, viver como peregrinos não significa viver em desespero. Pedro mostra que a herança guardada nos céus é incorruptível, sem mácula e imarcescível. A esperança sustenta a caminhada e dá sentido às provações, que não vêm para destruir, mas para refinar a fé como ouro provado no fogo.

A exortação é clara: em meio ao sofrimento, mantenhamos a santidade, a submissão a Deus e às autoridades, e a confiança no Supremo Pastor. O mundo pode queimar nossas amarras, mas não pode roubar nossa herança. Quem crê em Cristo já vive com os pés no vale e o coração no céu.

2PEDRO

PEDRO ESCREVE PARA lembrar os crentes da verdade recebida e alertar contra falsos mestres. Destaca o crescimento espiritual, a certeza da vinda de Cristo e o juízo divino. A carta exorta a firmeza na fé e à vida santa, aguardando novos céus e nova terra.

1 Pedro exorta a crescer na fé, acrescentando virtudes como conhecimento, domínio próprio e amor. Recorda o testemunho da transfiguração e afirma que a profecia bíblica não é de interpretação pessoal, mas inspirada pelo Espírito Santo.

2 Pedro adverte contra falsos mestres que exploram com heresias e ganância. Lembra exemplos de juízo sobre anjos, o dilúvio e Sodoma. Os falsos prometem liberdade, mas são escravos da corrupção. O capítulo alerta para o perigo da apostasia e do engano.

3 Pedro lembra que nos últimos dias haveria escarnecedores, negando a promessa da volta de Cristo. O Senhor não retarda, mas é paciente, desejando que todos se arrependam. O dia do Senhor virá com juízo e fogo, mas aguardamos novos céus e nova terra em justiça.

PAUSE E MEDITE

Vigilância até o Dia do Senhor

2PEDRO 1–3

"O SENHOR NÃO retarda a sua promessa, como alguns a julgam demorada; pelo contrário, ele é longânimo para convosco, não querendo que nenhum pereça, senão que todos cheguem ao arrependimento" (2Pedro 3:9). Esta carta foi escrita como um brado de alerta contra os falsos mestres e como encorajamento à igreja a permanecer firme até a volta gloriosa de Cristo.

Pedro lembra que a vida cristã começa com fé, mas deve crescer em virtude, conhecimento, domínio próprio, perseverança, piedade, fraternidade e amor (2Pedro 1:5-7). O evangelho não nos chama à estagnação, mas a uma caminhada de crescimento até entrarmos no reino eterno de Cristo.

Ele também denuncia os falsos mestres que, movidos pela ganância, deturpam a verdade e seduzem os incautos. São fontes sem água, nuvens impelidas por vento, escravos da corrupção (2Pedro 2:17-19). Sua herança será a condenação. A igreja, porém, não pode ceder às suas mentiras.

O apóstolo, então, ergue os olhos para o futuro e aponta para a promessa: "Nós, porém, segundo a sua promessa, esperamos novos céus e nova terra, nos quais habita justiça" (2Pedro 3:13). A esperança do cristão não se apoia nas circunstâncias, mas na Palavra fiel de Deus.

A vida cristã é vigilância perseverante. A graça que salva também sustenta. O fim se aproxima, mas os céus novos já estão preparados. O chamado é claro: viver em santidade e piedade, aguardando com confiança o Dia do Senhor.

1JOÃO

JOÃO ESCREVE PARA afirmar a encarnação de Cristo, combater falsos ensinos e encorajar os crentes a viverem no amor e na obediência. Destaca que Deus é luz e amor, e que a fé em Jesus dá a vida eterna. A carta chama à comunhão verdadeira com Deus e com os irmãos.

1 João testifica que viu e tocou o Verbo da vida. Deus é luz, e não há trevas nele. Quem diz ter comunhão com Ele, mas anda em trevas, mente. Se confessarmos os pecados, Ele é fiel e justo para perdoar e purificar de toda injustiça.

2 Cristo é nosso advogado junto ao Pai. Devemos guardar seus mandamentos e andar como Ele andou. O amor ao mundo é incompatível com o amor do Pai. Muitos anticristos surgiram, mas quem permanece no Filho tem a vida. A unção do Espírito ensina a verdade.

3 Somos chamados filhos de Deus. Quem permanece no pecado não o conhece. Devemos amar em ação e verdade, não só de palavra. O amor vem de Deus, e odiar o irmão é agir como Caim. Quem crê em Cristo deve guardar seus mandamentos e amar uns aos outros.

4 Não creiam em todo espírito, mas provem se vêm de Deus. Deus é amor, e quem ama conhece a Deus. Nisto se manifestou o amor: Ele enviou seu Filho como propiciação. O perfeito amor lança fora o medo. Quem ama a Deus deve amar também seu irmão.

5 Quem crê que Jesus é o Cristo é nascido de Deus. A fé vence o mundo. Há testemunho do Espírito, da água e do sangue. Quem tem o Filho tem a vida eterna. João conclui exortando a permanecer em Cristo e guardar-se dos ídolos.

PAUSE E MEDITE

Deus é amor, e em Cristo temos certeza

1JOÃO 1–5

"ESCREVI ESTAS COISAS a vocês que creem no nome do Filho de Deus, para que saibam que têm a vida eterna" (1João 5:13). João escreveu sua carta para que não houvesse dúvida em nosso coração: em Cristo, temos a certeza da salvação. Essa segurança não depende de sentimentos instáveis, mas da obra consumada de Jesus e da promessa fiel de Deus.

O apóstolo lembra que andar na luz significa confessar pecados e viver em comunhão. Ele nos mostra que Jesus é nosso advogado junto ao Pai, que intercede por nós quando caímos. Ensina também que amar não é opção, mas sinal de vida nova. Quem ama demonstra que nasceu de Deus, porque Deus é amor. Essa é a marca que distingue os filhos do Pai.

João combate falsos mestres que negavam a encarnação de Cristo, mostrando que a fé verdadeira confessa que Jesus veio em carne. A vitória contra o mundo não está em nossas forças, mas na fé naquele que venceu por nós.

Hoje, essa palavra vem fortalecer você. Se o medo ou a culpa tentam roubar sua paz, lembre-se: Jesus é a propiciação pelos nossos pecados. Ele já venceu, e em sua vitória você pode descansar. Nele, o amor lança fora todo medo e enche seu coração de certeza.

2JOÃO

JOÃO ESCREVE ADVERTINDO contra falsos mestres que negam a encarnação de Cristo. Exorta a permanecer na verdade e no amor, e a não receber quem não traz essa doutrina. A carta ressalta a importância de viver na obediência e guardar a sã doutrina.

1 O ancião saúda a senhora eleita e seus filhos, alegrando-se porque andam na verdade. Exorta ao amor e à obediência aos mandamentos. Adverte contra enganadores que não confessam Jesus vindo em carne. Ordena não receber quem traz falso ensino. Encerra com saudações.

PAUSE E MEDITE

Andar na verdade e no amor

2JOÃO 1

"E AGORA EU lhe peço, senhora, não como se estivesse escrevendo um mandamento novo, mas o que temos desde o princípio: que nos amemos uns aos outros" (2João 1:5). João escreve com ternura pastoral, lembrando que a vida cristã se sustenta em dois pilares inseparáveis: a verdade e o amor.

O apóstolo mostra que amar não é um sentimento vago, mas obediência prática aos mandamentos de Deus. A verdade sem amor se torna fria e dura, mas o amor sem verdade se perde em engano e permissividade. Por isso, precisamos manter firme o equilíbrio: permanecer na doutrina de Cristo e viver em amor uns pelos outros.

João alerta sobre falsos mestres que negavam a encarnação de Jesus. A hospitalidade, tão necessária na igreja, não podia ser estendida a quem distorcia o evangelho. O cuidado com a verdade deve ser maior do que a aparência de bondade. É melhor fechar a porta ao erro do que abrir espaço para que ele destrua a fé.

Essa carta breve nos desafia. Num mundo que relativiza tudo, somos chamados a andar em fidelidade à Palavra e a demonstrar amor sincero. Que nossas palavras e atitudes revelem Cristo, unindo firmeza na verdade e ternura no amor.

3JOÃO

JOÃO ESCREVE A Gaio, elogiando sua hospitalidade e fidelidade à verdade. Contrasta sua conduta com a de Diótrefes, que rejeita os irmãos, e recomenda Demétrio. A carta destaca a importância do amor prático, da verdade e do bom testemunho na vida cristã.

1 O ancião saúda Gaio, alegra-se porque ele anda na verdade e elogia
sua hospitalidade aos irmãos. Adverte contra Diótrefes, que busca
preeminência e rejeita os enviados. Recomenda Demétrio pelo bom
testemunho. Conclui com saudações de paz e amigos.

PAUSE E MEDITE

Cooperadores da verdade

3JOÃO 1

"PORTANTO, DEVEMOS ACOLHER tais pessoas, para que nos tornemos cooperadores da verdade" (3João 1:8). Nesta carta pessoal, João elogia Gaio por sua fidelidade em acolher irmãos que serviam na obra de Deus. A hospitalidade não era apenas um gesto de bondade, mas um modo concreto de participar da missão do evangelho.

A generosidade de Gaio contrasta com a atitude de Diótrefes, que buscava prestígio e poder, recusando-se a receber os servos de Cristo. João mostra que a verdadeira grandeza não está em dominar, mas em servir. Quem abre sua vida para apoiar os mensageiros do evangelho torna-se parceiro ativo na expansão da verdade.

Esse texto nos lembra de que nem todos terão o mesmo papel no avanço do reino. Alguns irão, outros sustentarão em oração, recursos ou encorajamento. Mas todos podemos ser cooperadores. Cada gesto de apoio sincero fortalece os que anunciam a Palavra e dá testemunho de que o amor de Deus está em nós.

Talvez não esteja na linha de frente de um campo missionário, mas pode ser instrumento de Deus ao cuidar de quem serve. Ao acolher, apoiar e orar, você também se torna parte da obra do evangelho, cooperando com a verdade que transforma vidas.

JUDAS

JUDAS ESCREVE EXORTANDO os crentes a batalhar pela fé diante de falsos mestres ímpios. Lembra exemplos de juízo sobre rebeldes e adverte contra os que distorcem a graça. Encoraja a permanecer no amor de Deus, aguardando a misericórdia de Jesus Cristo para a vida eterna.

1 Judas saúda os chamados por Deus e exorta a defender a fé. Denuncia falsos mestres comparados a Caim, Balaão e Corá. Eles são nuvens sem água e estrelas errantes. Exorta a edificar-se na fé, orar no Espírito e salvar os que vacilam. Encerra com expressão de louvor.

PAUSE E MEDITE

Lutando pela fé que nos foi dada

JUDAS 1

"AMADOS, QUANDO EMPREGAVA toda a diligência em escrever-vos acerca da nossa comum salvação, foi que me senti obrigado a corresponder-me convosco, exortando-vos a batalhar diligentemente, pela fé que uma vez por todas foi entregue aos santos" (Judas 1:3). Judas escreve a uma igreja cercada de falsos mestres, homens que transformavam a graça em libertinagem e negavam a autoridade de Cristo.

A fé não é invenção humana, mas tesouro divino confiado aos santos. Cabe à igreja preservá-la, proclamá-la e defendê-la contra todo engano. Não se trata de lutar com armas humanas, mas de manter firme o evangelho puro, mesmo quando ele é atacado.

Judas relembra exemplos do passado: Israel incrédulo, anjos caídos, Sodoma e Gomorra. Todos são avisos de que a incredulidade e a rebeldia trazem juízo. Mas também aponta para a preservação de Deus, que guarda o seu povo em meio às tempestades.

O chamado final é à perseverança. Edificar-se na santíssima fé, orar no Espírito Santo e manter-se no amor de Deus (Judas 1:20-21). Essa é a forma de permanecer firme até o dia da vitória.

A fé que salva é também a fé que resiste. Em tempos de relativismo, a igreja não pode se calar. O Senhor guarda os seus e, no fim, apresentará cada crente irrepreensível diante de sua glória com alegria.

APOCALIPSE

JOÃO ESCREVE ÀS igrejas revelando a vitória de Cristo sobre o mal e a consumação do plano de Deus. A carta mostra visões do trono, juízos, lutas espirituais e a esperança da nova criação. É mensagem de consolo e perseverança, afirmando que Jesus é o Senhor da história e que em breve virá.

1 João recebe revelação de Jesus Cristo na ilha de Patmos. Vê o Filho do Homem glorificado, que segura as estrelas e anda entre os candelabros. Cristo ordena que escreva às sete igrejas o que viu, o que é e o que ainda acontecerá.

2 Cartas às igrejas de Éfeso, Esmirna, Pérgamo e Tiatira. Cristo elogia obras e perseverança, mas repreende abandono do primeiro amor, tolerância ao pecado e falsas doutrinas. Promete galardão aos vencedores, incluindo a coroa da vida e autoridade sobre as nações.

3 Cartas às igrejas de Sardes, Filadélfia e Laodiceia. Cristo chama ao arrependimento, elogia a fidelidade e adverte contra a mornidão espiritual. Aos vencedores promete vestes brancas, coluna no templo de Deus e o direito de se assentar em seu trono.

PAUSE E MEDITE

Aquele que anda entre as igrejas

APOCALIPSE 1–3

"E NO MEIO dos candeeiros, alguém semelhante a um filho de homem" (Apocalipse 1:13). João, exilado em Patmos, recebe a visão de Cristo glorificado. O mesmo Jesus que um dia foi pregado na cruz agora aparece em majestade, com olhos como chama de fogo e voz como muitas águas. Ele anda no meio de sua igreja, sustentando-a em suas mãos poderosas.

As cartas às sete igrejas mostram que nada escapa ao seu olhar. Ele elogia o amor, a perseverança e a fidelidade, mas também repreende a frieza, a corrupção e a mornidão. Cristo sonda o coração de cada comunidade e chama ao arrependimento. Sua presença não é distante; Ele conhece nossas obras, nossas lutas e nossas fraquezas.

Aquele que morreu e ressuscitou fala à igreja com autoridade e ternura. Ele promete vida, coroa e vitória aos que permanecem fiéis até o fim. E adverte que pode remover o candeeiro quando a luz se apaga. Seu chamado é urgente: "Eis que estou à porta e bato" (Apocalipse 3:20).

Cristo anda no meio da sua igreja e também caminha ao seu lado. Ele vê suas obras, conhece suas dores e chama ao arrependimento e à perseverança. Abra o coração, renove o fervor e permaneça firme. O Senhor da glória está perto.

4 João vê o trono de Deus, cercado por seres viventes e anciãos que o adoram. O Senhor é exaltado como Criador de todas as coisas. A cena revela a soberania divina sobre a criação e prepara o cenário para a abertura dos selos do livro selado.

5 O Cordeiro, que foi morto, é digno de abrir o livro com sete selos. Ele é adorado por anjos, anciãos e toda a criação, pois com seu sangue comprou para Deus pessoas de todas as nações. Cristo é exaltado como único mediador e redentor.

6 O Cordeiro abre seis selos: surgem os quatro cavaleiros, trazendo conquista, guerra, fome e morte. Mártires clamam por justiça. O sexto selo mostra catástrofes cósmicas, abalando céus e terra. Os homens reconhecem o juízo de Deus e buscam esconder-se da sua ira.

7 João vê 144 mil selados das tribos de Israel e uma grande multidão de todas as nações diante do trono, vestindo vestes brancas e com palmas nas mãos. São os que vieram da grande tribulação, lavaram suas vestes no sangue do Cordeiro e agora servem a Deus eternamente.

8 O sétimo selo é aberto e há silêncio no céu por meia hora. Sete anjos recebem trombetas. Os primeiros quatro toques trazem juízos sobre a terra, o mar, os rios e os astros, afetando a criação. Uma águia anuncia desastres ainda maiores que estão por vir.

9 O quinto anjo toca a trombeta: gafanhotos infernais atormentam os homens que não têm o selo de Deus. O sexto anjo libera quatro anjos do Eufrates, que matam a terça parte da humanidade com exércitos. Mesmo assim, os homens não se arrependem de suas obras.

10 Um anjo poderoso desce do céu com um livrinho aberto. Ele jura que não haverá mais demora: o mistério de Deus se cumprirá. João come o livro, que é doce na boca, mas amargo no estômago, e recebe ordem de profetizar a muitos povos, nações e reis.

PAUSE E MEDITE

O Cordeiro é digno de abrir o livro

APOCALIPSE 4–11

"TU ÉS DIGNO de tomar o livro e de abrir os seus selos, porque foste morto e com teu sangue compraste para Deus homens de toda tribo, língua, povo e nação" (Apocalipse 5:9). João é transportado à sala do trono, onde o Senhor governa com majestade. O centro da história não está em Roma nem nos impérios humanos, mas no trono de Deus e no Cordeiro que venceu a morte.

O livro selado representa o plano soberano de Deus para a história. Nenhum anjo pôde abri-lo. Somente o Cordeiro, que foi morto e ressuscitou, é digno de conduzir os acontecimentos até o fim. Diante dele, anjos, anciãos e toda a criação se curvam em adoração, reconhecendo que a vitória pertence a Cristo.

A abertura dos selos e o toque das trombetas revelam juízos sobre a terra, mas também proteção sobre o povo de Deus. Mesmo em meio a guerras, pestes e perseguições, o Senhor preserva seus servos. Suas lágrimas são vistas, suas orações sobem como incenso, e sua vitória está assegurada.

Essa visão nos ensina a viver com esperança. O mundo parece desgovernado, mas Cristo dirige cada detalhe da história. Ele é digno de abrir o livro e digno de receber sua confiança. Hoje, diante das lutas e incertezas, renda-se em adoração e proclame: o Cordeiro reina e reinará para sempre.

11 Duas testemunhas profetizam, realizam milagres e são mortas pela besta, mas ressuscitam e sobem ao céu. O sétimo anjo toca a trombeta: vozes no céu proclamam que o reino pertence a Cristo, que reinará para sempre. O templo celestial é aberto e a arca é vista.

12 Uma mulher vestida de sol dá à luz um filho, que é arrebatado para Deus. O dragão tenta devorá-lo, mas é derrotado por Miguel e lançado à terra. O dragão persegue a mulher e seus descendentes, simbolizando a luta entre o povo de Deus e Satanás.

13 Surgem duas bestas: uma do mar, com poder e autoridade, e outra da terra, que engana e faz adorar a primeira. Ela marca os homens com o número da besta, 666. O capítulo mostra o poder satânico sobre reinos terrenos e a necessidade de perseverança dos santos.

14 O Cordeiro aparece no monte Sião com 144 mil. Anjos anunciam o juízo: o evangelho eterno, a queda de Babilônia e a condenação dos que adoram a besta. Bem-aventurados os que morrem no Senhor. O Filho do Homem ceifa a terra com a foice afiada.

15 Sete anjos recebem as últimas sete pragas, pois nelas se completa a ira de Deus. Os vencedores da besta cantam o cântico de Moisés e do Cordeiro. O templo no céu se abre, e os anjos saem com as taças, prontos para derramar os juízos divinos sobre a terra.

16 Os anjos derramam as sete taças: feridas, mares e rios em sangue, calor ardente, trevas, secagem do Eufrates e a batalha do Armagedom. A sétima taça traz terremoto e granizo. Babilônia é lembrada diante de Deus para receber o cálice da sua ira.

17 Uma prostituta montada numa besta escarlate representa Babilônia, a grande cidade que domina reis. Ela se embriaga com o sangue dos santos. A besta e os dez reis lutarão contra o Cordeiro, mas Ele os vencerá, pois é Senhor dos senhores e Rei dos reis.

18 Um anjo anuncia a queda de Babilônia, lamentada por reis, mercadores e marinheiros. Ela é julgada por sua corrupção e luxúria. O céu, porém, se alegra com sua queda. Uma pedra lançada ao mar simboliza sua destruição definitiva, sem esperança de restauração.

19 No céu, há júbilo pela vitória de Deus. As bodas do Cordeiro são anunciadas, e sua noiva está preparada. Cristo aparece como cavaleiro fiel e verdadeiro, com os exércitos celestiais. A besta e o falso profeta são lançados no lago de fogo. O Cordeiro triunfa.

PAUSE E MEDITE

Eles o venceram pelo sangue do Cordeiro

APOCALIPSE 12–20

"ELES O VENCERAM pelo sangue do Cordeiro e pela palavra do testemunho que deram; diante da morte não amaram a própria vida" (Apocalipse 12:11). A visão revela a batalha espiritual que envolve o povo de Deus. O dragão se levanta contra Cristo e contra a igreja, mas a vitória já está assegurada: o Cordeiro triunfou e sua vitória é compartilhada com aqueles que permanecem fiéis.

Satanás mobiliza suas forças através da besta, do falso profeta e da grande Babilônia. O engano, a perseguição e a violência tentam sufocar a fé, mas nada pode apagar a marca do povo redimido. Mesmo em meio ao martírio, os santos se mantêm firmes, sustentados pelo sangue de Cristo e pela esperança da sua vinda.

Os capítulos mostram também o juízo de Deus sobre os inimigos. A queda da Babilônia, a derrota da besta e do falso profeta, e a prisão final de Satanás anunciam que todo poder contrário a Cristo será destruído. O mal tem prazo de validade, mas o reino de Deus é eterno.

A luta que você enfrenta não é em vão. O Cordeiro já venceu e, unido a Ele, você também é vencedor. Confie em seu poder, guarde seu testemunho e persevere. Logo veremos a vitória plena quando o justo Juiz estabelecerá seu Reino sem fim.

20 Satanás é preso por mil anos. Depois será solto e enganará as nações, mas será derrotado e lançado no lago de fogo. Os mortos comparecem diante do grande trono branco, e quem não está no livro da vida é lançado no lago de fogo.

21 João vê novo céu e nova terra. A nova Jerusalém desce adornada como noiva. Deus habita com os homens, e não haverá mais dor nem morte. A cidade é cheia da glória de Deus e iluminada pelo Cordeiro. Só entram nela os inscritos no livro da vida.

22 O rio da vida flui do trono de Deus e do Cordeiro. Não haverá mais maldição. Jesus afirma que vem em breve, trazendo recompensa. O Espírito e a noiva dizem: "Vem!" A graça do Senhor Jesus esteja com todos. Amém.

PAUSE E MEDITE

Eis que faço novas todas as coisas

APOCALIPSE 21–22

"E AQUELE QUE estava assentado no trono disse: Estou fazendo novas todas as coisas" (Apocalipse 21:5). Depois das lutas e dos juízos, João contempla a visão mais gloriosa: novos céus e nova terra, onde não haverá mais dor, choro ou morte. A cidade santa, a Nova Jerusalém, desce adornada como noiva para o Cordeiro, revelando a comunhão plena e eterna entre Deus e o seu povo.

Nessa cidade não há templo, porque o Senhor e o Cordeiro são o seu santuário. Não há necessidade de sol nem de lua, porque a glória de Deus a ilumina. Ali as nações andarão em sua luz, e o rio da vida fluirá para sempre, regando a árvore da vida que cura todas as nações. O passado de lágrimas dá lugar à plenitude de alegria diante do trono.

As últimas palavras de Apocalipse são convites e promessas. O Espírito e a noiva dizem: "Vem!" Cristo declara: "Sim, venho em breve!" A esperança da igreja se resume nesse clamor: "Amém. Vem, Senhor Jesus!" (Apocalipse 22:20).

No meio das tribulações, olhe para a promessa de um futuro glorioso. O Deus que enxugará suas lágrimas já está preparando a eternidade para você. Viva em santidade e esperança, certo de que o melhor ainda está por vir.